BERLIN

W0057261

Oliver Maria Schmitt

Mein Wahlkampf

Rowohlt · Berlin

1. Auflage Mai 2013

Copyright © 2013 by Rowohlt · Berlin Verlag GmbH, Berlin

Alle Rechte vorbehalten

Lektorat Frank Pöhlmann und Christoph Schmaus

Satz Mercury PostScript (InDesign) bei

Pinkuin Satz und Datentechnik, Berlin

Druck und Bindung CPI – Clausen & Bosse, Leck

Printed in Germany

ISBN 978 3 87134 757 3

Das für dieses Buch verwendete FSC®-zertifizierte Papier
Lux Cream liefert Stora Enso, Finnland.

Inhalt

Wahlkampf ist immer unpolitisch.
Gerhard Schröder

Bei uns ist ein Berufspolitiker im Allgemeinen weder ein Fachmann noch ein Dilettant, sondern ein Generalist mit dem Spezialwissen, wie man politische Gegner bekämpft.
Richard von Weizsäcker

**Zuerst ignorieren sie dich,
dann lachen sie über dich,
dann bekämpfen sie dich,
und dann gewinnst du.**
Mahatma Gandhi

Nur wenn, was ist, sich ändern lässt, ist das, was ist, nicht alles.
Theodor W. Adorno

Die Show

Wie man bei Günther Jauch für Stimmung und Stimmen sorgt

Deutschland, *ein paar Wochen vor der Bundestagswahl, Sonntagabend, Viertel vor zehn. Günther Jauch begrüßt die Zuschauer seiner wöchentlichen ARD-Talkshow. Stolz teilt er mit, wen er heute alles in der Sendung hat: nicht nur Kanzlerin Angela Merkel, sondern auch Möchtegern-Kanzler Peer Steinbrück. Dazu Gregor Gysi von der Linken, Katrin Göring-Eckardt von den Grünen und das FDP-Maskottchen Rainer Brüderle. Und dann noch: mich! Persönlich! Ich kann es kaum fassen, dass ich tatsächlich dabei bin. Hinter der Studiokulisse schaue ich mir die Show auf einem Monitor an. Gleich wird mich Jauch auf die Bühne rufen.*

Jauch: Schönen guten Abend und ein herzliches Willkommen hier aus dem Gasometer, live in Berlin. Ich begrüße Sie zu unserem großen Wahl-Spezial. Wir wollen heute nicht so sehr über Parteipolitik und Wahlen reden, sondern über ein Thema, das die Politik generell betrifft: Glaubwürdigkeit. Überall sinkt die Wahlbeteiligung, die Politikverdrossenheit wächst. Ist Politik nur noch ein Geschäft? Sind unsere Politiker noch ehrlich, aufrichtig und verlässlich?

Ich bin gespannt, wie meine Gäste das heute Abend sehen. Es ist kaum zu glauben, aber wir haben es tatsächlich geschafft, und wir sind auch ein bisschen stolz, dass wir Ihnen das hier im Ersten bieten können: eine Art Vorwahl-Elefantenrunde mit allen Beteiligten. Wir haben die Spitzenkandidaten sämtlicher großer Parteien bei uns in der Sendung. Ich freue mich auf diese Gäste.

Jetzt werden die Gäste einer nach dem anderen angetrailert und im Studio platziert. Angela Merkel geht an mir vorbei auf die Bühne, ihr gebührt natürlich der Vortritt, sie ist die Platzhirschin. Kann man das sagen? Ist sie nicht eher die Platzkuh? Die Platzhirschkuh? Auf jeden Fall ist sie die Kanzlerin – und erklärt mit der ihr eigenen regungslosen Mimik, das auch bleiben zu wollen.

Merkel: Ich bin gewählte Kanzlerin, und ich habe vor, das auch zu bleiben.

Warum wollen Politiker eigentlich immer ewig im Amt bleiben? Ihre Pensionsansprüche sind doch längst gesichert! Warum also nicht ein Abschied in Ehren, warum nicht mal einen Jüngeren ranlassen – beispielsweise mich? Meine Pensionsansprüche sind nämlich alles andere als gesichert. Stattdessen merkelt sie im Sessel vor sich hin, ihre Mundwinkel scheinen am tiefen unteren Kinnrand festgetackert. Was sie sagt, ist einfach zu dröge. Endlich kommt Peer Steinbrück, das allerletzte Aufgebot der SPD.

Jauch: Herr Steinbrück, vor zwei Jahren hat der *Spiegel* Sie zusammen mit Helmut Schmidt auf der Titelseite gezeigt, darüber stand das Schmidt-Zitat: «Er kann es». Glauben Sie immer noch, dass Sie es können?

Steinbrück: Ich säße sonst nicht hier. Ich bin angetreten, diese Wahl zu gewinnen, Herr Jauch. Und ich werde sie gewinnen. Was die Umfragen sagen, das ist mir, und das muss ich jetzt mal so sagen, schietegal.

Jauch: Aber wie wollen Sie Ihre Wähler jetzt noch mobilisieren? Seit der Bekanntgabe Ihrer Kandidatur sind Sie in den Umfragen ständig gesunken.

Steinbrück: Diese Art von Panikmache, Herr Jauch, die geht mir am Allerwertesten vorbei, wenn ich das mal so sagen darf. Wenn ich verliere, dann liegt das nur daran, dass Frau Merkel 'nen fetten Frauenbonus hat. Da bin ich ganz klar benachteiligt.

Merkel: Ich glaube eher, dass Sie inhaltlich benachteiligt sind, Herr Steinbrück. Wenn Sie Inhalte hätten, die die Wähler interessieren würden, dann müssten Sie nicht auf diesem suboptimalen Niveau argumentieren.

Steinbrück: Sie spulen doch hier nur ganz billige Polemik ab, Frau Merkel, so richtig billige Frauenpolemik, das muss ich als Mann mal aussprechen dürfen, ich lass mich doch nicht verbiegen.

Jauch glättet die Wogen und bittet die restlichen Gäste – bis auf mich – ins Studio: Katrin Göring-Eckardt schwebt mädchenhaft ein, Gysi stapft verschmitzt grinsend zu seinem Sessel, nur Brüderle geht etwas unsicher. Er hat sich offenbar schon in der Bundestagskantine intensiv auf die Sendung vorbereitet.

Jauch: Herr Gysi, die Linke dümpelt bei Umfragen solide unter fünf Prozent. Glauben Sie nicht, dass Ihre Partei mit einem

Spitzenkandidaten Oskar Lafontaine besser aufgestellt
gewesen wäre?

Gysi: Es kann nur einen Superstar in der Partei geben, das war
schon in der SED so. Und das bin nun mal ich.

Brüderle: Desselbbe habbisch dem Rösler auch gesaacht, hahaha.

Jauch: Der Politik fehlt ja heute vor allem die Glaubwürdigkeit.
Meinen Sie nicht, Herr Steinbrück, dass Sie mit Ihren – ich
sage jetzt mal «Wortmeldungen» – auch dazu beigetragen
haben?

Steinbrück: Nee, glaub ich nich. Politik hat ja auch was mit An-
ständigkeit zu tun, nich. Dazu gehört zum Beispiel,
dass Vorträge auch anständig bezahlt werden, alles andere
wäre ja eine soziale Ungerechtigkeit, und das ist mit
der deutschen Sozialdemokratie nicht zu machen. Frau
Merkel, sind Sie eigentlich mit Ihrem Gehalt zufrieden?

Merkel: Das werde ich Ihnen gerade sagen.

Gysi: Jeder Euro, den Frau Merkel einsteckt, fehlt der Hartz-IV-
Empfängerin in Marzahn.

Göring-Eckardt: Lassen Sie mich bitte aus dem Spiel.

*Noch immer stehe ich nervös hinter den Kulissen. Endlich
werde ich reingerufen. Ich bin gut vorbereitet, habe mich
von meinem Wahlkampfstab briefen und präparieren lassen,
kenne die Faktenlage und werde versuchen, immer persönlich
zu werden, wenn Sachlichkeit gefragt ist. Damit ich mich von
den anderen abhebe.*

Jauch: Und nun begrüße ich noch einen – ich glaube, man muss es so sagen – Ausnahmegast. Denn seine Partei ist noch gar nicht im Bundestag vertreten. Die Hochrechnungen sind aber so deutlich – sie sagen klar den Einzug in den Bundestag voraus –, dass wir ihn einladen mussten. Hier ist der Spitzenkandidat der Partei «Die PARTEI», hier ist Oliver Maria Schmitt!

Ich: Also ich wäre mit dem Kanzlergehalt hochzufrieden. Ich habe gehört, dass es da auch noch Zulagen gibt.

Jauch: Das mag sein. Aber zunächst zu Ihrer Person: Ihre «Partei», so nenne ich die jetzt mal, hat Sie allen Ernstes als «weißen Obama» angekündigt. Glauben Sie denn, dass Sie die Hoffnungen der Menschen, die Sie wählen, erfüllen können? Sehen Sie sich als Lichtgestalt?

Ich: Ihre billige Häme können Sie sich sparen, Herr Jauch. Als Ehrenvorsitzender der Partei «Die PARTEI», der ich nun mal bin, steht mir nach unserem Parteistatut auch das Führen des Titels «Lichtgestalt» zu. Und wenn ich mich hier so umsehe – im Kreis so vieler Dunkelmänner und unterbelichteter Damen ist es wirklich keine Kunst, wenigstens als kleine Leuchte dazustehen.

Ein Murren geht durch die Runde. Jauch macht abwiegelnde Handzeichen.

Ich: Ich werde mit dem Claim «Occupy Bundestag» mit meiner Partei erstmals ins Hohe Haus einziehen und mir dann als «Kanzler der Herzen» einen warmen Platz im Bewusstsein der Wähler sichern. Wir gehen von fünfzig Prozent plus FDP aus, alles andere wäre eine Katastrophe. Ich bin deshalb so zuversichtlich, weil ich die wichtigste Grundvoraussetzung für eine politische Karriere mitbringe: Ich bin selbstbewusst und für alles offen.

Jauch: Man könnte auch sagen: eitel und ahnungslos. Politik ist ein schmutziges Geschäft, das sagen viele. Gerade der Fall Wulff hat ja wieder mal gezeigt, in welche Abgründe der Erfolgsdruck einen Politiker führen kann. Das hat die ohnehin schon verbreitete Politikverdrossenheit noch verstärkt.

Merkel: Ich muss den Herrn Wulff, den ich ja jetzt persönlich nicht mehr kenne, da mal ein bisschen in Schutz nehmen, er hat immerhin ...

Steinbrück: Lassen Sie doch die Toten ruhen, Frau Merkel. Es war ganz klar ein Fehler, dass Sie Wulff als Bundespräsidenten durchgeboxt haben.

Brüderle: Ischhädds auch gemachd, haha, chrrwm.

Ich: Also ich muss sagen, dass mir der Fall Wulff unheimlich Mut gemacht hat. Er hat doch gezeigt, dass es auch eine absolute Null, ein Totalversager bis nach ganz oben schaffen kann – wenn er zum richtigen Zeitpunkt irgendwo im Weg rumsteht und die Hand aufhält. Da möchte ich auch gerne hin.

Gysi: Der Wähler will keine politisch korrekten Menschen, sondern menschlich korrekte Politiker!

Göring-Eckardt: Wie mich.

Ich: Mein Reden seit 45.

Im teuren roten Maßanzug macht man auch mit billigen Entscheidergesten eine passable Politikerfigur.

Jauch: Da sind wir doch schon beim Glaubwürdigkeitsproblem. Herr Schmitt, was erwidern Sie auf den Vorwurf, Sie würden nur in die Politik wollen, um sich zu bereichern?

Ich: Jeder will sich bereichern – aber ich stehe auch ganz offen dazu. Das macht mich menschlich und berechenbar. Wer sich nicht selbst einbringt und engagiert, erlaubt nur den anderen, abzukassieren – und das kann es ja nicht sein. Wie alle hier in der Runde pflege ich Seilschaften und betreibe Vetternwirtschaft. Und ich sage ganz ehrlich: Jeder kann mein Vetter sein! Ich habe da keine Vorurteile.

Brüderle: Rischdisch, dessis Maggdwiddschafd, sehrgudd!

Jauch: Das ist zumindest mal ein neuer Ansatz. Frau Merkel, als Bundeskanzlerin ist man weit weg vom Volk. Bekommen Sie überhaupt noch mit, was die Leute von der Politik erwarten?

Merkel: Ich lasse mir von meinem Mann täglich berichten, wie in der Shisha-Bar oder beim Späti über mich geredet wird, denn da hängt er ja den ganzen Tag ab. Seine Erkenntnisse setze ich um in mehrheitsfähige Politik für die Menschen in ihrer realen Lebenssituation.

Brüderle: Hahaha, bingo, ischgeb Ihne mei Tanzkadde.

Gysi: Dazu müssten Sie mit eigenen Positionen auftreten, Frau Merkel, mit Positionen, die den kleinen Leuten weiterhelfen, die beim Späti ihre Stütze versaufen. Und als zum Beispiel die Bankenkrise aufkam, haben Sie durch Untätigkeit geglänzt. Wenn man die Buchstaben des Wortes «Bundeskanzlerin» umstellt, dann kommt «Bankzinsenluder» dabei heraus.

Merkel: Das freut mich für Sie. Wenn man Ihren Namen permutiert, kommt nämlich gar nichts dabei raus.
Nur Gebrabbel: «Gryegrosgi»!

Ich: Wenn man «Peer Steinbrück» umstellt, kommt «Bücken, Priester!» dabei raus, und das sollte uns vielleicht zu denken geben.

Brüderle: Hahaha, dessis sehrgudd, desswerdesch der *Stern*-Journalissdinn erzählln, chrrrwfm, hehe.

Ich: Und mit Ihrem Namen kann man das Wort «Laberrunden-Irrer» bilden, Herr Brüderle.

Brüderle: Aaaaahahaha, fandassdisch, Siekönndn Liberaler-werrn, hahaha.

Jauch: Ich versuche mal, die Diskussion wieder ein wenig zu strukturieren. Herr Schmitt, falls Sie gewinnen – wie wollen Sie überhaupt regieren? Sie haben weder ein tragfähiges Programm noch ein Schattenkabinett, geschweige denn einen Koalitionspartner.

Ich: Überlassen Sie das mal mir! Ich kann Ihnen verraten: Meine Partei hat Mittel und Wege, in Deutschland an die Macht zu kommen und an der Macht zu bleiben. Wenn es so weit ist, werden Sie schon noch sehen!

Okay, das war ein Bluff, aber im Prinzip habe ich recht, und ohne Bluffen geht es nun mal nicht. Immerhin kann ich das mittlerweile ganz gut.

Überhaupt: Ich hätte nie gedacht, was die Politik mal aus mir machen würde. Zwar war ich schon immer politisch engagiert – vor allem für mich selbst, schließlich kannte ich meine

Sorgen und Bedürfnisse von allen am besten –, doch führte ich ein normales, unspektakuläres Leben. Ich hatte alles, was ein Mann braucht: Tagesfreizeit, einen guten Ruf und eine Frau mit einem noch besser bezahlten Beruf. Bis die Partei für Arbeit, Rechtsstaat, Tierschutz, Elitenförderung und basisdemokratische Initiative, kurz: Die PARTEI, beschloss, dass ich Spitzenpolitiker werden sollte. Okay, dachte ich, kann man ja mal machen. Dann ging alles rasend schnell. Als Mensch stieg ich in die Maschinerie eines modernen Medienwahlkampfs ein – und endete als Politiker. Der unerbittliche Kampf um Macht und Stimmen lässt keinen unschuldig zurück. Politik ist ein schmutziges Geschäft und Kommunalpolitik, mit der ich meine Karriere begann, das schmutzigste von allen.

Aber wissen Sie, was? Ich finde das geil. Das kickt, sage ich Ihnen! Denn jetzt weiß ich, wie man Wahlen wirklich gewinnen kann. Und wenn ich gewonnen habe, dann kriege ich auch mein restliches Leben wieder in den Griff.

Doch bei Jauch fallen sie erst mal alle über mich her.

Jauch: Herr Schmitt – sind Sie überhaupt ein richtiger Politiker?

Ich: Absolut! Lange Zeit wollte ich es gar nicht wahrhaben, aber heute stehe ich dazu. Wissen Sie, ich war noch ziemlich jung, als ich zum Politiker geworden bin. Es war viel Alkohol im Spiel, und an den Namen des Mannes, der mich mit dem Politik-Virus infizierte, kann ich mich nicht mehr erinnern. Aber selbst wenn er mir noch einfiele, ich würde demjenigen keinen Vorwurf machen – da gehören ja immer zwei dazu. Seit ich weiß, dass ich Politiker bin, lebe ich viel bewusster. Als ich das dann auch meinen Freunden und meiner Familie erzählte, waren die Reaktionen wirklich phantastisch, ich habe viel Zuspruch erfahren, Rückhalt und Unterstützung.

Jauch: Kritiker werfen Ihnen vor, dass Sie keinerlei politische Erfahrung haben.

Ich: Meine Kritiker sind durchweg krasse Honks, das kann ich Ihnen versichern. Mein Berater Machiavelli hat gesagt: «Man muss die Menschen entweder mit Freundlichkeit behandeln oder unschädlich machen.» Wen ich genau unschädlich mache, das lasse ich gerade durch sehr preiswerte Berater klären. Wissen Sie, ich habe schon eine lange Politikerlaufbahn hinter mir. Vor fünfundzwanzig Jahren habe ich das erste Mal kandidiert, seitdem konnte ich meine Ergebnisse jedes Mal verbessern, teilweise sogar vervielfachen. Wahlkämpfe, Parteigründungen, Reden, Pressekonferenzen, Flügelkämpfe, Demonstrationen, Basisarbeit – das alles habe ich von der Pike auf gelernt.

Steinbrück: Sie mit Ihrer Witzpartei! Das muss man doch mal sagen dürfen!

Ich: In Deutschland gibt es nur eine Witzpartei, und das ist Ihre, die älteste Partei Deutschlands, die SPD. In den hundertfünfzig Jahren ihres Bestehens hat sie gerade mal siebenundzwanzig Jahre regiert oder mitregiert, also nur knapp achtzehn Prozent der Bestehenszeit – die Weimarer Republik mal nicht mitgerechnet. Die Grünen sind mit dreiunddreißig Jahren wesentlich jünger, waren dafür aber schon einundzwanzig Prozent ihrer Lebenszeit an der Regierung beteiligt. Die CDU hingegen hat vierundvierzig Jahre regiert, war also fast fünfundsechzig Prozent ihrer Bestehenszeit Regierungspartei. Das heißt, von allen Großparteien hat die SPD die bei weitem geringste Regierungserfahrung. Wenn Sie Politik machen wollen, Herr Steinbrück – warum sind Sie dann in die SPD eingetreten?

Steinbrück: Ich weiß wirklich nich, warum ich mir das hier bieten lassen soll. Wenn ich Helmut Schmidt wäre, würde ich jetzt rauchen. Was wollen Sie denn eigentlich, Sie in Ihrem lächerlichen roten Anzug!

Jauch: Herrn Steinbrücks Frage ist berechtigt – was wollen Sie eigentlich?

Ich: Wir wollen das, was der Wähler will. Und dafür machen wir das, was die anderen auch machen – aber zum halben Preis.

Brüderle: Haha, Sie gfallnmir, brzzzl, Sie könntn Efdepesein, chrmmz! Bürgerlischeregierungdermidde, keindehma, haha.

Merkel: Sie haben doch keinerlei Inhalte, überhaupt keine!

Ich: Aber ich bitte Sie, Frau Merkel, kommen Sie mir doch nicht mit Inhalten! Die haben wir längst überwunden – Inhalte sind oldschool. Wir sind eine ideologiefreie Servicepartei, schneller am Bürger und schnell aus der Verantwortung. Da träumen Sie doch nur von.

Brüderle: Wunnerbar, hehe, Sie machedes großardesch. Chrrzn. Prost.

Jauch: Herr Brüderle, das ist ein Mikrophon. Daraus kann man nicht trinken.

Brüderle: Hahaha, großardesch. Rülps.

Gysi: Sie und Ihre Partei sind wahrscheinlich so 'ne neue Art Piraten. Nur noch überflüssiger.

Ich: Die Piraten waren zu monothematisch und ihre Wählergruppe zu klein: Jung, männlich, dumm und Laptop – das reicht eben nicht als Wählerprofil. Die einzige Forderung, die man mit den Piraten verband, war die nach mehr Transparenz. Unsere Partei «Die PARTEI» ist ganz anders: Wir fordern weniger Transparenz! In Wahrheit wollen die Bürger doch einfach nur in Ruhe regiert werden. *Zero transparence!*

Jauch: Tun wir doch mal Butter bei die Fische: Herr Schmitt, nennen Sie uns eine ganz konkrete Forderung Ihrer Partei. Damit wir verstehen, was Sie überhaupt wollen.

Ich: Ich habe zum Beispiel entschieden, dass wir mehr sinnlose Großprojekte brauchen. Wir haben den Berliner Großflughafen, die Elbphilharmonie in Hamburg und Stuttgart 21. Nicht zu vergessen die Waldschlößchenbrücke in Dresden oder die einst geplante Transrapidstrecke in München. Aber das reicht nicht. Überall sehen wir die positiven Auswirkungen dieser Projekte: Sie wecken Emotionen, wirken gemeinschaftsstiftend, man bildet Bürgerinitiativen, beteiligt sich an Demos, schreibt Leserbriefe oder Hate-Mails – das bewegt was, da ist Leben drin. Deshalb brauchen wir mehr solche Projekte, etwa einen unterirdischen Flughafen in Frankfurt, eine alpine Abfahrtsstrecke in Bremen oder die historische Rekonstruktion der Berliner Mauer – das benötigte Baumaterial könnte man ganz einfach durch den Wiederabriss der Dresdner Frauenkirche gewinnen.

Göring-Eckardt: Sie spinnen ja.

Steinbrück: Ich würde sogar sagen: Der ist ja wohl schlecht gefickt worden, das wird man ja wohl mal sagen dürfen, ich lass mich doch nicht verbiegen.

Merkel: Das ist jetzt aber frauenfeindlich.

Gysi: Wieso, der ist doch gar keine Frau. Wir müssen uns hier jetzt auch nicht aufregen. Herr Schmitt, Sie werden schon allein deswegen nicht gewählt werden, weil Sie kein Schwein kennt.

Ich: Kümmern Sie sich mal lieber darum, Frau Knipping und Herrn Wixinger bekannt zu machen!

Gysi: Wer soll das sein?

Ich: Das sind Ihre Parteivorsitzenden.

Gysi: Die heißen immer noch Kipping und Riexinger, Herr Schitt.

Brüderle: Haha, kannischnursagn: Lafondänunnwagenknescht, da wirdsmir gleisch im Magen schlescht, gell.

Göring-Eckardt: Das ist nun wirklich unter aller Kanone, Herr Brüderle.

Merkel: Find ich auch.

Ich: Er macht nur Spaß! Herr Brüderle kann nichts dafür, dass er in einer Spaßpartei ist, Frau Göring.

Göring-Eckardt: Sie können mich mal ... bei meinem richtigen Namen nennen: Ich heiße Göring-Eckardt, wenn Sie das bitte zur Kenntnis nehmen wollen.

Ich: Mit diesen Taschenspielertricks wollen Sie doch nur von Ihrer Nazi-Vergangenheit ablenken, Frau Göring!

Göring-Eckardt: Also, das ist ja ungeheuerlich, was Sie hier abziehen.

Merkel: Find ich auch.

Brüderle: Hahaha! Hering, Hering, so fedd wie de Göring, haha, chrwnzbrr.

Ich: Wenn das der Führer wüsste, Frau Göring!

Göring-Eckardt: Ich werde diese Sendung jetzt verlassen.

Jauch: Liebe Zuschauer, Sie sehen, es geht ein bisschen kontrovers zu, wir überziehen auch schon.

Steinbrück: Überziehen? Ich bin nur für sechzig Minuten bezahlt worden!

Merkel: Wie – Sie kriegen hier was bezahlt?

Steinbrück: Sie etwa nicht? Ich sag ja, die Kanzlerin ist unterbezahlt.

Brüderle: Dessis ganzklaar, Leistungmussisch wieder lohnnn. Chrrrnz!

Göring-Eckardt: Das ist wirklich ein Skandal.

Gysi: ?

Ich: Hallo! Ich spreche jetzt einfach mal in diese Kamera und wende mich direkt an meine lieben Wähler: Hallo, Wähler! Ich liebe euch alle! Ich will euch da draußen mal erzählen, wie ich überhaupt in die Politik gekommen ...

*Günther Jauch steht auf, geht zur Kamera, die zeternde Runde
ist nicht mehr zu sehen.*

Jauch: Ja, das wird Ihnen Herr Schmitt sicher erzählen, aber
nicht mehr in meiner Sendung. «Politiker, das ist kein
Beruf, sondern eine Diagnose», wie es so schön heißt, ich
danke allen meinen Gästen, dass Sie heute Abend ...

Jauch moderiert ab ...

... und ich wache auf. Schon wieder dieser Traum, den ich in den
letzten Wochen immer wieder träume. Denn ich bin ja tatsächlich Spitzenpolitiker und muss mich endlich den Menschen im
Land, das ich bald regieren werde, erklären. Wie es überhaupt
zu alldem kam. Warum ich drauf und dran bin, die Macht in
Deutschland zu übernehmen. Ich habe nämlich zuvor schon
viele erfolgreiche Wahlkämpfe geführt. Sie haben mich zu dem
gemacht, der ich heute bin. All das werde ich erzählen. Das kostet mich schließlich keinen Cent – und Überwindung auch nicht.

Der Anruf

Wie man mit einer schmierigen Partei in die Spitzenpolitik einsteigt

Der Anruf, der mein Leben für immer veränderte, erreichte mich exakt um 12.47 Uhr MEZ, es kann aber auch ein paar Minuten früher gewesen sein oder wesentlich später, so genau weiß ich das jetzt nicht. Ich werde diese Frage aber bestimmt zeitnah durch einen Fachausschuss prüfen lassen und den Sachverhalt rückhaltlos aufklären – darauf mein Ehrenwort als Spitzenpolitiker. Es wäre jedoch nicht ratsam, sich hier und jetzt allzu vorschnell und einseitig festzulegen, das könnte sich später als taktischer Fehler herausstellen, daher lasse ich dieses Zeitfenster vorerst mal offen.

Jedenfalls hatte ich gerade ein stattliches Pensum an Tagesfreizeit, da kam der Anruf genau im rechten Augenblick. Doch war ich klug genug, für Außenstehende nicht den Eindruck zu erwecken, ich hätte Zeit wie Heu und nur auf Ablenkung gewartet.

«Hier spricht dein Landesvorsitzender», sagte eine vertraute Stimme, die ich sofort dem PARTEI-Vorsitzenden des Landes Hessen zuordnen konnte. «Jetzt ist es so weit: Die Partei ruft! Komm sofort in mein Büro!»

«Ich habe aber im Moment sehr viel zu tun.»

«Das haben wir alle, Parteigenosse.»

«Ich weiß wirklich nicht, wo mir der Kopf steht.»

«Ich werde es dir sagen.»

«Ohne Scheiß, Landesführer, hier brennt der Hort! Du kannst dir nicht vorstellen, was bei mir los ist. Alle möglichen Leute warten darauf, dass ich mit irgendwelchen Geschichten rüberkomme. Ich sitze an einem unfertigen Artikel über eine Gartenbauausstellung in der Nähe von Darmstadt, an einem Exposé für eine politische Infotainmentsendung mit dicken Unterschichtsfrauen auf RTL II, außerdem an Plänen für einen Essay über Sloterdijks Sexaffären, einem Gedichtband mit Liebeslyrik und einem noch ungeplanten Roman über einen Typen, der sein Leben nicht in den Griff kriegt.» Da ich am anderen Ende nur ein ratloses Räuspern hörte, schob ich sicherheitshalber hinterher: «Ist aber nicht autobiographisch.»

«Okay, ich fasse zusammen: Du hast absolut nichts Konkretes am Start. Hab ich mir gleich gedacht. Und genau deswegen habe ich einen absolut konkreten Plan für dich: Du wirst Politiker.»

«Bin ich doch schon. Im Moment nur ohne Geschäftsbereich.»

«Genau den werde ich dir geben. Bis gleich.»

So grau und tief hing der Winterhimmel über der Stadt, dass die Konturen der Hochhäuser im Wolkennebel verschwammen. Kontur- und führungslos lag Frankfurt am Main. Vor einigen Tagen hatte die Oberbürgermeisterin, die diese Stadt seit einem gefühlten Jahrhundert regierte, ihren Rückzug angekündigt. Pensionsansprüche verprassen. Ein Nachfolger war nicht in Sicht. Ich hatte das zunächst nur am Rande mitbekommen, ich war mit dem Relaunch meines Lebenskonzepts beschäftigt. Frankfurt hin oder her – wie es mit mir weitergehen sollte, das war die große Frage. Manchmal ist es wie mit dem Wald, den man vor lauter Bäumen nicht sieht: Ich erkannte erst gar nicht, dass das Amt des Oberbürgermeisters der ideale Einstieg in die Profipolitik war, der Steigbügel für den Kanzlersattel. Gerade für einen Quereinsteiger wie mich! Denn der war ich tatsächlich. Zwar hatte ich schon Erfahrungen mit Wahlkämpfen, als Landtagskandidat und Anwärter für das Bürgermeisteramt meiner Heimatstadt. Doch das war Jahre her.

Man darf allerdings nicht glauben, dass ich fatalistisch in den Tag hineinlebte, auch wenn das für den ungeschulten Betrachter vielleicht den Anschein haben mochte. Ich ging häufig aus, sprach sehr viel, selbst wenn keiner zuhörte, und verbrachte die übrige Zeit mit Warten. Auf bessere Zeiten. Denn eines Tages, das war mir klar, würde meine Zeit kommen. Und an diesem Tag war es so weit.

Eine Stunde später saß ich im Büro des Landesvorsitzenden. Der massige Mann residierte hinter einem Schreibtisch, der so aufgeräumt war wie er selbst. Da sein hoher Parteiposten undotiert und damit nur ehrenamtlich zu verwesen war, saß er hauptberuflich als Vertriebsleiter in den Räumlichkeiten eines großen Luxusmarken-Autohauses und beobachtete aus seinem verglasten Kubus heraus die Vertriebstätigkeiten seiner Mitarbeiter. Offensichtlich liefen die Geschäfte gut, denn er konnte sich der Parteiarbeit vollinhaltlich widmen.

«Wir brauchen einen neuen Bürgermeister», sagte er und machte eine Pause. «Und du wirst es werden.»

Widerspruch wollte er nicht zulassen, das schien nicht seine Art zu sein. Meine eher gespielten Bedenken, dass ich eventuell zu wenig Kenntnisse über die von mir zu regierende Stadt hätte, dass ich ja vielleicht gar nicht sicher gewinnen würde, weil ich kein Geld hätte, um die Medien zu bestechen, dass mir bei einem Wahldebakel ein weiterer Aufstieg in der Bundespolitik schwerfallen würde, weil ich ja dann ...

Der Landesvorsitzende schnitt mir das Wort ab: «Wir werden auf Sieg spielen, nicht auf Platz!» Unnachgiebig starrte er mich an, sein Blick war streng führungspersönlich.

Die Bürotür ging auf. Ein Vertriebsheini streckte seinen Bürstenhaarschnitt durch die Öffnung, schaute erst mich irritiert, dann seinen Chef indigniert an und jammerte, dass er da einen «Problemkunden» habe, der «Stress» wegen einer «Fehldisposition» mache. Es sei das falsche Auto bestellt worden, nun wolle der Kunde den Kauf stornieren und darüber hinaus, bis zum Eintreffen des richtigen Wagens, sogar ein Ersatzfahrzeug gestellt bekommen. «Er sagt, er will nicht im Oberförsterauto durch die Stadt fahren», heulte die Bürste, worauf ihm mein Landesvorsitzender zu verstehen gab, er solle «den Vogel» mal durchstellen, er regle das schon.

Das Telefon piepste, blitzschnell schnappte die Pranke des Landesvorsitzenden nach dem Hörer, dem sofort und deutlich vernehmlich aufgeregtes Gequassel entquoll. Er hörte eine Weile zu, sagte hin und wieder «Aber Herr Griesbach!» und gab mir mit einem Augenrollen zu verstehen, dass dieser Herr Griesbach wohl allerlei Unfug daherredete. Gelangweilt fischte er mit seiner goldenen Krawattennadel einige hochinteressante Speisereste aus dem weit geöffneten Mund, der ausschließlich aus teuren Ersatzteilen zu bestehen schien. Dann legte er den unvermindert weiterquakenden Hörer auf die Schreibtischplatte, holte sich einen Kaffee, krempelte die Hemdsärmel hoch, nahm den Hörer wieder auf und schaltete auf Angriff.

«Dass Sie eine E-Klasse bestellt haben, ist uns natürlich bekannt, Herr Griesbach», sagte er mit knurrender Stimme. «Aber da ich Ihre Vorlieben genau kenne und Sie persönlich sehr schätze, weiß ich, dass Sie mit diesem Auto nicht glücklich werden würden. Natürlich ist die M-Klasse in dieser Ausführung viel teurer, aber das sind Sie sich und Ihrer Frau und Ihrem Ruf einfach schuldig. Verstehen Sie doch – ich will nicht, dass Sie sich lächerlich machen.» Im weiteren Verlauf des Gesprächs fielen dann mehrfach Worte wie «repräsentativ», «Status», «Fahrgefühl», «Ansehen», «Extras», «Rabatt», «Sonderrabatt» und «Stammkundennachlass», und beschlossen wurde es mit dem Satz: «Gut, Herr Griesbach, dann reserviere ich jetzt auch noch für Ihre Gattin eine M-Klasse, also insgesamt zwei – zur sofortigen Auslieferung. Da haben Sie aber Glück, es sind die letzten, die wir dieses Jahr noch reinkriegen.»

Zufrieden legte der Landesvorsitzende auf, sah mich stolz an und sagte: «Die Dinger müssen dringend weg, der ganze Hof steht voll, die will keiner haben, weil sie zu teuer und zu unpraktisch sind und viel zu viel Sprit fressen.»

Ich hatte den Landeschef zum ersten Mal in Aktion erlebt – und ich war geflasht. Wenn er die Menschen derart bearbeiten konnte, warum wurde er dann nicht selbst Spitzenkandidat? Auf jeden Fall konnte ich von ihm einiges lernen, das war mir jetzt klar. Ob man den Leuten nun Autos andrehte oder neue Steuerkonzepte, das war doch letztendlich ein und dasselbe.

Noch bevor ich sein Verhandlungsgeschick loben konnte, wechselte er zurück zum Eingangsthema. «Hör zu!», lautete seine Ansage. «Ich habe mich in dieser Partei konsequent nach oben gearbeitet. Das war nicht schwer, denn die Landesspitze war unbesetzt, weil keiner diesen Job machen wollte. Trotzdem sägen sie jetzt schon an meinem Stuhl.» Mit einer Mischung aus Respekt und unverhohlenem Neid sprach er weiter: «Aber du bist Ehrenvorsitzender! Hut ab, das schafft nicht jeder. Es kann nicht einfach gewesen sein, diesen Job zu ergattern.» Er schaute mich interessiert aus rastlos flackernden Äuglein an.

«Das kannst du aber annehmen, Genosse. Es kann eben nur einen Ehrenvorsitzenden geben. It's lonely at the top», zitierte ich Randy Newman und erzählte dem Griesbach-Bezwinger mal lieber nicht die ganze Wahrheit. Dass es nämlich spielend einfach gewesen war, an diesen Posten ranzukommen. Wenngleich auch erniedrigend.

«Wie auch immer», sagte er, «du musst uns jetzt jedenfalls in den OB-Wahlkampf führen. Das ist ein Persönlichkeitswahlkampf, und wir werden dir helfen, deine Persönlichkeit systematisch aufzubauen. Dann wirst du die Wahl nach meiner Berechnung gewinnen.» Selbst könne er die Kandidatur nicht übernehmen, sonst sei er seinen Job los. Als Vertriebsleiter sei ihm eigentlich jegliche parteipolitische Tätigkeit verboten, jedenfalls offiziell. Und da er Frau und Kinder und Hunde und Pferde zu ernähren habe, sei ihm die Politik als Hauptberuf zu unsicher. «Du bist Single und arbeitslos», sagte er kühl, «du hast nichts zu verlieren.»

Ich protestierte, ich hätte sehr wohl eine Ehefrau, und diese Ehefrau hätte auch einen Job, der spielend zwei ernähren könne. Gut, meine Frau musste auch für zwei arbeiten, aber sie hatte eine starke Statur.

Der Landesvorsitzende ignorierte meinen Einwand. Ganz unvermittelt fragte er mich, ob ich Visionen hätte.

«Nein.»

«Das ist gut.»

Langsam dämmerte es mir: Oberbürgermeister von Frankfurt am Main – das war vielleicht doch das Richtige für mich, der klassische Einstieg in eine glanzvolle Politikerlaufbahn: Konrad Adenauer, Hans-Jochen Vogel, Willy Brandt, Hans Eichel, Oskar Lafontaine – sie alle begannen ihre großen politischen Karrieren als Träger der silbernen oder goldenen Amtskette. Wenn ich die erst mal im Kleiderschrank hatte, kam der Rest bestimmt ganz von selbst. Dann konnte ich womöglich weltberühmt werden, so wie Michel de Montaigne, Otto von Guericke oder Clint Eastwood, die auch alle mal als Bürgermeister gearbeitet haben.

Es sei ein Vorteil, sagte der Landesvorsitzende, als wir nach draußen gingen, dass ich keiner der überkommenen Altparteien angehöre. Bei «so kommunalen Geschichten» gelte das Aufstellen neuer, unverbrauchter Kandidaten ja oftmals geradezu «als Erfolgsrezept», besonders und vor allem bei Bürgermeisterwahlen. «Das sind die Persönlichkeitswahlen schlechthin», sagte er, während wir über den Hof des Autohauses schritten, der voller großer, unförmiger Oberförsterautos stand.

«Jetzt zeig ich dir aber mal was sehr Geiles», raunte er mir zu und führte mich in eine separate Garage, die wir durch eine

Klimaschleuse betraten. Neonröhren flackerten auf und spiegelten sich im Lack und Chrom herausgeputzter Oldtimer: Strich-Achter, Heckflosser, Flügeltürer und, ganz am Ende der kleinen Halle, ein silberner 190 SL mit roten Ledersitzen. «Eine original Nitribitt-Schaukel» sei das. Und diese Autolegende, die würde er, respektive seine Firma, mir bald schon für den Wahlkampf zur Verfügung stellen – wenn ich meine Person für den Wahlkampf zur Verfügung stellen würde.

Ich war geblendet und schlug ein. Deal. Ehrenwort unter Ehrenmännern. Das fiel mir nicht schwer. Der Landesvorsitzende schaute auf seine schwere Armbanduhr. «Gleich sieben, da fängt die Nominierungssitzung an. Wir müssen los.»

Wir fuhren durch die Stadt in eine Gaststätte, von der der Landesvorsitzende behauptete, sie sei das «Parteilokal». Was würde mich dort erwarten? Ein aufgepeitschter Mob, der mich auf Schultern durch die Straßen trug? Wollte ich das wirklich? War ich innerlich überhaupt schon bereit für die Machtergreifung? Würde sich dadurch nicht mein ganzes Leben verändern und private Beziehungen auf der Strecke bleiben? War Politik nicht sogar Gift fürs Eheleben? Mein Vorbild Christian Wulff würde das wohl mittlerweile bestätigen. Und dass es der vormalige SPD-Männerbund Schröder, Lafontaine & Scharping zu dritt auf insgesamt neun Ehen bringt, das muss man ja auch erst mal nachmachen.

Aus den Augenwinkeln schaute ich den Landesvorsitzenden an. Er fuhr, telefonierte und führte sich oral Nüsse zu. Er war im Einklang mit sich selbst. Ich nahm mir vor, ihn mir ebenfalls zum Vorbild zu nehmen.

Die Spelunke hieß Klabunt und lag in einem der Vergnügungsviertel der Stadt, die ich demnächst regieren sollte. Um einen runden Tisch herum, den ein offenbar scherzhaft gemeintes Schild als «Stummtisch» ausgab, saßen einige Herrschaften vor Hopfengetränken und sprangen auf, als der Landesvorsitzende mit aller ihm zu Gebote stehenden Autorität das Lokal betrat und mich an den Tisch bugsierte.

«Das ist euer künftiger Bürgermeister», stellte er mich mit korrekter Amtsbezeichnung, jedoch ohne Namen vor. Die Mitgliederversammlung sah mich an. Ich kannte keinen Einzigen. Ratlos fixierte ich die Runde. Die Runde fixierte zurück.

Nur wenige alkoholische Getränke später, die sämtlich auf das Konto des Landesvorsitzenden gingen, hatte ich ein festes Band mit der Parteibasis geknüpft. Es waren phantastisch aufgestellte junge Leute, allesamt wackere Burschen und Mädel, die hervorragendsten Vertreter ihrer Zunft: Stipendiaten, Umschüler und angehende Elektriker, ein volontierter Koch, ein Berufsschullehrer und ein Mikrobiologe, außerdem ein stark übergewichtiger Webmaster, eine anorektische Webmasterin und ein Diplom-Soziologe, zwei Schülerinnen und ein Mann mit Nickelbrille und Spitzbart, der als Berufsbezeichnung «Inspizient» angab. Insgesamt ein repräsentativer Schnitt durch unsere urbane Zivilgesellschaft und deren äußere Ränder. Schnell hatten wir uns ineinander verliebt, die Parteibasis und ich. Gerade wollte ich auf einen Stuhl steigen und eine erste improvisierte Ansprache halten – da drückte mich eine mächtige Pranke, die aus einem nicht minder mächtigen Landesvorsitzenden herausgewachsen war, zurück auf den Stuhl. Zum Redenschwingen hätte ich später noch genug Gelegenheit, beschied er und öffnete seinen riesigen Dokumentenkoffer.

Nun wurden Zettel ausgepackt, Formblätter verteilt, Vertrauensleute und Wahlleiter bestimmt, Hände gehoben, Zettel ausgezählt und Protokolle unterzeichnet, deren Sinn ich nicht genau verstand. Das seien «die hohlen Rituale der Demokratie», erklärte mir der sogenannte «Inspizient», der mich irgendwann im weiteren Verlauf des immer unübersichtlicher werdenden Abends gemeinsam mit dem Landesvorsitzenden vom Stuhl riss, meine Hand ergriff, in die Luft reckte und schrie: «Hurra! Wir haben einen Spitzenkandidaten!»

In den Applaus der improvisierten Partei- oder Ausschuss- oder, wer weiß, Ortsvereinversammlung rief der Landesvorsitzende: «Die PARTEI war bis jetzt nur eine kleine, schmierige Oppositionspartei, die in Deutschland nach der Weltmacht strebte. Nun werden wir mit dem Spitzenkandidaten Oliver Maria Schmitt zu einer großen, schmierigen Regierungspartei werden. Ein Hoch auf ihn und auf unseren GröVaZ, unseren größten Vorsitzenden aller Zeiten – auf Martin Sonneborn.»

Der Name Martin Sonneborn ließ mich zusammenzucken. Er ist der unumstrittene Gründer und Führer unserer Partei. Doch hat er seine Macht und seinen unermesslichen Reichtum nur mir zu verdanken. Dem Mann, den er mit dem undotierten Posten des Ehrenvorsitzenden abgespeist hat. Das durfte aber in dieser Situation nicht nach außen dringen. Diese verblendeten PARTEI-Leute, die hier herumsaßen, waren völlig auf Sonneborn fixiert, seinem falschen Führerkult erlegen. An der Wahrheit waren sie nicht interessiert. Außerdem brauchte ich diese Leute, sie mussten mir zur Macht verhelfen. Erst dann würde ich mit der ganzen Geschichte herauskommen. Bis dahin wollte ich mir nichts anmerken lassen. Ich setzte mein Pokerface auf, das in Zukunft mein Politikerface sein würde. Niemand konnte mir etwas ansehen.

«Herr Kandidat, ist Ihnen schlecht? Sie schauen so komisch», sagte die anorektische Webmasterin und blickte mich besorgt an. Doch die Freude über meine offenbar einstimmige Ernennung überwog, keine meiner bisherigen Kandidaturen hatte einen so grandiosen Auftakt.

Ich hielt eine spontane Dankesrede: «Jugend der Welt! Frankfurter! Deutsche! Römer!», rief ich vergleichsweise sinnlos, was aber keinen zu stören schien. «Mein Ehrenwort: Ich werde euch glorreichen Zeiten entgegenführen! Gemeinsam werden wir es schaffen! Wir werden siegen! Weil wir ein gewaltiges Wahlprogramm aufstellen, mit so vielen Programmpunkten, dass auch noch für den letzten Vollkoffer irgendetwas dabei ist! Wir werden mit allen Mitteln arbeiten, ja, wir werden sogar den in Frankfurt allgegenwärtigen Hass auf unsere kleine, beschissene Nachbarstadt Offenbach schüren und uns zunutze machen, so wahr mir Gott helfe!» Neuerlicher Applaus brandete auf. Was mich nur noch mehr aufpeitschte. Ich stieg auf einen Stuhl und schrie: «So wahr ich hier auf diesem Scheißstuhl stehe, Parteigenossen – ich aber werde euch und dem Wahlvolk fünfundneunzig Thesen verkünden! Keine mehr und keine weniger. Die Fünfundneunzig ist eine gut eingeführte Zahl, was Neuerungen anbelangt. Verlasst euch drauf! Es lebe das heilige Deutschland!» Das Protokoll vermerkt: «Langanhaltender, spontaner Beifall.»

Aber hatte ich mich mit fünfundneunzig Thesen nicht eindeutig übernommen? Und blieb mir überhaupt genug Zeit? Tags darauf las ich staunenden Auges im *Journal Frankfurt*:

«Viel Zeit bleibt ihm nicht mehr – bald schon will Oliver Maria Schmitt offiziell seine Kandidatur für die Wahl zum Oberbürgermeister der Stadt Frankfurt am Main bekanntgeben und sein Programm vorstellen. Und das, obwohl ihm noch einige Unterstützerunterschriften fehlen. Schmitt tritt an für die Partei für Arbeit, Rechtsstaat, Tierschutz, Elitenförderung und basisdemokratische Initiative (Die PARTEI), deren Ehrenvorsitzender er seit Gründung im Jahr 2004 ist. Einzelheiten zum Programm ‹95 Thesen für Frankfurt – und keine für Offenbach› sowie eine Facebook-Seite, eine neue Frisur und das erste offizielle Wahlplakat werden demnächst vorgestellt.»

Der Kandidat

Wie man zum strahlenden Siegertyp der Demokratie wird

Dass ich einmal Spitzenpolitiker werden würde, zeigt schon meine Biographie. Ich bin das Ergebnis einer großen Koalition meiner Eltern. Eines schönen Tages lag ein Säugling meines Namens in einer versiegelten Wahlurne.

So war mein Lebensweg von Geburt an vorgezeichnet. Kaum war ich im Geltungsbereich des Grundgesetzes angekommen, bemühte ich mich um größtmögliche Transparenz. Ich legte sämtliche Zuwendungen, die ich in flüssiger oder fester Form erhielt, nach kurzer Prüfungs- und Verweildauer in meinem Körper unverzüglich offen – ebenfalls in fester oder flüssiger Form. Ich bewahrte eine gesunde Bodennähe und entschied mich bereits im ersten Lebensjahr für eine Politik der kleinen Schritte; die dann im Laufe meiner Adoleszenz immer größer und entschiedener ausfallen sollten. Ich ging meinen Weg, einen anderen gab es nicht. Nur als Politiker, das war mir klar, würde ich die Welt verbessern können – und damit auch meine eigene Situation.

Noch im ersten Jahr meines Lebens erlernte ich das Sprechen, und das Reden gleich mit. Seitdem äußere ich mich nur noch in kurzen, klaren Sätzen. Diesem für mich typischen Sprachstil blieb ich treu. Damit mich der Wähler gut versteht. Und meine Botschaft ankommt. Als weitere vertrauensbildende Maßnahme legte ich mir ganz bewusst sympathische Gesichtszüge zu, weil mir früh klar war, dass ich einmal für eine Politik mit menschlichem Antlitz stehen würde. Seelenlose Sachpolitik kam für mich nicht in Frage. Dafür war ich zu selig, vor allem zu redselig, und zu wenig sachorientiert. Machtpolitik entsprach schon viel eher meinem Naturell. Weil es einfach Spaß macht, Macht zu besitzen. Weil ich es schon immer faszinierend fand, zu gestalten und Verantwortung zu tragen.

Mit drei Jahren verfolgte ich meine erste Bundestagsdebatte. Ende der sechziger Jahre lief tagsüber kaum etwas im Fernsehen, weil es keine Arbeitslosen gab, die das hätten anschauen können. Mittwochs aber wurde ab der Mittagszeit live aus dem Deutschen Bundestag in Bonn übertragen. Was meine Großmutter regelmäßig veranlasste, den wohnzimmerschrankgroßen Telefunken-Fernsehkasten anzustellen und die Lautstärke voll aufzudrehen, damit sie in der Küche beim Kuchenbacken bequem den Debatten lauschen konnte. Gebannt saß ich vor dem Gerät und verfolgte mit, wie sich dicke, schwarz-weiß flimmernde Männer gegenseitig neue Namen gaben. Sie riefen «Brunnenvergifter!», «Quatschkopf!», «Übelkrähe!», «Alte Giftspritze!» oder «Sie Düffeldoffel da!». Während die Politiker sich beschimpften, brüllte die Großmutter aus der Küche zurück: «Oh, du Arschloch!», «So ein Tagdieb!» oder «Du Lumpenhund, du musst grad das Maul aufreißen!». Dieser fruchtbare Widerstreit der Meinungen und die stets an der Sache orientierte Auseinandersetzung haben mein Demokratieverständnis zutiefst geprägt.

Mein beachtliches Talent für die «Kunst des Möglichen», wie mein Vorbild Otto von Bismarck die Politik definierte, zeigte sich bereits im Kindergarten. Kaum war ich eingezogen worden, analysierte ich die bestehenden Verhältnisse im Geschwister-Scholl-Kindergarten und entdeckte schnell mein erstes großes politisches Leitmotiv: Integration. Penibel achtete ich darauf, dass ich bei Kindergeburtstagen, Eisdielenbesuchen und Weihnachtsfeiern an vorderster Position in die Ausgabeschlange integriert war; dass ich beim fröhlichen Spiel immer auf der Gewinnerseite war, selbst wenn ich dafür noch im allerletzten Moment die Seiten wechseln musste. Das hatte freilich nichts mit «Verrat» zu tun, den die Jungs von der Verliererseite nicht müde wurden mir zu unterstellen – sondern mit strategischer Positionierung und proaktiver, zielführender Umsetzung.

Nachdem ich mir im Alter von vier Jahren mit Hilfe von Gesetzestexten das Lesen beigebracht hatte, schmökerte ich unaufhörlich in meinem Lieblingsbuch, einem türkisblauen, quadratischen Bändchen, auf dem mit ungelenker Schreibschrift der Titel *Meine Adenauer-Memoiren* appliziert war. Stunden, Tage, Wochen konnte ich in dieser launigen Scherzbiographie aus der Feder des Karikaturisten Hans-Joachim Gerboth blättern, die er unter dem superkomischen Namen Karlchen Schmitz veröffentlicht hatte. Das Buch, ein Bestseller der sechziger Jahre, war durchgehend in Schreibschrift gekrakelt, nebst roten Korrekturanmerkungen eines imaginierten Lehrers. Am lustigsten waren die vielen Karikaturen, obwohl ich deren Sinn meist nicht verstand. Ich zeichnete verbissen immer wieder den charakteristischen Adenauerschädel ab, so lange, bis ich ihn perfekt draufhatte. Ludwig Erhard, Franz Josef Strauß und Willy Brandt konnte ich bereits aus dem Gedächtnis, die waren einfacher. Kugelkopf: Erhard. Kastenkopf: Strauß. Gurkenkopf: Brandt. Der birnenförmige Kohl war noch nicht erfunden. So zeichnete und studierte ich die politische Sittengeschichte der Bonner Republik und das Leben des Alten aus Rhöndorf. Dass er erst mit dreiundsiebzig Jahren zum Bundeskanzler gewählt wurde, gab mir zu denken. So lange wollte ich nicht warten.

Ich holte die Menschen schon immer dort ab, wo sie gerade waren, zum Beispiel meine Freundin Andrea Ahnert, die in der Lessingstraße wohnte, oder Andreas Nürnberger aus der Neckarsulmer Straße. Das war für mich gelebte, integrative Bürgernähe. Auch in der Grundschule fühlte ich mich ganz dem Integrationsgedanken verpflichtet. Schnellstmöglich integrierte ich mich in die Bande der Stärkeren. Denen fiel es leicht, die blöden Idioten von der anderen, schwächeren Bande zu vermöbeln. Doch betraf die Integration noch viele weitere Lebensbereiche. So hatte ich zum Beispiel stets ein offenes Ohr für die Sorgen meiner nicht deutschen Schulkameraden, die Kinder der ersten Migrantengeneration. Ob Türke, Spanier, Grieche oder Jugoslawe – für mich waren sie alle gleich, für mich waren sie Ausländer. Wenn sie mir von ihren Schandtaten berichteten, meldete ich das sofort an den Lehrkörper weiter. Dragan, Hakan und Trajan kamen allerdings nie dahinter, darauf achtete ich sehr. So pflegte ich früh den Kontakt zu den Gastarbeiterkindern, die später meine Wähler werden würden.

Auf dem Gymnasium bildete ich mich eifrig weiter. Meine Intelligenz schwoll noch stärker an als meine Pickel, von Tag zu Tag wuchs mein politisches Gespür. «Das Hauptproblem der Erziehungsreform sind die Lehrer», schrieb ein empörter Mao Tse-tung in seine nach ihm benannte Bibel und hatte damit nur zu recht. Regelmäßig deckte ich politische Missstände auf, etwa eine Sechs in meiner Lateinklausur. Ganz eindeutig eine reine Schikane, um mich politisch mundtot zu machen, zumindest auf Lateinisch – eine Sprache, die ich ohnehin nicht verstand. Es war jedoch nicht immer leicht, einen Entrüstungssturm unter meinen Schulkameraden zu entfachen. Die meisten hatten nur ihr eigenes erbärmliches Fortkommen im Sinn, anstatt fürs große Ganze zu kämpfen – nämlich für mein Fortkommen. Ein solch unsolidarisches Verhalten widersprach meinem Verständnis von Solidarität zutiefst.

Doch es gab auch Glücksmomente. Unser Griechischlehrer hatte die Schriften der wichtigsten Erfolgspolitiker dieser Welt im Bücherregal stehen. «Politik ist mein Steckenpferd», sagte er, «und bei mir könnt ihr es reiten.» Einmal in der Woche lud er einen Kreis ausgesuchter Schüler zum «politischen *entre nous*»,

wie er es nannte, in sein Haus. So studierte ich jeden Dienstag-
nachmittag die Schriften von Machiavelli und Montesquieu, von
Alfred Rosenberg und Carl Schmitt, Carlo Schmid und Helmut
Schmidt, während Herr Grundeis, denn das war sein Name, mit
den anderen Kindern in der Sauna war. Gebannt arbeitete ich
mich durch sämtliche *Goebbels-Tagebücher* und erfuhr, warum
Hitler immer recht hatte. In *Mein Kampf* (den besaß Herr
Grundeis noch im Original aus dem Nachlass seines Vaters) las
ich, warum die anderen immer unrecht hatten und dass der Ver-
fasser deshalb beschloss, Politiker zu werden. «Ich wollte nicht
Beamter werden», schrieb Adolf «Schicklgruber» Hitler im ersten Kapitel, und für mich galt das auch. Also studierte ich die
Mao-Bibel, um zu lernen, wie man sich in Volksmassen bewegt
wie ein Fisch im Wasser; durchforstete Solschenizyns *Archipel
Gulag*, um mir die Funktionsweise eines leistungsfähigen Diszi-
plinarapparates für politische Gegner zu erschließen; verschlang
Michail Bakunin, um mich über Anarchie und das Absterben
des Staates zu informieren, zu dem es unter meiner Herrschaft
zwangsläufig kommen würde; und vertiefte mich in die *Marx-
Engels-Werke*, um ein theoretisches Fundament für meine später
angestrebte Kapitalakkumulation zu legen.

Wenn Herr Grundeis schweißnass aus der Sauna kam und ich
noch immer über den Büchern brütete, strich er mir versonnen
durchs Haar und sagte: «Tritt einer Partei bei, Junge! Egal, welcher. Die nehmen dich an der Hand und zeigen dir, wie du dich
in der Hierarchie hocharbeiten kannst. Du wirst sehen: Die, die
sich am meisten Mühe geben und die besten Beziehungen haben,
schaffen es vielleicht nach ganz oben. Und die, die keine Skrupel
kennen, die schaffen es ganz bestimmt.»

Ich wurde immer heißer darauf, Verantwortung zu tragen.
«Macht und Verantwortung sind untrennbar miteinander verbunden», bemerkte schon mein Vorbild Konrad Adenauer ganz
richtig – deswegen musste ich logischerweise erst einmal be-
trächtliche Macht gewinnen und ausüben, damit das mit der

Verantwortung auch seinen Sinn hatte. Die richtige Basisqualifikation brachte ich gleich mit: «Um die Volksherrschaft zu erreichen», schreibt Niccolò Machiavelli in *Der Fürst*, «bedarf es weder besonderer Tüchtigkeit noch besonderen Glücks, sondern eher einer vom Glück begünstigten Verschlagenheit.» Dass ich die hatte, bescheinigten mir meine Lehrer. Außerdem war ich jung, flexibel und passte mich jeder nur erdenklichen Situation geschickt an.

Ich ging immer den geraden Weg – hinter jemand anderem her. Dabei tat ich schlichtweg alles, was derjenige vor mir auch tat. Brachte das keinen Erfolg, konnte ich auf den Schuldigen deuten. War ich jedoch erfolgreich, war von ihm keine Rede mehr. Auf diese Weise kam ich immer besonders gut, ja noch besser voran – auf ausgetretenen Pfaden läuft sich's wie von selbst. Das beherzigte ich auch in späteren Jahren, als ich mich stets an erfolgreichen Vorbildern orientierte: Ich legte mir Nehmerqualitäten zu wie Christian Wulff, wollte spritzig unterwegs sein wie Jörg Haider, dabei aber auch hartnäckig und standhaft sein wie Adolf Sauerland und schnell und direkt ins Ziel kommen wie Jürgen W. Möllemann.

Selbstverständlich muss man auf dem Weg nach ganz oben auch Opfer bringen. Dieses Opfer war die Einsamkeit. Nach und nach verlor ich viele meiner Jugendfreunde, weil sie es nicht ertragen konnten, dass ich in Diskussionen stets recht hatte. Ich legte zu dieser Zeit das Gelübde ab, nie klein beizugeben, wenn ich spürte, dass ich im Recht war. Und das war praktisch immer der Fall.

Schon als kleines Kind war ich von Wahlplakaten fasziniert. Darauf waren Köpfe zu sehen, feiste Konterfeis meist alter Männer mit ohnehin schon dicken Schädeln. In den siebziger Jahren regierte im deutschen Südwesten mit Gottes Segen fast ausschließlich die CDU. Von den Wahlplakaten der Partei grinsten rosige Freibiergesichter mit feuerroten Säufernasen, da lachten mehrfach bekinnte Mostköpfe mit Blumenkohlohren und Glasbausteinbrillen, und fettig schimmernde Provinzfürstenrüben mit Glatzendeckersträhnen und Pornoschnäuzern grienten demokratisch um die Wette. So schön wollte ich's auch mal haben, dachte ich und träumte von einem eigenen Wahlplakat. Doch dazu braucht man natürlich eine Partei und ein Wahlkampfbudget.

Als ich mit zweiundzwanzig Jahren in die aktive Politik ging und meinen ersten Wahlkampf focht, war ich aber noch völlig auf mich allein gestellt. Für die Landtagswahl 1988 trat ich in meiner Geburtsstadt Heilbronn als parteiloser Kandidat an und kämpfte um den Einzug in den Landtag von Baden-Württemberg. Die Wahlplakate sprühte ich von Hand und klebte ein selbstgemaltes und selbstkopiertes Selbstporträt dazu, der griffige Slogan darunter musste es bringen: «Macht alle mitt, wählt Oliver Schmitt». Das reichte für satte 0,2 Prozent der Wählerstimmen, damals mein bestes Wahlergebnis seit Kriegsende. Dass ich damit stimmenmäßig gleichauf mit der DKP lag, erfüllte mich mit Stolz. Immerhin vertraten die Kommunisten eine komplette und damals noch ganze Staaten tragende Weltanschauung – ich hingegen hatte außer mir selbst eigentlich gar nichts vertreten. Wenn ich als Einzelner genauso stark war wie eine große Ideologie, dann war letztlich alles möglich.

Ich analysierte für künftige Wahlen systematisch mein Humankapitalkonto, saldierte meine Stärken und Schwächen. Das ging recht fix. Die Schwächen tendierten gegen null. Nun galt es, die Stärken auszubauen und zu restrukturieren, um das politische Profil zu schärfen. Am wichtigsten waren zunächst einmal: Name, Aussehen, soziale Herkunft.

Mein Name sei nicht Gantenbein, sondern Schmitt. Das ist kurz, knapp, dynamisch und energiegeladen, ein Name wie ein Peitschenhieb. Der helle, freundliche Vokal «i» sorgt für ebensolche Stimmung, das wäre ganz anders, hieße ich Schmatt, Schmett, Schmott oder gar Schmutt. Außerdem ist dieser Name

Mein erster Wahlstand zur Landtagswahl 1988 in der Heilbronner Fußgängerzone. Kalter Glühwein, kalte Würstchen, schnelle Marschmusik und selbstgesägte Schrottkunst sprechen den Bürger sofort an.

bestens in die Politszene der Bundesrepublik eingeführt, durch Carlo Schmid und natürlich vor allem durch Helmut Schmidt. Mein Name klingt nachgerade kanzleresk. Auch im Ausland ist Schmitt/Smith hervorragend aussprechbar und vor peinlichen Verwechslungen, gar Falschschreibungen gefeit, wie sie beispielsweise der frühere Bundestagspräsident Kai-Uwe von Hassel erleiden musste, als er einmal bei einem Empfang im Ausland als «Mr. Feuheusel» adressiert wurde. Ganz zu schweigen von Guido Westerwelle, der in der sudanesischen Tageszeitung *The Democrat* unter seinem korrekten Foto zwar unkorrekt, aber irgendwie auch nicht unpassend «Jido Fister Filly» benamst wurde.

Nein, Schmitt weckt, wenn überhaupt, nur positive Gedankenverknüpfungen. Und das kann man wirklich nicht von jedem Namen sagen. Man denke hier nur mal an einen Nachnamen wie Käßmann, und schon assoziiert man unwillkürlich Schlangenlinien. Oder an Niebel (Teppich), Rösler (Frosch), Kohl (Birne), Pofalla (Scheiße), Steinmeier (Niere), Schröder (Weiber), Fischer (noch mehr Weiber beziehungsweise Arschloch) oder Kramp-Karrenbauer (schlimme Krankheit). Da bin ich fein raus. Noch dazu eignet sich Schmitt nicht für neue Verbformen wie etwa «guttenbergen» oder «wulffen». Außerdem gilt ja noch immer die alte Journalistenregel: Keine Witze über Namen! Eine Regelung, für deren Einhaltung sich Politiker wie Wilfried Penner (SPD) und Rudi Geil (CDU) zeitlebens starkmachten.

Zum Glück kommt es in der Politik nicht nur auf das gute Aussehen an – ganz im Gegenteil, wie Volker Zastrow im Gefolge der sogenannten «Guttenberg-Affäre» in der *Frankfurter Allgemeinen Sonntagszeitung* klarstellte: «Politik ist die Chance für Leute, die nicht gut aussehen und weder singen noch tanzen können, sehr, sehr prominent zu werden, und wenn sie dann noch, wie Guttenberg, gut aussehen, singen und tanzen, dann sind sie kaum noch aufzuhalten. Bis sie an sich selber scheitern.»

Obwohl ich also Gefahr lief, an mir selber zu scheitern, ließ ich mir es nicht nehmen, immer so gut wie möglich auszusehen. Lange Zeit liebäugelte ich mit der Idee, einen Bart zu tragen, da er in der Anschaffung sehr preiswert ist und auf Plakaten und in Fernsehsendungen für eine höhere Wiedererkennbarkeit sorgt. Aber für welchen Bart sollte ich mich entscheiden? Es gibt ja so viele! Außerdem wurden und werden Bärte hauptsächlich von Despoten, Tyrannen und Diktatoren getragen: von Leuten wie Stalin, Lenin, Castro, Lukaschenko, Ahmadinedschad, Hussein, Ulbricht, Pinochet, Scharping und Kurt Beck. Oder von ehemaligen DDR-Politikern, man denke nur an die Gesichtspullover von Thierse, Platzeck und Meckel. Und dass ausgerechnet Hitler mit einem Chaplin-Bart durch die Gegend lief beziehungsweise umgekehrt, ist heute kaum noch nachvollziehbar. Deshalb entschied ich mich für eine markante Schwundstufe des Bartes, nämlich die langgezogenen Koteletten. Diese aber nicht als flauschige Backenteppiche, wie sie der Sprechdöner Cem Özdemir in seiner Rehabilitationsphase spazieren trug, sondern als vergleichsweise elegantes Bartzitat ohne Belegstelle.

Doch erst unterhalb der Koteletten geht es richtig los. Was soll ein Politiker anziehen? «Grundsätzlich meine ich, dass das Publikum mit Argumenten besser zurechtkommt, wenn man ordentlich angezogen ist», sagte einst Gerhard Schröder, dessen besonderes Verdienst, es bis zum «Brioni-Kanzler» (*Die Zeit*) gebracht zu haben, von keinem seiner anderen je übertroffen wurde.

Für meine Frankfurter OB-Kampagne, die ein ausgezeichneter Testlauf für meinen Bundeswahlkampf war, brauchte ich dringend einen guten Politikeranzug mit hohem Wiedererkennungswert. Von einem befreundeten Weltreisenden hatte ich erfahren, dass in Seoul die besten Anzüge der Welt geschneidert werden. Ich bestieg ein Flugzeug, das sich donnernd erhob, und düste in eines der letzten erfolgreich geteilten Länder der Welt, nach Korea.

In Seouls Ausgehviertel Itaewon begrüßte mich auf der Schwelle seines Schneiderateliers Mr. Lee Hamilton, ein beneidenswert aufgequollener Asiate in blassgelbem Jackett mit violetten Karos und goldener Krawattennadel. Er führte mich durch seinen Laden, dessen Wände mit Fotos seiner exquisiten Kundschaft tapeziert waren. Celine Dion hatte sich hier ein Kostüm schneidern lassen, Luciano Pavarotti gar ein ganzes Zelt, das er stolz als Jackett trug, der Jahrhundert-Leichtathlet Carl Lewis einen Dreiteiler, ebenso der IOC-Präsident Juan Antonio Samaranch. Ich fragte Mr. Lee, ob er auch Spitzenpolitiker zu seinem Kundenkreis zähle. Aber selbstverständlich, lachte er und führte mich an eine weitere Fotowand, wo zwischen etlichen US-Senatoren auch der chinesische Staatspräsident Hu Jintao und sein ehemaliger paraguayischer Amtskollege Frutos aus nagelneuen Anzügen zufrieden herausgrinsten.

Wir schritten zur Stoffauswahl. Lee befragte mich in groben Zügen nach meinen politischen Zielen, überlegte eine kleine Weile und entschied dann, dass für mich ausschließlich Dreiteiler in der starken Emotionsfarbe Rot in Frage kämen, gefertigt aus robustem, widerstandsfähigem Fischgrät-Tweed. Der Stoff habe eine angenehme Griffigkeit, schließlich wolle ich ja ein Politiker zum Anfassen sein, und das Rot unterstreiche die Ernsthaftigkeit meiner politischen Absichten. Als Futter wählte er blaue Seide, denn Halbseide komme für einen seriösen Politiker wie mich nicht in Frage. «We make you a king!», rief er begeistert und übergab mich seinem Anprobenchef.

Drei Anproben später steckte ich in der dreiteiligen roten Maßkonfektion und ließ mich stolz mit Mr. Lee fotografieren. Dass er das Bild natürlich erst nach meinem Wahlerfolg in seiner Kundengalerie aufhängen könne, müsse ich verstehen, sagte er bei der Verabschiedung und überwies mich freudig an seinen Kassenchef. Der Anzug kostete nur neunhundert Euro, was viel günstiger war, als wenn ich für einen vergleichbaren Anzug bei einem türkischen Schneider in Deutschland neunhundertfünfzig Steine bezahlt hätte.

Selbstverständlich muss der Anzug auch zu dem Körper passen, der in ihm wohnt. Zu Beginn meiner politischen Karriere war ich noch schlank und spillrig, ja regelrecht dürr. Das schaffte natürlich nur wenig Vertrauen bei einer Bevölkerung, die gerade die Nachkriegsfresswelle erfolgreich hinter sich gebracht hatte und sich im kulinarisch aufgeschlossenen Süddeutschland mit Spätzle und Braten, Wein und Bier einen nachhaltig aufgedunsenen Volkskörper zulegte. Letztlich können nur beleibte Politiker auch wirklich beliebt sein (Kohl! Beck! Gabriel!), nur mit einem vertrauensbildenden Speckgürtel kann man Leutseligkeit verkörpern und Machtfülle demonstrieren. Also trat ich zur Bürgermeisterwahl 2012 wesentlich fülliger an – so wie auch mein Vorbild Karl-Theodor zu Guttenberg als dünner Emporkömmling aus dem Amt gejagt wurde und dann als angehender Elder Statesman «etwas fülliger geworden» (*Bunte*) seinem arroganten Auftreten wesentlich mehr Gewicht verlieh.

Zu guter Letzt: Aufgrund meiner einfachen Herkunft war ich schon immer einfach für jeden wählbar – und bin es noch! Ich will mich hier nicht über Gebühr anpreisen, aber als Politiker muss ich einfach ansprechen, was Sache ist: Mich kann jeder wählen. Ich bin ein Kandidat für alle Volks- und Einkommensschichten. Die Reichen können mich wählen, weil ich durch meine offenen Bereicherungsabsichten zeige, dass schnell ergattertes Geld eine schöne Sache ist. Die Armen können mich wählen, weil mein Programm so armselig wirkt. Die Intelligenten können mir gönnerhaft ihre Stimme geben, um damit zu zeigen, dass sie die Ironie begriffen haben. Und die Dummen können mich jederzeit wählen, weil sie die Ironie nicht begriffen haben. Für Frauen bin ich als klassischer Frauentyp unbedingt wählbar, für Männer aber auch, weil ich ein Mann bin und – das sage ich ganz offen – auch bleiben werde.

Als Politiker bin ich also gut, ja bestens aufgestellt. Ich weiß, wo ich stehe. Immer wieder habe ich darüber nachgedacht, wer ich bin und warum. Heute weiß ich: Es liegt an meiner Biographie. Sie ist der Grund. Dies bestätigte mir – indirekt – auch mein politischer Mentor Joschka Fischer, als er 2001 in einem Interview sagte: «Ohne meine Biographie wäre ich heute ein anderer, und das fände ich gar nicht gut.»

Die Kampagne

Wie man volkstümliche Propaganda mit Nutten und Koks macht

«Maßgeschneidert!», rief der Inspizient. Immer wieder: «Maßgeschneidert!» Ich zupfte das Revers meines roten Wahlkampfanzugs zurecht und erklärte dem Mann mit dem trotzkistischen Spitzbart, dass er mich wirklich nicht belehren müsse. Schließlich sei ich schon im politischen Geschäft gewesen, als er ja wohl noch Quark im Schaufenster war. Doch er ließ nicht locker: «Wir müssen eine maßgeschneiderte Kampagne für Sie entwickeln, eine, die exakt auf Ihre Persönlichkeit zugeschnitten ist. Auf Ihren Namen, Ihr Gesicht, Ihr Leben, Ihre Ideen. Dazu muss ich alles Wichtige über Sie wissen – was für ein Mensch Sie sind, ich muss Ihre Stärken und Ihre Schwächen kennen, Ihre Träume, Ihre Kontakte und Ihren Kontostand, alles. Ihre Vorstrafen und sämtliche Gerüchte, die über Sie kursieren.»

An den meisten Gerüchten, die über mich kursierten, sei nichts dran, erklärte ich, weder an den Gerüchten über die «szenetypischen Briefchen», die ich angeblich von Michel Friedman erhalten haben sollte, noch an denen über die «jüdischen Vermächtnisse», deren Annahme die CDU mir nachsagte. Vor allem an dem Gerücht, ich sei in meiner aktiven Journalistenzeit ein selbstgefälliger, cholerischer, von Neid und Geiz zerfressener Vorgesetzter gewesen – an dieser Geschichte sei nicht das Geringste dran, da sie ausnahmslos von meinen ehemaligen Mitarbeitern verbreitet würde, von faulen, verlogenen und naturgemäß untalentierten Subjekten, die weder mit Geld noch mit Worten umgehen könnten. «Das sind nichts als dreckige Lügen, die sich diese verkommenen Opfer einfach ausgedacht haben», schrie ich den Inspizienten an und schob ihm die Nickelbrille wieder auf die Nase. Sie war ihm runtergerutscht, als ich seinen Oberkörper geschüttelt hatte. «Schwächen habe ich keine, und wenn wir meine Stärken notieren wollten, dann säßen wir morgen noch da.»

«Wirklich keine einzige Schwäche? Nicht mal Ungeduld? Wenn man Manager oder Politiker nach ihren Schwächen befragt, wird mit neunzigprozentiger Sicherheit ‹Ungeduld› genannt, weil sich das so schön nach ungestümem Tatendrang anhört.»

«Bitte unterbrechen Sie mich nicht immer, wenn ich gerade mitten in der Analyse bin. Gut, ich will mich völlig ehrlich darstellen, so, wie ich wirklich bin. Aber welche meiner vielen positiven Eigenschaften soll ich herausstellen? Vielleicht meine Bescheidenheit? Meinetwegen. Wahrscheinlich kommt das sogar ganz gut an, ich bin nun wirklich der bescheidenste Mensch, den man sich vorstellen kann. Ich kenne beim besten Willen niemanden, der bescheidener ist als ich. Meine Bescheidenheit ist gigantisch, geradezu monströs.»

«Ich glaube nicht, dass uns das was bringt. ‹Man sieht oft, dass Bescheidenheit gar nichts nützt, ja dass sie nur schadet›, sagt Machiavelli, ‹besonders wenn man es mit unverschämten Menschen zu tun hat, die einen aus Neid oder aus einem anderen Grunde mit ihrem Hass verfolgen.›»

Jetzt widersprach mir dieser Kerl auch noch! Warum gab ich mich überhaupt mit ihm ab? Der Landesvorsitzende hatte sich für ein paar Tage aus dem Wahlkampfgeschäft zurückgezogen, Begründung: «Geschäfte». Er habe jedoch, fürsorglich, wie er nun mal sei, bereits ein «Campaigning-Team» für mich «klargemacht». Es bestehe zunächst hauptsächlich aus dem «Inspizienten», das sei ein sehr guter Mann, den er vorläufig mal als «Wahlkampfmanager» gebucht habe. Irgendwann später werde auch noch eine «Praktikantin» dazustoßen, die habe er «praktisch schon hundert Pro eingetütet», hatte er am Telefon verlauten lassen.

Nun war also dieser angebliche Inspizient für mich zuständig, obwohl der hagere junge Mann mir irgendwie unheimlich war. Er schien keine irdischen Laster zu haben, rauchte nicht, kiffte nicht, trank nicht – mit einem Wort: Er schien für die Politik völlig ungeeignet. Warum sollte ich ihn einfach so übernehmen? James Carville, ein Mann, der mal Chefstratege für Bill Clintons Wahlkampf war, riet Obama, als dessen zweite Präsidentschaftskampagne nicht rundlief, erst mal ein paar Leute aus seinem Team zu feuern, egal wen. Das werde Aufregung und Panik verbreiten, und das sei für ein Wahlkampf-Team immer gut. Aber wenn ich den Inspizienten gefeuert hätte – hätte das die Sache vorangebracht? Ich hätte dann niemanden mehr gehabt, der mir die Arbeit abnahm. Immerhin ging der Kerl gerade recht konzentriert irgendwelche Listen und Unterlagen durch. Er murmelte leise, notierte irgendwas und strich anderes wieder. Dabei schien er ausschließlich meinen Wahlerfolg im Blick zu haben. Er tat etwas, was ich niemals tun würde: Er setzte sich bedingungslos für jemand anderen ein.

«Warum tun Sie das eigentlich?»

Er schien die Frage erwartet zu haben. Mit einem Blick, so strahlend und klar wie ein frisch gedrucktes Wahlplakat, lächelte er mich an: «Ich will's Ihnen sagen: Politik ist mein Lebenselixier. Ich habe Politik und Kommunikationsmanagement studiert, und jetzt kann ich mein Wissen zum ersten Mal praktisch anwenden. Es ist total aufregend, hier im Maschinenraum der Demokratie zu stehen und Ihr Spindoktor zu sein. Ich sehe mich in erster Linie auch gar nicht als Inspizient, sondern sozusagen als Ihr Politkommissar, verstehen Sie? *Electioneering from the crack*, das flasht mich. Hinter den Kulissen einen Spin ersinnen oder am Sinn spinnen, egal, einfach so am politischen Rädchen drehen. Ich habe die Wahlkämpfe von Clinton, Blair und Obama sehr genau studiert, natürlich auch die von Hitler, Churchill und Winfried Kretschmann. ‹Politik ist unblutiger Krieg›, sagt Mao Tsetung, und genau das ist es, diese Härte in geordneten Bahnen, die mich umtreibt.»

Er schien durch mich hindurchzusehen, als er das sagte. Als visierte er einen unendlich weit entfernten Punkt, ein imaginiertes Machtzentrum in einer abgelegenen Galaxie. Je länger er durch mich hindurchsah, desto stärker hatte ich den Eindruck, dass auch ich diese fremde Galaxie erkennen konnte – den milchigen Korpus, die unscharfen Ränder ...

«Sie haben da einen Popel auf Ihrem Brillenglas», sagte er. «Machen Sie den sofort weg! Sie müssen gut aussehen. Und Sie müssen noch besser klingen – wir brauchen einen Slogan, eine *tagline*, die Sie aus der Masse der Kandidaten heraushebt und Ihren Markenkern verdichtet.»

«Daran habe ich natürlich längst gedacht. Ich habe auch schon ein paar ziemlich gute Slogans vorbereitet.»

«Einer reicht.»

Wir gingen die Liste meiner Vorschläge durch, doch der Politkommissar wollte keinen gelten lassen.

«Schmitt statt Sozialismus.»

«Zu antiquiert.»

«Mehr Schmitt wagen.»

«Zu ängstlich. Wir wollen ja gewinnen.»

«Mit ‹Mehr Demokratie wagen› hat aber schon Willy Brandt gewonnen.»

«Das war ja auch Willy Brandt. Der nächste.»

«Ja zu Schmitt – ein Ja zur Freiheit!»

«Klingt wie von der CSU.»

«Von der kommt er ja auch. Ist aber massenkompatibel.»

«Und zu altbacken. Der nächste.»

«Schmitt – näher am Menschen.»

«Klingt wie Caritas-Werbung.»

«Schmitt – weil nur die Leistung zählt.»

«Eben. Und da haben wir noch nichts vorzuweisen.»

Irgendwie konnte man diesem Mann nichts recht machen. «Schmitt – unentbehrlich ehrlich» strich er ebenfalls, weil ihm der Slogan schon zu unglaubwürdig geklungen hatte, als er noch von der FDP benutzt worden war. «Schmitt uns in die Zukunft» fand er grammatikalisch nicht vertretbar. «Fit mit Schmitt» erinnerte ihn zu sehr an Fitnesswerbung. Und obwohl es mitreißend klang, strichen wir «Den Wichser wählen» auch wieder von der Liste, weil es dann doch zu wenig positive Erinnerungen an Obamas «Den Wechsel wählen» hervorrief. «Wohlstand für Schmitt» hingegen fand der studierte Inspizient zu «egobezogen», obwohl es doch sanft an Ludwig Erhards erfolgreichen Claim «Wohlstand für alle» erinnerte.

«Nein», beschied die Nickelbrille, «es darf nicht zu kompliziert sein: ‹Jede Propaganda hat volkstümlich zu sein und ihr geistiges Niveau einzustellen auf die Aufnahmefähigkeit des Beschränktesten unter denen, an die sie sich zu richten gedenkt.› Das schrieb schon Adolf Hitler in *Mein Kampf*. Wir brauchen die einfachste Lösung. Deswegen nehmen wir den hier: ‹Macht alle mit – wählt Oliver Schmitt!›»

«Aber der ist uralt!», schrie ich. «Den habe ich schon vor über zwanzig Jahren verwendet.»

«Egal, das weiß doch hier keiner, ist doch lange her. Außerdem schreiben wir das ‹mit› mit Doppel-t, wie Ihren Nachnamen, das wirkt frisch und unverbraucht: ‹Macht alle mitt – wählt Oliver Schmitt!›»

Die Entscheidung war gefallen, wir hatten einen Slogan. Und einen vorläufigen Titel bekam ich auch. Um die Wahlbotschaft zu emotionalisieren, entschied der Politoffizier, sollte neben meinem Namen auf allen Plakaten und Werbematerialien immer der anheimelnde Zusatz stehen: «Bürgermeister der Herzen». Da dieser Titel nicht amtlich sei, könne ihn mir auch keiner nehmen, und für die kommende Bundestagswahl sei ich als «Kanzler der Herzen» auch bestens positioniert; gegen einen «Kanzler der Herzen» sei doch eine «Kaltmamsell» wie die Merkel oder ein «Grottenolm» wie der Steinbrück völlig machtlos.

Nun ging es an die Plakatgestaltung. Für die Visualisierung der anstehenden Amtsübergabe an meine Person durch die langjährige Oberbürgermeisterin Petra Roth lag schon eine konkrete Bildidee vor. Kurz zuvor war der *Spiegel* für die SPD als Kanzlerkandidatenmacher und Wahlhelfer in die Bresche gesprungen. Während die Sozis noch stritten, ob Gabriel, Steinmeier oder Steinbrück als Kanzlerkandidat nominiert werden sollte, hievte das Hamburger Blatt Helmut Schmidt und dessen Wunschnachfolger Peer Steinbrück aufs Titelblatt. Der greise Altkanzler saß, auf einen Stock gestützt, neben seinem Zögling, darüber prangten groß die Worte «Er kann es». Diesen starken Claim liehen wir uns aus. Der kurzfristig gebuchte *Titanic*-Layouter Tom Hintner zauberte das historische Vorbild für diese Aufnahme aus dem Archiv: ein Werbefoto aus den frühen dreißiger Jahren, das den greisen Reichspräsidenten Paul von Hindenburg zeigt, wie er, auf einen Stock gestützt, neben seinem hoffnungsvollen Nachfolger sitzt – dem Reichskanzler Adolf Hitler. Schnell waren die Köpfe montiert: meiner auf Hitlers Körper, daneben das Konterfei der Frankfurter Noch-Oberbürgermeisterin Petra Roth auf Hindenburgs Kragen. Darüber stand in großen Lettern: «Er kann es». So reichten sich Tradition und Moderne partnerschaftlich die Hand. Darunter setzte Hintner den wahlspezifischen Slogan «Occupy Römer». Gerade hatte nämlich die Occupy-Bewegung ein Zeltcamp vor dem Hochhaus der Europäischen Zentralbank errichtet, der «Occupy Frankfurt»-Spruch war allgegenwärtig und wurde mit dem Wort «Römer», das sowohl für einen zentralen Frankfurter Platz als auch das Rathaus selbst stand, präzisiert. Eine runde Sache, die die Presse bestimmt bereitwillig verbreiten würde.

Ein zweites Plakat mit mir als alleinigem Motiv lag auch schon bereit. Ich in meinem roten Wahlkampfanzug, wie ich den Wähler freundlich bittend anschaue. So, als bräuchte ich dringend einen guten Job. Das Bild sprach für sich selbst, einen einleuchtenden Claim hatten wir damit schnell gefunden.

«Und was ist eigentlich mit viral?» Dem Politkommissar war offenbar noch was Neues eingefallen.

«Ich bin gesund, wieso?»

«Virales Marketing! Wir brauchen Botschaften fürs Netz, die sich von selbst verbreiten. Kommunikative Wahlkampftools fürs *meta-campaigning*.»

«Ich habe mir überlegt, dass man vielleicht so eine Art Lautsprecherwagen durch die Straßen fahren lassen könnte.»

«Sehr komisch. Wir sind hier aber nicht im Willy-Brandt-Wahlkampf, sondern im 21. Jahrhundert. Werden Sie bloggen? Oder twittern? Oder auf Facebook posten?»

«Twittern? Twittert denn überhaupt noch jemand? Ist das nicht schon längst wieder out?»

«Obama hat seine erste Wahl vor allem deshalb gewonnen, weil die Leute glaubten, er beherrsche das Twittern. Er hat auch nach der Wahl darauf bestanden, sein Blackberry weiter nutzen zu dürfen. Weil es so aussah, als ob er damit Tweets postete. Später hat er aber zugegeben, dass er selbst noch nie getwittert hat.»

«Na also, dann werden eben Sie für mich twittern.»

«Meinetwegen. Was haben wir noch für die Medien? Eine spektakuläre Aktion mit viel Presse wäre schön», sagte der Politkommissar. «Können Sie sich nicht irgendwo anketten?»

«Warum sollte ich das tun?»

«Um auf einen Missstand hinzuweisen! Wir brauchen unbedingt starke Bilder von Ihnen. Vielleicht ein Einsatz als Krisenmanager? Als Politiker kann man sich nirgendwo besser profilieren als bei Katastrophen.» Er schaute auf den Kalender. «Hm, ein Hochwasser kriegen wir in dieser Jahreszeit nicht mehr hin. Ein Reaktorunglück wird auch schwer – aber wie wär's mit einem schrecklichen Unfall mit vielen Toten und Verletzten? Sie müssten dann dabeistehen, ruhig, aber mitfühlend, und den Angehörigen Mut zusprechen.»

Da uns jedoch beim besten Willen nicht einfiel, wie wir an eine ordentliche Katastrophe rankommen sollten, verwarfen wir den Plan. Es müssten freilich nicht immer nur Schreckensbilder sein, die im Netz Verbreitung fänden, gab der Politkommissar schließlich zu. Es könnten auch einfach nur originelle Bilder sein. «*Planking!* Kennen Sie das? Man legt sich an den unmöglichsten Orten langgestreckt auf den Boden und stellt ein Foto davon ins Netz.» Falls mir dieses *planking* aber zu anstrengend sei, könne ich es ja mit *owling* probieren, auch das eine brandneue Sache im Internet. Im Prinzip sei das wie Bowling, nur eben ohne «B» am Anfang; und statt Bowlingkugeln in Richtung aufgestellter Kegel zu schleudern, mache man das mit Eulen – sofern er dieses selbst für ihn noch neue Internetphänomen richtig verstanden habe.

Während ich noch überlegte, ob ich mich jetzt auf den Tisch legen sollte, kam mein Politkommissar schon mit dem nächsten Punkt. Er wechselte die Themen noch schneller als ich meine Meinungen. «Wie legen wir die Kampagne für unsere Gegner an? Machen wir eine Hetz-, eine Schmutz- oder lieber eine Rufmordkampagne?»

«Ist das denn nötig?»

«Unbedingt. Sie selbst haben leider nichts Eigenes vorzuweisen. Da ist es sinnvoll, den Favoriten zu desavouieren. Es ist wesentlich einfacher, einen guten Ruf zu ruinieren, als einen nicht vorhandenen aufzubauen. Man müsste dem CDU-Kandidaten irgendwas anhängen. Aber was?»

«Vielleicht den Klassiker: uneheliches Kind mit Büromitarbeiterin?»

«Zu wenig, das hat dem Seehofer auch nicht geschadet.»

«Dann muss man eben mehr Gas geben: drei uneheliche Kinder mit einem drogenabhängigen, weiblichen NATO-General?»

Ich brauch den Job!

Oliver Maria Schmitt
Kanzler der Herzen

Macht alle mitt – wählt **OLIVER SCHMITT!**

☒ccupy Bundestag

Die **PARTEI**

Mitleid, Neid und Verachtung – wenn ein Plakat derart starke Emotionen bündelt, taugt es für den OB-Wahlkampf so gut wie für die Bundestagswahl.

«Zu unrealistisch. Diese NATO-Weiber sind sowieso alle lesbisch. Aber Drogen sind gut. Drogen sind sogar sehr gut! Vielleicht irgendwas mit Rotlichtmilieu und Koks?»

«Dass er Koks bestellt und Nutten geschnupft hat?»

«Der Friedman kam damit problemlos durch.»

«Dass er vielleicht zusammen mit einem schwulen Bordellbesitzer eine Haschplantage betreibt, wo Nacktpflückerinnen aus der Ukraine arbeiten, die unter Tarif bezahlt werden?»

«Ja, genau diese Richtung. So kann man sehr starke Affekte gegen den Kontrahenten mobilisieren, und kosten tut's auch nix.»

Zufrieden beendeten wir die Strategiesitzung. Ich verprach, sofort nach Hause zu gehen und mich hinzulegen, um fürs *planking* zu üben. Ich hatte ein gutes Gefühl.

Das Programm

**Wie man erfolgreich umbenennt,
umbaut und umverteilt**

Es war ein ruhiger Spätvormittag, draußen trieb die Winterwetteroffensive erste Schneeverwehungen durch die Straßen Frankfurts. Wir saßen im warmen *war room* der Kampa-Gaststätte Klabunt und analysierten die Ergebnisse unserer ersten Telefon-Spendensammelaktion. Der Landesvorsitzende spielte mit seinem Smartphone, Chantal, die Praktikantin, las die Ergebnisse ihrer Anrufe vor, und ich schwelgte in Machtphantasien und heuchelte Interesse, so gut es ging.

Insgesamt wurde siebenmal sofort aufgelegt, bilanzierte aufgeregt Chantal, vierundzwanzigmal war besetzt, elfmal hintereinander behauptete eine immer wieder angerufene Person, keine Zeit zu haben, weil sie gleich in die Stadt müsse (obwohl sie beim jeweils nächsten Anruf sofort wieder abhob, wie Chantal triumphierend anmerkte), zweimal war kein Anschluss unter dieser Nummer, dreimal keine Nummer unter diesem Anschluss, und sechzehnmal bestand «kein Interesse an Politik». Eine Zielperson spendete immerhin spontan acht Euro, weil sie irrtümlich annahm, Chantal telefoniere im Auftrag der Zeugen Jehovas.

Wahrscheinlich waren die Anrufe nur deswegen nicht wirklich erfolgreich verlaufen, weil die Angerufenen unsere neue

Praktikantin nicht sehen konnten. Da entging ihnen nämlich allerhand. Chantal, die ihren Nachnamen verschwieg, sah aus wie die jüngere, wesentlich intelligentere Schwester von Michelle Hunziker, lachte dabei aber noch übelst gutturaler, wobei sie ihre rotgoldene Mähne auf eine Art in den Nacken werfen konnte, dass selbst ein routinierter Stammwähler nicht mehr wusste, wo er sein Kreuz zu machen hatte. Eines schönen Tages hatte der Landesvorsitzende sie wie angekündigt angeschleppt und hinter vorgehaltener Hand erklärt, sie sei «sozusagen zeitweise» aus seinem Autohaus «ausgegliedert», wir sollten sie höflich und mit Respekt behandeln. Andernfalls gäbe es «vor die Mappe».

Als sie mir vorgestellt worden war, hatte ich sie sofort beiseitegenommen und ihr gesagt: «Ich kann später mal eine maßgeschneiderte Praktikumsbescheinigung für dich ausstellen, eine, die exakt auf deine Persönlichkeit zugeschnitten ist. Auf deinen Namen, dein wunderschönes Gesicht, dein Leben, deine Ideen. Dazu muss ich alles Wichtige über dich wissen – was für ein Mensch du bist, ich muss deine Stärken und deine Schwächen kennen, deinen Beziehungsstatus, deine intimen Wunschträume, deine Sexualpraktiken, deine Handynummer, alles. Deine Vorstrafen und sämtliche Sex-Gerüchte, die über dich, sowie sämtliche Geschlechtskrankheiten, die durch dich kursieren.» Ihre Handynummer habe ich komischerweise bis heute nicht erhalten.

Gerade versuchte ich, ihr zu erklären, dass es manchmal von Vorteil sei, wenn der Spendengeber gar nicht so genau wisse, für was oder wen er da eigentlich spende – als plötzlich die Tür aufsprang. Bebenden Bartes platzte der Politkommissar herein. Sein Blick funkelte hypnotisch und durchdringend, seine Stimme überschlug sich vor Erregung.

«Was ist unsere Botschaft?»

Er fragte nicht, er schrie es.

Keiner antwortete.

«Leute, ich hab euch gefragt, was unsere Botschaft ist!»

Null Reaktion, wir waren wie gelähmt. Eine solche Frage hatte niemand erwartet. Der Wahlkampf war sehr gut in Fahrt gekommen. Wahrscheinlich vor allem deswegen, weil wir keine Inhalte hatten, die die Leute verwirrten. So sah es auch die von Sonneborn bestimmte PARTEI-Linie vor. Wir hatten uns also von allen Sachzwängen frei gemacht und Inhalte erfolgreich überwunden. Warum sollten wir jetzt ohne Not mit *content* operieren? Der Kommissar entledigte sich seines Pelzmantels und klopfte den Schnee von den Schuhen.

«Wir brauchen ganz dringend eine Botschaft, Leute. Ohne Botschaft treibt unsere Kampagne orientierungslos vor sich hin! Ohne Programm haben wir kein Profil, ohne Profil gibt's keine Wählerstimmen, und ohne Wählerstimmen keine Macht – so einfach ist das.»

«Aber ich habe doch schon ein sehr gutes Profil!», rief ich und verwies auf mein erstes Plakatmotiv mit dem packenden Claim «Er kann es», das meinen Markenkern deutlich herausstellte.

Der Politkommissar ließ das nicht gelten. Zwar sei das Motiv nicht schlecht, aber es vermittle eben keinen Inhalt. Wir bräuchten «einen klaren *content* für unsere Kommunikationslinie» – ohne den gehe uns namentlich der «entscheidungsschwache Wechselwähler» von der Fahne. Niedergeschlagen ließ sich der Inspizient auf einen Stuhl fallen.

Der Landesvorsitzende und die Praktikantin schauten mich an. In diesem Moment äußerster moralischer Deprivation war politische Führung gefragt. *Opinion leadership*. Ich musste handeln. Frisch sprang ich auf, stieg auf den Stuhl und hielt eine flammende Rede an mein so überschaubares wie schwer in Wallung zu bringendes Publikum.

Jawohl, hob ich an, ein Programm müsse her, ein Wahlprogramm, wie es die Welt noch nicht gesehen habe. Ein Wahlprogramm mit richtigem Inhalt, mit Punkten und Positionen, das die Menschen in ihrer ganz persönlichen Lebenskrise erreiche und ihnen konkret weiterhelfe. Politik bilde doch bekanntlich das Leben ab, deshalb müsse so viel reales Leben wie möglich rein ins Programm. Jetzt sei die Zeit der Lösungen gekommen. Während es sicher nicht leicht werde, für die anstehende Bundestagswahl ein Programm zu finden, mit dem wir es allen recht machen würden, sei dies im Falle der räumlich begrenzten OB-Wahl geradezu ein Kinderspiel. Hier könnten wir ganz konkrete Lösungen für die kleinen Sorgen und Probleme unserer gebeutelten Mitmenschen anbieten.

Im weiteren Verlauf der Diskussion stellte sich allerdings recht schnell heraus, dass wir von den Problemen der Leute da draußen gar keine Ahnung hatten. Was waren das überhaupt für Menschen? Was trieb sie um? Und was brachte sie zu der irren Annahme, dass ausgerechnet wir ihnen helfen konnten? Zu uns, durch die holzvertäfelten Wände unseres *war room*, drangen die Hilfeschreie der Erniedrigten und Beleidigten jedenfalls nicht.

«Scheißegal», befand der mächtige Landesvorsitzende. «Wir können Lösungen auch ohne dazugehörige Probleme anbieten. Wir stemmen das! Alles andere wäre ja noch schöner!» Voller Bewunderung lächelte Chantal ihn an. Hatte er etwa bereits ihre Handynummer?

In diesem Augenblick kam mir die rettende Idee!

Zunächst mal bräuchten wir wohl ein spektakuläres Großbauprojekt, erklärte ich der verblüfften Runde. Ein gigantisches Projekt, das alle Bürger in gemeinsamer Anstrengung eine. Ein Projekt, das allen zugutekomme. Das sei die einfachste Möglichkeit, um programmatische Zeichen zu setzen. «Wie wäre es also», schlug ich vor, «wenn wir eine große Statue meiner eigenen Person errichten ließen?»

Ich hatte von dem turkmenischen Erfolgspolitiker Saparmyrat Nyýazow gehört, der nicht nur sich selbst «Turkmenbaschi» nennen ließ – «Führer der Turkmenen» –, sondern auch einer Stadt, Schulen, Flughäfen, einem Kalendermonat, einer Melonensorte und einem Meteoriten diesen Namen gab. Dazu hatte er auch allen Grund, denn er war nicht nur Präsident auf Lebenszeit, sondern gleichzeitig auch Regierungschef, Oberkommandant der Armee, Vorsitzender der einzigen zugelassenen Partei und oberster Dichter und Philosoph und Prophet auf Erden – und trug daher verdientermaßen den Ehrentitel «Diamantenkranz des Volkes». Zur Erbauung und Belehrung dieses Volkes schrieb er das Grundlagenwerk *Ruhnama*, in dem er seine ganz persönlichen Ansichten zur Geschichte Turkmenistans, zum politischen Miteinander, zu vorschriftsmäßiger Kleidung und zum Straßenverkehr darlegte. Als *Buch der Seele* ließ er es auf Kosten seiner Geschäftspartner DaimlerChrysler und Siemens sogar ins Deutsche übersetzen und Sentenzen daraus neben die Koransprüche in der größten Moschee Turkmenistans einmeißeln. Der Septembertag, an dem er das Buch vollendete, wurde nationaler Feiertag und der September in *Ruhnama* umbenannt. Um seinen glücklichen Untertanen eine ungestörte Lektüre zu gewährleisten, ließ der Turkmenbaschi Kino, Oper, Ballett und Zirkus verbieten und die Bibliotheken schließen. Das Seelenbuch avancierte zur einzigen Schullektüre, Erwachsene mussten jeden Samstag darin lesen, und bei Führerscheinprüfungen wurden hauptsächlich Paragraphen der *Ruhnama* abgefragt. Nicht nur durch diese bedeutenden Reformen hatte der weitsichtige Regent sein Land gewaltig vorangebracht, sondern vor allem auch durch das Aufstellen riesiger Turkmenbaschi-Statuen. In der Hauptstadt des Landes dreht sich bis heute ein riesiger goldener Koloss in vierundzwanzig Stunden einmal um sich selbst – um immer der Sonne zugewandt zu sein. Das imponierte mir.

«Wäre eine hundertfünfzig Meter hohe, goldene Oliver-Maria-Schmitt-Statue nicht ein phantastisches neues Wahrzeichen für Frankfurt?», fragte ich die Kampfgenossen. Doch die winkten nur müde ab. Das sei politisch «noch nicht durchsetzbar», befand der Landesvorsitzende. Und außerdem «zu teuer».

Nach einigem Hin und Her kam die Rede auf Stuttgart 21. Uns alle beeindruckte noch immer das wahnwitzige schwäbische Großprojekt, einen kompletten Kopfbahnhof unter die Erde zu verlegen, um einen unterirdischen Durchgangsbahnhof zu schaffen.

«So was Ähnliches brauchen wir auch!», rief der Politkommissar, und ich gab ihm sofort recht.

«Wie wäre es mit einem oberirdischen Durchgangsbahnhof?», fragte ich. «Den sieht man viel besser, und man könnte ihn auch viel einfacher vermarkten.»

«Zu spät», sagte der Landeschef, «so was gibt es schon, und zwar in Berlin. Der ist sogar ober- und unterirdisch zugleich, weil sich die Planer nicht entscheiden konnten. Ich habe es selbst gesehen. Da können wir in Frankfurt als klassische Sackbahnhofstadt jetzt nicht einfach nachziehen.»

«Verdammt, verdammt. Eine harte Nuss», zischte der Politkommissar und lief vor Wut im Kreis.

«Können wir nicht einfach was anderes unter die Erde verlegen? Ist doch eigentlich voll egal, was. Oder nicht?»

Damit hatte die Praktikantin verblüffend recht: Eigentlich war es ziemlich piepe, was man unter die Erde verlegte – Hauptsache, es war teuer und aufwendig und diente ausschließlich dem Glanz des Initiators.

Und der hatte gerade den entscheidenden Geistesblitz: «Das Bankenviertel!», rief ich. «Das ist das Größte und Höchste, was Frankfurt zu bieten hat. Wenn wir die Hochhäuser unter die Erde verlegen, machen wir uns unsterblich! Dann wäre der Blick auf einen der schönsten Bahnhöfe Deutschlands wieder frei, und wir könnten ihn so sehen, wie Goethe ihn schon gesehen und Fritz Jot Raddatz das beschrieben hat. Zwischen Bahnhof und Innenstadt wäre dann alles grün und Frankfurt mit einem Schlag skylinefrei.»

«Sagenhafte Idee!» Der Politkommissar hatte das Potenzial meiner Eingebung sofort erkannt. «Das Bankenviertel wird invers rückgebaut, nach unten, und die Banken müssen das selbst bezahlen, die haben ja Geld ohne Ende. Außerdem sparen sie dann jede Menge Heizkosten, weil es im minus vierundvierzigsten Stock mollig warm ist. Erdwärmeheizung, Leute! Und sicher gegen 9/11-Angriffe sind diese Tiefhäuser sogar auch noch.»

«Genial!», schrie nun auch der Landesvorsitzende. «Unterirdische Hochhäuser! Das wäre ein absolutes Alleinstellungsmerkmal für unsere Stadt!»

Zufrieden notierte der Politkommissar dieses erste Ergebnis unseres Planungsausschusses. Bei nur einem Großprojekt, das war uns sofort klar, dürften wir es aber nicht bewenden lassen. Schnell kam die Sprache auf Hessens größtes Unternehmen: den Frankfurter Flughafen. «Den müssen wir unbedingt mit im Programm haben», entschied der Politoffizier. Und hatte damit nur zu recht. Flughäfen sind für Politiker überlebenswichtig. Entweder sie lassen welche bauen, um sie dann auf den eigenen Namen zu taufen, oder sie benennen welche um – beides ist gleich bedeutsam. Manchmal zögern sie die Fertigstellung eines Flughafens auch ewig hinaus, so wie in Berlin, um die Sache möglichst spannend zu halten. Eine Umbenennung des Frankfurter Flughafens in Oliver-Maria-Schmitt-Flughafen schien mir zwar angemessen, möglicherweise aber verfrüht. Außerdem klingt es bis heute noch ziemlich komisch, wenn man beispielsweise sagt, man lande «auf Franz Josef Strauß». Wer will dergleichen schon. Ganz abgesehen davon, dass der Frankfurter Airport erst unlängst umbenannt worden war: «Fraport» hieß nun der vormals als Frankfurter Flughafen bekannte Frankfurter Flughafen. Eine erneute Umbenennung kam also nicht in Frage. Aber was dann?

«Ich hab's!», schrie der Landesvorsitzende und sprengte seinen wuchtigen Leib vom Stuhl. «Wir bauen einen Durchgangsflughafen, und zwar einen unterirdischen! Damit sehen die in Stuttgart auf einmal ganz, ganz alt aus. So was hat nämlich noch keiner!»

«Wie soll das denn gehen?», wollte der Spitzbart wissen.

«Ganz einfach: Die Flugzeuge starten und landen unterirdisch – so entsteht kein Fluglärm, die Luftverschmutzung wird minimiert, und man muss keine Rolltreppen fahren, wenn man mit der U-Bahn anreist.»

Die Idee sei zwar nicht schlecht, fand der Inspizient, auch leide Frankfurt tatsächlich unter beträchtlichem Fluglärm, die Vorstellungskraft des gemeinen Wählers würde ein solches Großprojekt jedoch völlig überfordern. Viel sinnvoller sei es doch, den Flughafen einfach woandershin zu verlegen. Wo er weniger störe. «Zum Beispiel in den Taunus.»

«Stimmt», sagte ich, «dann hat Frankfurt seine Ruhe, und die, die im Speckgürtel in Hanglage wohnen und häufig verreisen, müssen nicht mehr so weit fahren.»

«Genau», pflichtete der Landesvorsitzende bei. «Wir bauen einen Höhenflughafen! So was gibt es in Deutschland auch noch nicht! Und weil sich die Landebahnen auf fast tausend Metern Höhe befinden, müssen die Flugzeuge nicht so weit hoch und runter beim Starten und Landen. Das spart jede Menge Benzin!»

«Kerosin!», verbesserte ich gekonnt, und der Politkommissar kritzelte noch gekonnter sein Blöckchen voll. Und ließ nicht locker. «Sehr gut, und jetzt weiter. Was haben wir zum Thema soziale Maßnahmen? Ballungsraum Großstadt und so weiter? Da brauchen wir auch was!»

Betretenes Schweigen.

Dass man soziale Fragen auch noch beantworten musste, war mir neu. Hier war ich als angehender Kommunalpolitiker eindeutig überfordert. Nach kurzer, lustloser Diskussion warf ich das Wort «Parallelgesellschaft» in die Runde. Ohne dass ich genau hätte sagen können, was das eigentlich bedeutete. Der Politkommissar konnte es uns zum Glück erklären: «Schaut euch doch mal diese Bessergestellten-Wohnviertel an, Lerchesberg, Holzhausenviertel – da haben sich totale Parallelgesellschaften entwickelt. Lauter Reiche, die sich nach außen hin abschotten. Keine Gemüsetürken, keine Dönerläden, keine Handyshops, dafür aber Swimmingpools und beheizbare Carports. Eine völlig künstliche Welt, ein Reichen-Ghetto.»

«Hier werden wir aktiv gestalten!», rief ich. «Diese Leute müssen wir sofort zwangsintegrieren, damit sie endlich wieder am städtischen Leben teilnehmen können. Wir siedeln sie einfach um – an soziale Brennpunkte.»

Der Politkommissar nickte und notierte, ließ aber weiterhin nicht locker. «Okay, Umsiedlung haben wir, aber noch keine Umbenennung. Umbenennungen kosten wenig, symbolisieren aber viel Neubeginn. Was benennen wir um?»

«Wir brauchen unbedingt eine Bürgermeister-Schmitt-Straße! In Mainz gibt's schon eine, in Frankfurt aber noch nicht.»

Es sei zu verdächtig, jetzt schon mit einer solchen Maßnahme zu kommen, entschied der Kommissar und schlug etwas Unverfänglicheres vor: «Eine Robert-Gernhardt-Straße – das finden bestimmt alle gut.»

«Eine?», rief der Landesvorsitzende. «Nur eine? Schaffen wir zwei, drei, viele Robert-Gernhardt-Straßen! Viel bringt viel Stimmvieh!»

Der Kampagnenchef machte sich nur eine kurze Notiz, dann sah er uns streng an. «Was ist mit Offenbach?»

«Was soll damit sein?», fragte der Landeschef.

«Offenbach ist unsere kleine, unbedeutende Nachbarstadt. Alle Frankfurter verachten Offenbach. Weil die Offenbacher uns hassen, weil sie arrogant sind und überheblich und jede Menge Vorurteile haben. Warum? Weil die Offenbacher so einfältig sind.»

«Also bitte schön», ging der Landesvorsitzende dazwischen, «das ist doch Quatsch. Ich wohne schließlich kurz hinter Offenbach.» Er schaute uns streng an. «Die sind nicht einfältig! Das würde ja zumindest eine minimale Verstandestätigkeit voraussetzen. Nein, Herrschaften, die Offenbacher sind maximal hirntot, abartig abgestorbenes Gewebe, vor sich hin wesende Hautpartikel mit Darmausgang, sonst ist da absolut nichts, das kann ich jederzeit unter Eid bezeugen.»

«Ja, Verachtung ist 'ne ganz starke Emotion», rief der Politkommissar, «die müssen wir unbedingt nutzen!»

«Ich bin aus Offenbach», sagte die Praktikantin. «Meine Eltern stammen aus Köln, sie sind nach Offenbach gezogen, weil sie in Köln die Nähe zu Düsseldorf nicht mehr ausgehalten haben. Düsseldorf ist echt krass kaputt.»

«Das Thema ist sehr komplex», urteilte überraschend simpel der Politruk. «Das lassen wir erst mal offen. Wir haben also Umbau, Umsiedlung und Umbenennung – was ist mit Umverteilung? Haben wir da was auf der Pfanne? Umverteilung ist total wichtig, das machen alle großen Parteien! Um glaubwürdig zu sein, müssen wir irgendwelchen Leuten was wegnehmen, um es den anderen zu geben.»

«Und um mindestens zehn Prozent Transferprovision einzubehalten», warf der Landesvorsitzende ein. Zehn Prozent seien «das Mindeste», weniger sei «unseriös».

Wir überlegten, welche Zielgruppe uns wohl am wenigsten wählen würde, denn diese wollten wir zur Strafe massiv besteuern. Durch eine sachliche, emotionslose Gesellschaftsanalyse stießen wir auf die Gruppe der SUV-Fahrer – verbrieft dämliche Vollgasidioten, die mit ihren dicken Angeberautos, ihren *Sport Utility Vehicles*, ihren Jeeps und Oberförsterautos, durch die engen Gassen der Stadt zu pflügen pflegten und ihre aufgequollenen Körper in Angebercafés unter gasbetriebenen Heizpilzen drapierten, um so mit ihrem Anblick für schlechte Stimmung und mit ihrem Dasein für negative Ökobilanzen zu sorgen.

«Ja, die Oberförsterautos ... an Männer mit Minderwertigkeitskomplexen verkaufe ich die ganz gut», lachte der Landeschef, während der Politkommissar auf seinem Notizblock herumkritzelte und um weitere Wahlprogrammvorschläge bat.

«Was ist mit Sport?», wollte der Landesvorsitzende wissen. «Sport kommt immer gut.»

Meine aufrichtige Antwort, dass mir Sport ganz allgemein am Arsch vorbeigehe, wurde von der Programmplanungskommission mit sorgenvollen Blicken quittiert.

«Das dürfen Sie auf keinen Fall jemals öffentlich kundtun», schärfte mir der Politkommissar ein. «Die Menschen lieben

Sport, vor allem die dümmeren. Ohne Fußball können wir keine Wahl gewinnen.» Die Frankfurter Eintracht beispielsweise dürfe ich niemals ins Lächerliche ziehen, sagte er, denn über Behinderte mache man keine Witze. Der Ziegenbärtige verwies auf unsere Stadtteilhochburgen Bornheim und Gallus, in denen traditionell die Anhängerschaft des Zweitligisten FSV Frankfurt wohne. Diese Wähler seien beinah «perspektivlos», daher müsse man sie mit heillosen Versprechen bei der Stange halten. Sagte er, krakelte Unleserliches auf seinen Notizblock und forderte einen weiteren Programmpunkt.

«Die Eurokrise!», rief ich. «Die bewegt die Menschen.»

«Schon klar», winkte der Politkommissar matt ab, «aber für uns 'ne Nummer zu groß. Das kriegen wir nicht kommuniziert.»

«Ich meine doch gar nicht die Wirtschaftskrise, sondern die Eurozeichenkrise.»

Da keiner mir folgen konnte, hob ich zu einer Erklärung an: Mitten in Frankfurt, vor dem Turm der Europäischen Zentral-bank, stehe doch das riesige Euro-Signet. Jedes Mal sei das in den Nachrichten zu sehen, wenn die Berichterstatter kein bes-seres Bildmaterial zur Illustration der endlosen europäischen Finanzkrise hätten. Nun solle dieses Eurozeichen abgerissen werden – das hätten zumindest regionale Wirrköpfe gefordert und sich damit den Beifall des Pöbels erschlichen. Ich jedoch, teilte ich meinen Parteigenossen mit, fände es viel besser, das Zeichen stehen zu lassen – und es vielleicht etwas zeitgemäßer zu gestalten, um es sozusagen krisenfest zu machen.

Der Politkommissar schaute mich mit leerem, aber zugleich konzentriertem Blick an und schrieb dann irgendetwas auf, das ihn offenbar zufriedenstellte.

«Und Tiere?», fragte die Praktikantin. «Ich finde, wir sollten unbedingt was mit niedlichen Tieren drinhaben, damit wir auch für Frauen wählbar sind.»

«Sehr gut!», brüllte der Landesvorsitzende. «Und für Kinder und Retardierte erst recht. Dann versprechen wir doch einfach, ganz Frankfurt mit niedlichen Katzenbildern zu tapezieren, wenn wir an der Macht sind.»

Der Politkommissar schaute säuerlich, ja fast tierfeindlich drein. «Quatsch, Genosse! Das ganze Internet ist voll mit niedlichen Katzenbildern, da besteht kein Bedarf mehr. Wir müssen den Menschen konkret und vor Ort helfen. Oder ihnen wenigstens Hilfe versprechen. Meistens reicht das ja schon.» Er beugte sich wieder über seinen Block, notierte noch etwas und lehnte sich schließlich erschöpft, aber zufrieden zurück. «Sehr gut, das reicht jetzt mal für den Anfang», sagte er, strich erst sich selbst den Ziegenbart glatt, dann seine Papiere, verbesserte hier noch ein Wort, strich da ein anderes, stellte Absätze um, fügte woanders welche ein, las noch einmal alles durch, nickte schließlich, stand auf und sagte: «So, PARTEI-Genossen, hier ist unser Programm. Acht Punkte sind es geworden, was für ein Parteiprogramm schon ganz ordentlich ist. Also, hört zu, ihr Sackgesichter, und merkt auf!»

Das Macht-alle-mitt-wählt-Oliver-Maria-Schmitt-zum-OB-PARTEI-Programm

Punkt 1: Frankfurt 21 kommt! Das Bankenviertel wird unter die Erde verlegt, freie Sicht bis zum Hauptbahnhof!

Punkt 2: Zwangsintegration statt Parallelgesellschaft! Die Besserverdiener-Ghettos werden aufgelöst, Bewohner des Villenviertels Lerchesberg werden mitsamt Häusern in den Bereich Frankfurter Berg umgesiedelt, das Holzhausenviertel zieht in den Gallus.

Punkt 3: Das große Euro-Signet vor dem EZB-Hochhaus wird nicht entfernt – es wird nur ein Minuszeichen davorgesetzt.

Punkt 4: Der FSV Frankfurt steigt mit sofortiger Wirkung in die Erste Bundesliga auf, die Eintracht wird wegen Perspektivlosigkeit aufgelöst.

Punkt 5: Mehr Übersicht durch Vereinfachung! Umbenennung der Walter-Kolb-Straße, der Kennedyallee, der Fressgass und des Musikantenwegs in Robert-Gernhardt-Straße.

Punkt 6: Die Heizpilzsteuer kommt, gemeinsam mit der SUV- und Citypanzer-Sondersteuer.

Punkt 7: Mehr kleine und niedliche Tiere für den Frankfurter Zoo!

Punkt 8: Der Frankfurter Flughafen wird aus Lärmschutzgründen in den Taunus verlegt, so entsteht der erste Höhenflughafen Deutschlands.

Was für ein Programm! Ich war vor Begeisterung völlig aus dem Häuschen. Es trug eindeutig meine politische Handschrift, manches hätte sogar ganz alleine von mir selbst sein können. Feierlich unterzeichnete ich das Dokument, das auch sogleich und einstimmig von uns verabschiedet wurde. Sogar ein versehentlich in den *war room* gestolperter Gast, der nur die Toilette suchte, durfte mitstimmen.

«Ich werde dieses Programm», verkündete ich lautstark, «auf einer Pressekonferenz der Öffentlichkeit präsentieren, und ich werde es ‹Das 8-Punkte-Programm› nennen.»

Doch der Politkommissar winkte schon wieder ab. «Vergessen Sie nicht, dass Ihre Pressekonferenz bereits angekündigt ist – mit der Präsentation eines ‹95-Thesen-Programms›, plus neuer Frisur und neuem Wahlplakat. Das ist ohne Rücksprache mit mir geschehen, also müssen Sie jetzt selbst sehen, wie Sie da wieder rauskommen.»

Verdammt! Der Mann hatte recht. Diese 95-Thesen-Ankündi-
gung hatte ich schon wieder völlig vergessen. Und die Pressekonferenz, wann war die gleich noch mal?

«Morgen, 11.00 Uhr MEZ», feixte der Kommissar.

Wie sollte ich mir bis dahin noch siebenundachtzig weitere
Programmpunkte aus dem Kreuz leiern?

Die Presse-konferenz

Wie man eine medienwirksame Bodenoffensive startet

In wenigen Minuten sollte die Pressekonferenz beginnen. In der «Medienlounge» eines städtischen Museums würde ich meine Kandidatur für das Amt des Oberbürgermeisters von Frankfurt bekanntgeben und die Kampagnenstrategie vorstellen. Gemeinsam mit der noch amtierenden Oberbürgermeisterin. Überraschenderweise hatte sie ihr Kommen zugesagt. Die Aufregung war groß, mehrere Kilometer drahtseildicker Nervenstränge lagen blank. Der Museumsdirektor rauchte hektisch, mehrere Kilometer fingerdicker Tabakstränge gingen in Rauch auf. Der Mann wusste noch besser als ich, dass es streng illegal war, was wir hier machten. Rauchen auf dem Balkon. Und die Pressekonferenz erst recht.

Er war der Leiter eines Museums, das keine Presse hatte. Und ich ein Politiker, der keine Wähler hatte. Da kam man um eine Notgemeinschaft gar nicht herum. Dass er städtischen Museumsraum für eine parteipolitische Veranstaltung zur Verfügung stellte, das ging natürlich gar nicht. Das Rechtsamt hatte bereits angerufen und mitgeteilt, dass ihn das seinen Kopf kosten könne. Egal, er hatte keine Wahl. Jetzt hieß es: Kräfte bündeln, Kompetenzen dynamisieren, Community vernetzen und bei der anschließenden Synergiebildung eiskalt absahnen. Ziel: die allumfassende «Kompetenzkompetenz», wie Edmund Stoiber ... äääh ... das einmal ... äääh ... so kompetent auf den ... äääh ... Punkt gebracht hatte.

Wir standen auf dem Balkon und saugten die Glut hell. Unter uns lag die Stadt, die ich bald regieren sollte. Überall Baustellen, tanzende Kräne, unfertige Hochhäuser, klaffende Baugruben. Puh, dachte ich, das wird ein schöner Brocken Arbeit, bis ich das alles wieder auf Vordermann gebracht habe. Ein Wahnsinn. Warum bleibt eigentlich immer alles an mir hängen? Warum passen die Bürger nicht einfach selber auf ihre Stadt auf und halten den Laden in Ordnung? Das bisschen Kümmern – ist das denn zu viel verlangt? Streng genommen ein Skandal, dass man denen alles hinterhertragen muss. Aber wartet nur, ihr sauberen Bürger, das werde ich mir teuer bezahlen lassen! Wütend schleuderte ich die Kippe vom Balkon. Der neben mir dampfende Museumsdirektor schien genau das Gleiche zu denken. Oder aber etwas ganz anderes. Schweigend inhalierte er. Wir schauten nach unten. Reges Treiben auf der Straße. Journalisten strömten dem Museumseingang entgegen. Viele Kamerateams waren dabei.

Sie alle hatten schon im Vorfeld mit mir telefoniert.

«Herr Schmitt, hier Rhein-Main TV. Wir wollen ein großes Feature über Sie machen, aber nicht so die übliche Geschichte, wir müssen das exklusiv haben.»

«Hier Äppelwoi TV. Herr Schmitt, wir wollen einen Riesenbericht über Sie bringen, aber den brauchen wir unbedingt exklusiv.»

«RTL Hessen TV, Lechbrinker am Apparat. Wir machen einen Dreiminüter über Sie, aber nur, wenn wir's exklusiv kriegen.»

Alle Kamerateams wollten immer Extrawürste. Alle? Nein, nicht alle.

«Der Hessische Rundfunk. Herr Schmitt, wir wollen in der ‹Hessenschau› was über Sie bringen, was alle anderen schon längst gebracht haben, nur mit ruhigeren Bildern. So ein schöner

Dreißigsekünder. Wir schicken morgen mal zwei Redakteure, die kommen mit fünf Mann, wir haben sechs Stunden Drehzeit angesetzt. Sie können ja schon mal ein paar witzige Ideen vorbereiten, dann geht's schneller.»

Allen Anrufern sagte ich begeistert zu: «Sie kriegen das absolut exklusiv! Für Ihren Sender würde ich alles tun, er ist ja so viel besser als all die anderen Kackkanäle.»

Für einen politischen Newcomer wie mich war die Pressekonferenz das wichtigste Wahlkampftool überhaupt. Da ich keinerlei Wahlkampfetat und somit auch kein Geld für Plakate, Flyer oder Anzeigen hatte, war ich dringend darauf angewiesen, dass die Medien Gratis-Wahlwerbung für mich machten, indem sie über mich berichteten. Dafür musste man ihnen etwas bieten. Ein Exklusivinterview war da wohl das Mindeste – auch wenn man bei allen Exklusivterminen immer das Gleiche erzählte. In meinem Bundeskanzlerwahlkampf bin ich sogar ausschließlich auf Radio- und Fernsehwerbung angewiesen. Vom Frühstücksfernsehen übers Mittagsmagazin, die Rentner-Naschmittagsschiene bis hin zum Infotainment-Müll und Scripted-Reality-Trash auf RTL II – Oliver Schmitt nimmt alles mit! Ich würde auch jederzeit Frauen tauschen, über meine eingebildeten Geschlechtskrankheiten sprechen, herrchensuchende Hunde aufnehmen (und hinterher wieder im Tierheim abgeben) und sogar mit Lichter und Lafer irgendwas kochen, das nicht ganz so eklig ist wie die beiden diktatorenbärtigen Kalorienbomber selber.

Durch einen Türspalt spähte ich in den Saal. Die kleine Medienlounge war bis auf den letzten Platz gefüllt mit Redakteuren, freiberuflichen Journalisten, Volontären, Praktikanten, Hospitanten und Hospitantenanwärtern. Selbstverständlich waren sie nicht wegen der Freigetränke gekommen, sondern vor allem wegen der warmen Mahlzeit, die wir ihnen in Aussicht gestellt hatten. Die «PK», wie wir Medienhasen sagen, war für die Mittagszeit angesetzt. Schließlich waren die Zeiten für einen unabhängigen, überparteilichen Journalismus schlechter denn je. Gerade in der Zeitungsstadt Frankfurt machte eine Postille nach der anderen dicht. Da musste man sehen, wo man was zu beißen bekam. Oder wo man später mal einen Job als Pressesprecher oder Internetfuzzi abziehen konnte, vielleicht sogar einen warmen Druckposten im Presseamt der Stadt, das bald mir unterstehen würde.

Die Stimmung war gut, man plauderte und rumorte. Zwischen den Journalisten hatten sich die unvermeidlichen Nassauer breitgemacht, die auf magische Weise immer irgendwie mitbekamen, wo sich wann ein paar Freigetränke und ein Tablett Schnittchen abstauben ließen. Auch die Beobachter der anderen Parteien waren vertreten, ab jetzt war Feindbeobachtung Pflicht. Vielleicht waren sie alle aber auch gekommen, weil die Oberbürgermeisterin erscheinen würde. Dass die ehrwürdige Dame eine solche Veranstaltung durch ihre Anwesenheit adelte, war absolut außergewöhnlich.

Nachdem ich mich als «nächster Bürgermeister von Frankfurt» hatte ankündigen lassen, nahm ich an einem prominent positionierten Tisch Platz und krempelte erst einmal die Hemdsärmel hoch. Dazu hatte mir der Inspizient geraten, er meinte, das würde Tatkraft und Entschlossenheit demonstrieren. Erst den linken. Dann den rechten. Gebannt verfolgten siebzig Augenpaare, wie ich erst den linken Manschettenknopf öffnete ... und dann den rechten. So war es ja geplant. Aber der rechte Manschettenknopf klemmte. Er ging nicht auf. Das sahen auch alle. Ich bekam Schweißausbrüche. Die Fotografen schossen erste Bilder. Was tun? Mit nur einem hochgekrempelten Ärmel sah ich aus wie ein Vollpfosten. Ich konnte den bereits hochgekrempelten Ärmel aber auch nicht wieder runterkrempeln. Das wäre das Eingeständnis des Scheiterns gewesen, noch bevor ich überhaupt etwas gesagt hatte. Dieser Idiot von Politkommissar! Wieso hatte ich mir das einreden lassen? Warum zum Teufel klemmte dieser verfickte Manschettenknopf? Warum hörten die hämisch grinsenden Fotografen nicht endlich auf, ihre Scheißbilder zu schießen? Mir blieb nur eine Wahl: Ich musste Tatkraft, Entschlossenheit und brutale Gewalt gleichzeitig demonstrieren. Mit einem gewaltigen Ruck zerfetzte ich die rechte Manschette. In hohem Bogen flog der Knopf durch den Saal. Ich hob die rechte Hand, und während ich den Ärmel triumphierend zurückkrempelte, deutete ich in Richtung Tür und brüllte: «Meine sehr verehrten Damen und Herren – bitte erheben Sie sich. Ich begrüße die Oberbürgermeisterin der Stadt Frankfurt am Main, Petra Roth!»

Die Tür flog auf, die Amtsträgerin erschien mit Zigarette im Mund. «Er kann es!», schrie sie mit merkwürdig tiefer Stimme, stakste im Stechschritt durch den Raum, zeigte auf mich und schrie immer wieder: «Er kann es!»

Ein Raunen ging durch den Saal, Fernsehkameras leuchteten auf, Blitzlichtgewitter. «Er kann es! Der da kann es, hundert Pro!»

Weil wir die echte Oberbürgermeisterin auf die Schnelle nicht bekommen hatten, musste nun der kugelrunde Museumsdirektor mit blonder Perücke, im Stützkorsett und auf High Heels durch den Raum balancieren und mir seinen Segen geben. «Er kann es! Ja, er kann es, Herrschaften!»

Insgesamt ein ziemlich unwürdiges Schauspiel. Ich dankte der Oberbürgermeisterin für ihren Beistand, haute ihr freundschaftlich auf die Schulter, ließ mich gemeinsam mit ihr ablichten, Handshake, dann schob ich sie durch eine Nebentür aus dem Saal. Hoffentlich, dachte ich, hat keiner was gemerkt.

Mitten in die allgemeine Verwirrung hinein gab ich meinen Wahlsieg bekannt. Ich präsentierte das Ergebnis einer Internet-Umfrage des nun wirklich über jeden Parteilichkeitsverdacht erhabenen Hessischen Rundfunks, bei der über vierzehntausend Stimmen gezählt wurden. Ergebnis: Der CDU-Mann hatte 1,03 Prozent, die Grüne 1,98, der SPD-Kandidat 3,41, die anderen zusammen 4,71. Ich hingegen konnte 88,88 Prozent der Wählerstimmen auf mich vereinen. Das sei mehr als eine bequeme Vierfünftelmehrheit, erklärte ich, dankte den Wählern für ihr

Noch sitzt Petra Roth unauffällig neben mir. Schöpft irgendwer Verdacht?

Vertrauen und nahm die Wahl schon mal vorsorglich an. Und markierte einen gewissen Stolz, die psychologisch so wichtige Achtundachtzig-Prozent-Marke geknackt zu haben.

«Obwohl die Wahl damit praktisch schon entschieden ist, werde ich noch um weitere Wählerstimmen werben», verkündete ich in etliche Radiomikrophone hinein. «Schon morgen werden wir mit unserer großangelegten Bodenoffensive in allen Stadtteilen beginnen. Wir fokussieren das *canvassing* dabei auf den klassischen Häuserkampf nach der von Martin Sonneborn entwickelten Methode: Klingeln, ‹Scheiß-CDU› brüllen und wegrennen.» Über den weiteren Fortgang der Ereignisse würde ich dann auf Facebook informieren, außerdem solle in Extremfällen sogar getwittert werden. «Bitte halten Sie alle mal die Augen auf, da kommt möglicherweise bald ein Tweet. Ein Markenzeichen unserer Kampagne wird nämlich sein, dass wir mehrere Kommunikationskanäle auf unkonventionelle Weise miteinander verbinden. Stichwort ‹Kommunikationssynergie›. Ich stütze mich

hier auf die positiven Erfahrungen des CSU-Bundestagsabge-
ordneten Johannes Singhammer, der Journalisten per Briefpost
darüber informierte, dass er jetzt auch twittere.»

Ich verlas Singhammers Brief, den ich im Netz gefunden hatte:

«Sehr geehrter Herr Redakteur, seit kurzem bin ich auch bei
Twitter. Ich möchte Sie einladen, mir zu folgen, wenn Sie immer
wieder politische Informationen kurzfristig erfahren wollen. Sie
finden mich bei Twitter unter Johannes Singhammer oder direkt
unter JohannesSingham.»

Mit diesem revolutionären Einsatz neuester Tools brachte es
Singhammer im ersten halben Twitterjahr aus dem Stand bereits
auf gut neun Tweets, von denen der mit dem Inhalt «Test» noch
am interessantesten war.

Während sich die glucksenden und schluckenden und
immer wieder nach Schnittchen greifenden Journalisten noch
irgendwas notierten, kam ich zum nächsten Punkt – die Offen-
bach-Krise. Der Politkommissar hatte mir noch schnell einen
Presseausriss vom Vortag in meine Themenmappe gelegt: Die
unbeliebte und unsympathische Nachbarstadt hatte im Rahmen
einer Gemarkungsstreitigkeit mit Frankfurt vorgeschlagen, ein
Stück verwildertes und verkrautetes Brachland an Frankfurt
abzutreten und dafür einen völlig intakten Frankfurter Stra-
ßenzug dem eigenen Stadtgebiet zuzuschlagen. Ich las aus dem
Artikel mit der Überschrift «150 Frankfurter sollen Offenbacher
werden» vor: «Den ersten wütenden Anruf eines Frankfurter
Bürgers hat der Leiter des Liegenschaftsamtes bereits erhalten:
‹Das machen Sie mit mir nicht, dass ich Offenbacher werden soll
und auch noch mit einem Offenbacher Kennzeichen rumfahren
muss›, habe ihm der Mann zugerufen, berichtete der Amtsleiter.»

«Derartige Provokationen», erklärte ich, «können wir uns
auf keinen Fall bieten lassen. Seit 5.45 Uhr wird jetzt zurück-
provoziert! Wir haben am frühen Morgen bereits Mahnwachen
aufstellen lassen, und heute Nachmittag werde ich mich an eines
der strittigen Häuser anketten – so lange, bis Offenbach seine

Provokationen unterlässt. Nach meinem Wahlerfolg werden wir im Gegenzug Offenbach von der Landkarte verschwinden lassen und eingemeinden, und zwar unter der Bezeichnung ‹Ost-Frankfurt›. So können die Offenbacher Autofahrer ihr Kennzeichen ‹OF› behalten.»

Dann leierte ich mein Wahlprogramm herunter, es trug den stolzen Titel «9,5 Thesen für Frankfurt – und keine für Offenbach». Vorher entschuldigte ich mich noch für die versehentliche Ankündigung von fünfundneunzig Thesen, das sei ein Druckfehler gewesen, ein Komma sei vergessen worden. Natürlich hätten wir zunächst an zehn Thesen gedacht, seien dann aber zu der Überzeugung gekommen, dass zu viele Programmpunkte die intellektuellen Fähigkeiten der Frankfurter überfordern würden. Daher also nur 9,5 – die letzte These sei eine Halbthese und laute: «Der Frankfurter Flughafen wird aus Lärmschutzgründen in den Taunus verl–».

Zu den Thesen, die wir für unser Programm ausgearbeitet hatten, musste ich jetzt nur noch zwei dazuerfinden. Und weil in Frankfurt gerade der Weihnachtsmarkt eröffnet hatte, erklärte ich: «Außerdem wird es unter meiner Herrschaft keinen Weihnachtsmarkt mehr in Frankfurt geben. Der krebsgeschwürhaft sich ausbreitenden Bretterbudenpest in deutschen Innenstädten muss endlich Einhalt geboten werden. Frankfurt soll zur ersten weihnachtsmarktfreien Großstadt Deutschlands werden – ein absolutes Alleinstellungsmerkmal!»

Stoisch schrieben die Journalisten mit. Ich gab ihnen noch mehr Futter: «Ich möchte Ihnen außerdem mitteilen, dass ich im Rahmen meiner ersten Amtshandlung vor allem Freunde und Verwandte mit hohen und einträglichen Druckposten versehen werde. Das wollen andere natürlich auch, aber die reden nicht darüber. Ich erhebe das zum Programmpunkt. Und genau das macht mich vertrauenswürdig. Ich stehe für offene, transparente Schweinereien mit menschlichem Antlitz! Und da sind wir auch schon bei der Sozialpolitik. In Frankfurt ist die Arbeitslosigkeit viel zu hoch, dagegen werde ich ganz persönlich und äußerst energisch vorgehen. Damit Sie besser verstehen, was ich meine, will ich Ihnen das erste Plakat unserer Kampagne vorstellen.»

Ich zauberte das Plakat hervor, auf dem ich im roten Anzug mit Bittsteller-Gesichtsausdruck zu sehen war, darunter der Claim «Ich brauch den Job!». «Wenn ich in den Römer einzöge», verkündete ich, «wäre das eine klassische Win-win-Situation – ich säße nicht mehr auf der Straße, und Frankfurt hätte ein junges, undynamisches und nicht zu blindem Aktionismus neigendes Stadtoberhaupt. Mit ‹Ich brauch den Job!› aktiviere ich starke Emotionen wie Mitleid, Neid und Verachtung.»

Um beim Thema zu bleiben, kam ich auf meine finanziell unbefriedigende Situation zu sprechen. Da ich, wie ja inzwischen bekannt sei, von einer Ratifizierung des bereits vorliegenden Wahlergebnisses des Hessischen Rundfunks durch den mündigen Bürger ausginge, bleibe noch festzuhalten, dass ich auch willig wäre, eine ganze Amtszeit abzusitzen. Sollte sich allerdings herausstellen, dass mit nur einer Amtszeit keine vollen Pensionsbezüge verbunden seien, müssten wir uns alle auf eine zweite oder sogar mehrere Amtsperioden einstellen. Das sei dann eine alternativlose Entscheidung. Dass ich heimlich schon an den weiteren Verlauf meiner politischen Karriere und viel höhere Positionen dachte, verschwieg ich geflissentlich.

Die Journalisten orderten Getränke nach und hingen an meinen Lippen. Ich diktierte ihnen direkt in den Block. Das gefiel mir. Ich begann zu begreifen, wonach man als Politiker süchtig wird. Ich sagte irgendwas – und alle schrieben es auf. Herrlich. So, dachte ich, sollte das jeden Tag sein.

In bester Plauderstimmung erklärte ich, dass ich immer noch Kontakte zur Industrie suchte. Deren Vertreter sollten sich mal bitte bei mir melden, Stichwort «verdeckte Finanzierung». Voller Neid hätte ich nämlich feststellen müssen, dass Bundespräsident Christian Wulff eine halbe Million Otzen von einer befreundeten Unternehmergattin gepumpt bekam. Als arrivierter Spitzenpolitiker scheine man problemlos an Kohle zu kommen, man frage einfach einen der vielen Millionäre aus dem engeren Freundeskreis. Enttäuscht hätte ich hingegen erkannt, dass sich in meinem engeren Freundeskreis überhaupt keine Millionäre befänden, nicht mal im erweiterten oder gar entfernten. Was, wenn das rauskomme? Werde man mir das als persönliches Versagen anlasten? Und mit dem Finger auf mich zeigen: «Heee, dieser Aufschneider, der kennt nicht mal Millionäre! Dieser Versager, der zahlt ja alles selbst!»

So weit dürfe es nicht kommen, erklärte ich. Um für mich zu werben, plante ich die Veröffentlichung eines teuer aufgemachten Coffee-Table-Buchs über mich selbst, das meine Vorzüge ausführlich beleuchte, möglicherweise sogar mit einem Vorwort von mir oder Roger Willemsen, den hätte ich angefragt, da er sich in der Materie der Selbstvermarktung hervorragend auskenne. Für dieses Buch sollten auch jetzt schon großformatige Anzeigen in allen wichtigen deutschen Zeitungen und Magazinen geschaltet werden, vierfarbig natürlich, mit Eckenbrüller und Rabattcoupon zum Ausschneiden. All das könne schon jetzt konkret geplant und finanziert werden – müsse aber freilich ohne mein Wissen geschehen. Sonst wäre ich nämlich geliefert, so wie der Wulff.

Außerdem kündigte ich eine Schmutzkampagne gegen meine Mitbewerber an und forderte die versammelte Presse auf, mir möglichst diskret möglichst viel kompromittierendes Material zuzuspielen, auch für Denunzianten hätte ich stets ein offenes Ohr. Weil ich auf der Suche nach der radikalen Mitte – denn nur dort würden bekanntlich Wahlen entschieden – eine Politik der radikalen Offenheit pflegen wolle.

Ich bedankte mich bei meinen Zuhörern für ihre Aufmerksamkeit. «Haben Sie noch Fragen? ‹Fragen müssen offen aufs Tapet gebracht werden›, schrieb Mao in der nach ihm benannten Bibel. Also bitte –»

«Wie beurteilen Sie Ihre Mitbewerber?», fragte eine Journalistin.

«Völlig indiskutable Charaktere. Nachtgestalten. Lemuren! Offenbar waren sämtliche Altparteien überfordert und alle Vorräte an geeignetem Humankapital aufgebraucht. Wollte man das aufgebotene Kandidatenmaterial auch nur erbärmlich nennen, wäre das schon ein Lob. Es schadet doch der Würde des Amtes, wenn ich hier nur gegen Spaßkandidaten antreten kann.»

Nun gingen die Journalisten der Reihe nach meine Mitbewerber durch und fragten mich, was ich von denen jeweils so hielte. Zum Beispiel von dem CDU-Mann, der sich als natürlicher Nachfolger der CDU-Amtsinhaberin sehe?

«Ein Komiker, ganz klassische Witzfigur, der geborene Überraschungsverlierer.»

Und der SPD-Kandidat?

«Tragische Gestalt, das letzte Aufgebot der absterbenden Sozialdemokratie, der Bodensatz.»

Beim Notieren kicherten die Journalisten und schrieben begeistert alles auf. Plötzlich wurde mir klar, worin ihr Vergnügen bestand: Natürlich verachteten sie, die sie täglich den unerhörten Flachsinn der Altparteienkandidaten kommentieren mussten, die Lokalpolitiker zutiefst. Schreiben durften sie das aber nicht. Außer wenn es als Zitat kam, zum Beispiel von mir.

Der Piraten-Kandidat?

«Ein freundlicher Einfaltspinsel mit Mondgesicht, eine Art sprechendes Tee-Ei.»

Die Vertreterin der Grünen?

«Als Steigbügelhalter der CDU sind die Frankfurter Grünen die neue FDP. Hier werden Menschen leichtfertig verheizt.»

Da es draußen schon dämmerte, behauptete ich, mich bald anketten zu müssen, und lud die TV-Teams ein, mir zu folgen. Es werde jede Menge Exklusivbilder geben. «Ich möchte abschließend noch sagen», verkündete ich schließlich, «dass ich nicht ganz der Meinung meines Kollegen Joschka Fischer bin, der mal gesagt hat: ‹Journalisten sind nichts anderes als Fünf-Mark-Nutten.› Ich finde, Sie alle machen hier eine sehr wichtige Arbeit für unsere junge Demokratie. Und da Sie nun schon alle wichtigen Informationen zur bevorstehenden OB-Wahl von mir erhalten haben, müssen Sie ja wohl nicht mehr zu den Presseterminen dieser Versager von den anderen Parteien gehen.»

Am nächsten Tag ergab eine erste, oberflächliche Presseschau, dass die Pressekonferenz als Erfolg zu werten war. Alle berichteten.

Die *Frankfurter Rundschau*:

«Schmitt will Frankfurt zur ersten weihnachtsmarktfreien Stadt Deutschlands machen und den Museumschef zum Kulturdezernenten, falls dieser die Doppelbelastung als Kulturdezernent und Kettenraucher aushält. Das wären ja schon wieder Ziele, für die es sich zu kämpfen lohnte.»

Die *Frankfurter Allgemeine Zeitung*:

«Im Caricatura Museum hat der Kandidat gestern stoisch ernst sein in neuneinhalb Thesen gefasstes Programm vorgestellt. Zehn Thesen, so dozierte Schmitt, überstiegen das Fassungsvermögen der Frankfurter Wähler. [...] Der Kandidat mit dem rostroten Anzug hat zwei oder gar drei Amtszeiten im Römer-Chefbüro ins Auge gefasst, würde sich aber mit einer Wahlperiode begnügen, sofern er dann schon eine Rente bekommt. Groß sind die Pläne von Frankfurts selbsternanntem ‹OB der Herzen›. So wird er das Bankenviertel unter die Erde verlegen lassen und damit Platz für Wohnungen schaffen. Besserverdiener-Ghettos wie den Lerchesberg oder das Holzhausenviertel will er auflösen und verlegen lassen. [...] Und sogar für den Streit um das Euro-Kunstwerk vor der Europäischen Zentralbank hat er eine Lösung parat. Das Signet bleibt dort stehen, bekommt aber ein Minuszeichen davorgesetzt. Solche Weitsicht prädestiniert Schmitt zu noch Höherem. Das nächste Mal kandidiert er wahrscheinlich als Bundespräsident.»

Und in der *Welt* las ich am nächsten Tag:

«Achtzig Prozent plus x strebt der ehemalige Chefredakteur

der *Titanic* an. Und prophezeit: ‹Es wird schmutzig und brutal.› Denn seine Stärke sei die Schwäche der anderen Kandidaten. Die bezeichnet er nur als ‹lächerlich›.»

Hatte ich das alles wirklich gesagt? Immer wieder las ich von Dingen, die ich angeblich gesagt haben sollte, an die ich mich aber nicht im geringsten erinnern konnte. Wenn ich vor Kameras und Mikrophonen sprach, war ich anscheinend ein anderer. Aber wer?

Der Neujahrs-empfang

Wie man mit schönen Frauen schmutzige Machenschaften feiert

Um mich einer breiten Wählerschicht bekannt zu machen, gab ich einen Neujahrsempfang. Einen Empfang, wie ihn die Welt noch nicht erlebt hatte. Das jahresanfängliche Schütteln möglichst vieler Bedeutungsträgerhände ist die einfachste Methode, sich ins politische Geschäft zu bringen. Deswegen richten sämtliche Parteien, Organisationen, Verbände und Dampfschifffahrtsgesellschaften Neujahrsempfänge aus, die unangenehmerweise die Eigenschaft haben, sich terminlich in der vorderen Jahreshälfte zu ballen, andernfalls hießen sie ja Altjahrsempfänge.

Um meinen Kontrahenten klug zuvorzukommen, gab ich meinen Neujahrsempfang so früh wie möglich, nämlich schon am 1. Januar um 00.05 Uhr – so hatten die geladenen Gäste einerseits noch genügend Zeit, sich von der zurückliegenden Silvesterfeier ein wenig zu erholen, und waren andererseits noch immer festlich gekleidet. Nicht alle Politiker setzten ihren Neujahrsempfang so früh an – Bundespräsident Christian Wulff beispielsweise hatte seinen viel später, fast zwei Wochen nach mir. So spät, dass diese erste Amtshandlung des Jahres im Rahmen seiner rasant verrinnenden restlichen Amtszeit auch fast schon seine letzte war.

Damit auch wirklich alle wichtigen Leute von meinem Neujahresempfang erfuhren, lud ich öffentlich auf Facebook zur Feier in die Kampa-Gaststätte Klabunt. Facebook-Partys sind bekanntlich die schönsten Partys, zu denen auch immer wieder die nettesten Überraschungsgäste eintrudeln. Und obwohl in der Folge noch einige andere Neujahrsempfänge stattfanden, sind sich bis heute alle einig, dass mein Empfang mit Abstand der beste und überraschendste war. Oder jedenfalls der mit dem überraschendsten Ende.

Empfänge und Partys sind die Nachrichtenbörsen der politischen Klasse. Manchmal sind sie sogar lehrreich und man kann sich intimes Herrschaftswissen sichern. Sofern man an die richtigen Leute gerät – und nicht wieder an die Abstauber, Mitnehmer und Gratisschlucker, denen man schon zuvor bei anderen Veranstaltungen in die Arme gelaufen ist.

Ich lernte beispielsweise auf dem Neujahrsempfang des *Journal Frankfurt* einen meiner Kontrahenten kennen, einen gewissen Peter Feldmann, den Kandidaten der SPD. Isoliert stand er auf der Party herum, keiner wollte mit ihm reden. Da er als chancenlos galt, hatten die meisten für ihn nichts übrig außer Mitleid und Verachtung. Ich hingegen hatte mir die Internet-Umfrage des Hessischen Rundfunks ausgedruckt und ließ mir nun von ihm per Unterschrift die Echtheit des Ergebnisses quittieren. Peter Feldmann (SPD): 3,41 Prozent. Oliver Maria Schmitt (Die PARTEI): 88,88 Prozent. Er setzte seinen Namen unter das für ihn doch sehr peinliche Wahlergebnis und akzeptierte damit den Willen des Volkes. Zum Abschied ergriff der Sozi meinen Oberarm und schüttelte mir die Hand.

Das sei der sogenannte «Politikergriff», erklärten mir hinterher Experten von der Presse. Habe man es mit Politikern im persönlichen Umgang zu tun, komme man um das Angegrabschtwerden am Oberarm in Kombination mit einem festen Händedruck nicht herum. Dadurch signalisierten Politiker Volksverbundenheit und persönliche Anteilnahme. Noch volksverbundener als der «Politikergriff», wusste ein Chefredakteur, sei nur der «Friedman-Griff», den der gleichnamige Moderator und Ex-Politiker quasi erfunden und institutionalisiert habe. Einmal in diesem Griff gefangen, sei man absolut wehrlos, sagte der Schriftleiter, ergriff meinen Unterarm und legte seine Pranke eisern um mein Handgelenk. Ich fühlte mich tatsächlich wehrlos wie nie zuvor. Auch ein klein wenig erniedrigt. Diesen Griff musste ich mir merken. So weit würde aber normalerweise kein seriöser Politiker gehen, sagte der Chefredakteur. Er selbst traue sich allenfalls, den «Chefredakteursgriff» anzuwenden. Sprach's, legte seine Hand väterlich auf meine Schulter und schob mich von dannen.

Ein anderer Journalist, der mir gefolgt war, um für

hr online.de   Die Adresse für Hessen

Wer landet am 11. März ganz vorn?

Boris Rhein (CDU)
1,03 %

Rosemarie Heilig (Grüne)
1,98 %

Peter Feldmann (SPD)
3,41 %

Janine Wissler (Linke)
0,86 %

Herbert Förster (Piraten)
2,63 %

Carl Maria Schulte (unabhängig)
0,22 %

Ursula Fechter (FAG)
0,34 %

Harald Frenzel (unabhängig)
0,26 %

Jean-Jules Tatchouop (unabhängig)
0,39 %

Oliver Maria Schmitt (Die Partei)
88,88 %

Nur eine von vielen gewonnenen Internet-Abstimmungen. Sobald ich Kanzler bin, wird die Demokratie generell von der Urne ins Netz verlegt, das macht das Durchregieren leichter.

sein Blatt hämische Bemerkungen aus meinem Munde über die anderen Kandidaten abzugreifen, berichtete von einem «Hackfressenauflauf», wie er sich ausdrückte, den er gerade am Vorabend habe miterleben dürfen. Ein zweitklassiger Frankfurter Fußballverein hatte im Verbund mit einem drittklassigen koreanischen Autohersteller zum gemeinsamen Neujahrsempfang ins

Autohaus geladen, wo zwischen koreanischem Blech und hessischen Hostessen viertklassiges Catering aufgefahren wurde. Nach einer eher kurzen, noch leidlich geordneten Stehempfangszeit sei die Festlichkeit dann aber schnell und beschlagen planlos aus dem Ruder gelaufen. Angeblich musste regelmäßig der Pannendienst ausrücken, um Betrunkene zu verwarnen, die sich zum heimlichen Rauchen in die ausgestellten Neuwagen gesetzt hatten. Zum Glück habe der CDU-Kandidat von alldem nicht mehr viel mitbekommen, denn der sei schon beizeiten hinter dem Steuer eines von ihm okkupierten Cabrios eingeschlafen.

Um den zu erwartenden Alkoholverzehr bei meinem eigenen Neujahrsempfang hatte ich mir schon im Vorfeld Sorgen gemacht. Wer würde am Ende den Deckel bezahlen? Da unsere Partei pleite war, gab es kein Wahlkampfbudget. Viele Gäste hatten bereits ihr Kommen angedroht – wie gerne hätte ich einen zahlungskräftigen Biersponsor im Rücken gehabt. So wie einst der niedersächsische Ministerpräsident Gerhard Glogowski (SPD), der sich seine Hochzeitsfeier von zwei Brauereien und einer Kaffeerösterei sponsern ließ. Die Getränkerechnung war damit bezahlt, sodass PreussenElektra und die Nord/LB nur noch für die musikalische Umrahmung aufzukommen hatten. Doch ich war wohl in der Hierarchie noch nicht weit genug geklettert – von keiner Seite kam ein Kostenübernahmeangebot. Ich musste mir etwas einfallen lassen.

Endlich stieg die Party. Ich begrüßte jeden einzelnen Gast persönlich, schaute ihm tief in die Augen und schüttelte ihm die Hand. Ich hätte meine Hand sogar freundschaftlich auf die Oberarme gelegt, aber vom «Politikergriff» hatte ich da noch keinen Schimmer. Ich begrüßte geladene und ungeladene Gäste, nüchterne und betrunkene, und auch alle, die nur «auf einen Absacker» hereingeschneit waren. Meine Neujahrsansprache hielt ich betont kurz, zumal sie wegen der unbarmherzig aus den Boxen dröhnenden Kneipenbeschallung nur schwer zu verstehen war.

«Seid herzlich willkommen, liebe Stamm- und Wechselwähler.

Falls ihr Fragen habt, merkt sie euch gut. Falls ihr Antworten habt, behaltet sie für euch. Und bestellt, was ihr wollt! Jeder, so viel er will! Denn heute, am Beginn dieses historischen Wahljahrs, geht alles auf eure eigenen Kosten. Prost!»

Viele klatschten, manche gingen spontan und kamen nicht wieder. Die musste ich gar nicht mehr überzeugen, die hatte ich also schon im Sack. Ich schüttelte die Hände des mächtigen Landesvorsitzenden. Er versprach mir, dass der rote Wahlkampf-SL «voraussichtlich nächste Woche» bereitgestellt werde. Dafür zwackte ich ihm nach Politikerart in die Wangen, was der Inspizient, der am gleichen Tisch saß, sehr missbilligend zur Kenntnis nahm. Als ich danach mit ihm plauderte, schaute ihn der Landeschef wütend, ja eifersüchtig an. Merkwürdig, warum sich die beiden da kabbelten. Die Kampagne lief doch sehr gut!

Auch in der Presse war ich bestens vertreten. Die Tageszeitungen hatten, offenbar in Vorfreude auf die sich abzeichnenden erdrutschartigen Veränderungen in der Politlandschaft, bereits mein amtliches Endergebnis vorauskalkuliert. Erwartungsgemäß wichen die Hochrechnungen leicht voneinander ab: Während mir die *Frankfurter Neue Presse* unter der Überschrift «Am Ende bleibt nur einer übrig» eine hauchdünne, aber sichere Mehrheit von 50,01 Prozent gönnte, sah mich *Die Welt* in ihrem Bericht mit der tendenziösen Headline «Sekt oder Selters?» bei gar nicht so unrealistischen neunundneunzig Prozent. Dennoch mussten beide Zeitungen mit einer Unterlassungsklage meinerseits rechnen: Per Facebook forderte ich die Redaktionen der Blätter ultimativ auf, bei künftigen Veröffentlichungen solcher Jahresausblicke auf Apostrophierungen wie «satirisch» oder «nicht ganz ernst gemeint» zu verzichten.

Als Überraschungsgast erschien ein hoch angesehener Verleger aus Berlin. Er war eigens nach Frankfurt gereist, um seinen spektakulärsten Neuerwerb vorzuführen, eine atemberaubend grazile und langbeinige Blondine, die er in der Gunst eines gebenedeiten Augenblicks sogar hatte heiraten können. «Darf ich vorstellen: Das ist meine Neue», sagte er mit unverbrämtem Besitzerstolz, während die anderen Festgäste geflasht den Atem anhielten. Um sich eine solche Frau überhaupt leisten zu können, war der Verleger natürlich auf die ständige Produktion von Bestsellern angewiesen. Einen neuerlichen hatte er schon in Planung: meine politische Biographie. Ich sollte als «weißer Obama» in Deutschland die Macht ergreifen und anschließend den Millionen Verlorenen und Verzweifelten da draußen mit meinem Buch wieder Mut und Hoffnung geben.

Kein Problem, das würde ich gerne für ihn tun, erwiderte ich, aber dazu müsse ich auch einen amerikanischen Wahlkampf führen. «Und zum amerikanischen Wahlkampf gehört zwingend eine sehr gut aussehende Frau an meiner Seite», sagte ich und zwinkerte der attraktiven Verlegergattin vielsagend zu. Sie würdigte mich keines Blicks. Ohne Gattin ginge es nicht, erklärte ich dem Verleger und lud ihn zu einem Freigetränk auf eigene Kosten ein. Das bewahrheitete sich auch wenige Monate später in den USA: Michelle Obama hatte nach ihrer aufsehenerregenden Rede auf dem letzten Parteitag der Demokraten vor der Wahl weitaus höhere Popularitätswerte als ihr Mann. Und auch Obamas Herausforderer, der Mormonenmillionär Mitt Romney, hat auf die mitreißende Kraft angeheirateter Weiblichkeit vertraut. Bei der Nominierungsveranstaltung der Republikaner sprach seine Frau: «Ich habe meinen Mann gefragt: ‹Mitt, kannst du Amerika retten?› Und seine Antwort war: ‹Ja.›»

Meine eigene Gattin stand für einen amerikanischen Wahlkampf leider nicht zur Verfügung. Das hatte sie mir bereits zu Beginn des Wahlkampfs erklärt, und zwar kategorisch. Für meine «schmutzigen Machenschaften» seien ihr guter Ruf und ihre wertvolle Zeit zu schade, sagte sie.

Noch einmal drängte ich den Verleger, mir wenigstens für die Zeit bis zur Wahl seine wunderschöne Gattin sozusagen als Medienpartnerin zu überlassen – so würde ich noch sicherer gewinnen, und er, der Verleger, hätte hinterher gleich zwei Bestseller unter Dach und Fach: nämlich nicht nur meine politische Aufsteigergeschichte, sondern auch die intime Beichte meiner Ex-Kampagnengattin und seiner Endlich-wieder-Trophäenfrau, Arbeitstitel: «Ich war nur vom Escort-Service». Am besten mit einem Vorwort von Bettina Wulff, riet ich und versprach jede Menge großformatiger Anzeigen in allen wichtigen deutschen Zeitungen und Magazinen, vierfarbig, mit Eckenbrüller und Rabattcoupon zum Ausschneiden, die ganz sicher irgendjemand aus der Industrie ohne mein Wissen bezahlen und schalten würde.

Doch bevor der Verleger in meine zum Deal ausgestreckte Hand einschlagen konnte, zerschlug die Verlegergattin ihr Sektglas auf meinem Kopf und erklärte, dass ihr guter Ruf und ihre wertvolle Zeit für meine «schmutzigen Machenschaften» zu schade seien – was von zahlreichen noch anwesenden Gästen als der unbestrittene Höhepunkt des an Höhepunkten wirklich nicht überreichen Neujahrsempfangs gewertet wurde. Wie sehr sich doch die Ehefrauen dieser Welt gleichen.

Die Partei

Wie man auch gegen den Willen des Bundeswahlleiters eine politische Heimat findet

Schon in jungen Jahren wollte ich eine eigene Partei, denn ohne sie geht gar nichts. *Die Partei hat tausend Augen. / Die Partei sieht sieben Staaten / Der Einzelne sieht eine Stadt,* schrieb der Parteienbedichter Bertolt Brecht nicht ohne Grund. Nur mit einer echten, auf meine Person zugeschnittenen Partei würde es mir gelingen, meine Interessen durchzusetzen, nämlich Machtfülle, Planungssicherheit und finanzielle Souveränität.

Wenn drei Deutsche aufeinandertreffen, sagt ein Sprichwort, gründen sie einen Verein – zu siebt eine Partei. Doch obwohl es das Grundrecht jedes Deutschen ist, eine eigene Partei zu haben, sind im Verzeichnis des Bundeswahlleiters gerade mal rund einhundert zugelassene Parteien gelistet, darunter so wichtige Vereinigungen wie die Partei der Vernunft (pdv), die MÄNNERPARTEI, Die Friesen, Bergpartei – die «ÜberPartei», Aufbruch für Bürgerrechte, Freiheit und Gesundheit sowie die Anarchistische Pogo-Partei Deutschlands (APPD). Und darin soll sich ein Volk von achtzig Millionen wiederfinden? Noch immer gibt es hierzulande keine Mopedfahrerpartei, keine Kinderpartei, keine Raucherpartei, keine CO_2-neutrale Biopartei, keine Lokomotivführerpartei, keine Piercing-, keine Vegetarier- und keine Lesbenpartei. Woran liegt das? Warum schaffen wir uns nicht die Interessenvertretung, die uns auch wirklich interessiert? Jeder Bürger sollte mindestens eine eigene Partei besitzen und in der Freizeit für ein paar Vereine tätig sein, die diese Partei unterstützen. So würde unser Land gewaltig vorankommen. Wohin auch immer.

Ich wollte jedenfalls nicht tatenlos zuschauen, wie meine Interessen immer unvertretener wurden. Eine eigene Partei musste her, so viel war klar. Ein Politiker ohne Partei ist wie eine Wahl ohne Urne, ein General ohne Sekretär, ein Reichs ohne Tag. Da es mir jedoch durch den Bundeswahlleiter persönlich untersagt war, eine eigene Partei zu gründen, brauchte ich dringend irgendeine schon in Entstehung begriffene Bewegung, die ich für meine Zwecke nutzen konnte. So wurde ich Mitglied der Partei «Die PARTEI», ich wurde das Geschöpf einer Organisation. Eine Notlösung, zweifellos, schließlich machen das alle Loser, die es nicht geschafft haben, etwas Eigenes auf die Beine zu stellen.

Aber immerhin, die PARTEI stand bereit, ich machte das Beste draus. Die Bezeichnung «PARTEI» ist eine Abkürzung und steht für «Partei für Arbeit, Rechtsstaat, Tierschutz, Elitenförderung und basisdemokratische Initiative». Eine Begriffsansammlung, die schwammig und offen genug ist, auch noch meine eigenen Werte darin unterzubringen. Also rief ich beim Gründungsparteitag der Partei «Die PARTEI» am 24. Oktober 2004 in Münster der aufgepeitschten Menge die seitdem geflügelten Worte zu: «Wir sind eine Partei – weil wir eine Partei sind! Und umgekehrt! Weil wir es selbst so wollten!»

Da der Posten des Parteichefs schon von Martin Sonneborn besetzt war, wurde ich zum Dank für meine mitreißende programmatische Rede mit dem Posten des Ehrenvorsitzenden abgespeist. Eigentlich ein klassischer Entsorgungsposten, undotiert obendrein, aber besser als gar nichts.

Gegenwärtig kommt es mir darauf an, diese Organisation als Vehikel für meine ureigensten Interessen einzusetzen – so wie das meine Vorbilder Joschka Fischer und Gerhard Schröder jeweils mit ihren Parteien vorgemacht haben und es mir selbst im Frankfurter Wahlkampf schon ansatzweise gelungen ist. Die Partei legt schnell an Mitgliedern zu, das ist gut. Auf dem Weg an die Macht bin ich dringend auf willfähriges Personal angewiesen. Irgendjemand muss ja die Wahlkampfarbeit für mich erledigen. Bei den Wahlen, an denen ich zuvor als parteiloser Kandidat teilgenommen habe, erzielte ich beide Male nur 0,2 Prozent der Wählerstimmen. Mehr ist ohne Apparat, ohne Basis und zuarbeitende Parteisoldaten kaum drin.

Und so hege und pflege ich den mir zuarbeitenden Parteiapparat – nach der Machtübernahme im Bund wird sich das für alle auszahlen, besonders für die unglaublich reizende Praktikantin Chantal. Spätestens seit der Ära Clinton-Lewinsky ist die Rolle der Praktikantin in einem Regierungssitz genau festgeschrieben. Immer häufiger stelle ich mir Sex mit ihr vor – und mir anschließend die Frage, welchen politischen Nutzen sie wohl aus einer solchen Situation für sich ziehen könnte. Ich bin noch zu keinem befriedigenden Ergebnis gekommen.

Für meinen Bundeswahlkampf und die sich daran anschließende Cliquen- und Vetternwirtschaft benötige ich aber noch viel mehr Leute. Schließlich verschlingt ein aufgeblähter Parteiapparat mit verkrusteten Strukturen Unmengen an Personal. Anders geht es nicht, solche Bläh-Systeme sind das Erfolgsrezept schlechthin. Im Idealfall scheindemokratisch legitimiert, halten sie sich oft erstaunlich lang: Gaddafi hat gut vierzig Jahre mit seiner Partei regiert, Mubarak in Ägypten fast dreißig Jahre – nur sollte man sich unbedingt durch rechtzeitige Flucht einer etwaigen Lynchjustiz entziehen.

Für mich geht es nun vor allem darum, innerhalb der Partei die Alleinherrschaft zu erringen und gleichzeitig die Mitglieder bei der Stange zu halten. «Die beste Partei ist nur eine Art Verschwörung gegen den Rest der Nation. Unwissenheit veranlasst die Menschen, einer Partei beizutreten, und Scham hindert sie am Austritt», befand schon der englische Politiker Sir George

Ohne Parteibasis, Stimmvieh und gut gekleidetes Fußvolk ist eine Alleinherrschaft praktisch nicht machbar.

Savile, der erste Marquis von Halifax, bevor er 1695 starb. Uralte Erkenntnisse, die noch immer gültig sind.

Meine Regierungspartei soll definitiv jung, schick und modern sein und auch den Unfähigsten schnelle Aufstiegschancen bieten. Nur wer schnell aufsteigt, kann auch schnell wieder gestürzt oder wegen Illoyalität zum Rücktritt gezwungen werden. Durch einen hohen Personalverschleiß werde ich ständig für interessante Nachrichten und Spekulationen sorgen. Dabei sollte aber aus dem tatsächlichen Innenleben der Partei nicht allzu viel Handfestes nach außen dringen. Das echte bürokratische Tagesgeschäft wirkt ohnehin nur desillusionierend. Es macht eine Partei naturgemäß interessanter, wenn man nur über Gerüchte und Mutmaßungen von internen Querelen erfährt. Aus gutem Grund gab der leiden-schaftliche Parteipolitiker Wladimir I. Lenin einer «Partei neuen Typus» nur in Form einer konspirativen Kaderpartei seinen Segen. Und getreu der Parole des ehemaligen SPD-Fraktionschefs Peter Struck – «Eine stumme Partei ist eine dumme Partei» – sollte sie hauptsächlich mit klatsch- und tratschhaften Presseerklärungen über vermeintliche Vorgänge im Inneren um sich werfen. So wie das auch die Grünen seit Jahren erfolgreich praktizieren.

Vor allem Koalitions- und Fusionsgerüchte sind hilfreich, um im Gespräch zu bleiben. Schon kurz nach Bekanntgabe meiner OB-Kandidatur meldeten sich Vertreter der Piraten bei mir. Sie fragten, ob Interesse an gemeinsamen Wahlkampfauftritten und Wahlpartys bestehe. Die wollten sie dann per Livestream im Internet übertragen, um so für mehr Transparenz zu sorgen. Das war ja die Hauptforderung der Piraten. Um für noch mehr Transparenz zu sorgen, jagte mein Politkommissar sofort eine Presseerklärung über die Gesprächsangebote des Gegners raus – die dann umgehend von den Piraten dementiert wurde. Im Nachhinein betrachtet war nichts geschehen, aber alle hatten darüber berichtet.

Noch schneller und einfacher schafft es eine Partei nur dann in die Presse, wenn sie sich selbstbewusst in eine historische Tradition stellt, so wie dies der Berliner Piraten-Abgeordnete Martin Delius tat, als er dem *Spiegel* steckte: «Der Aufstieg der Piratenpartei verläuft so rasant wie der der NSDAP zwischen 1928 und 1933.» Delius blieb nicht mal Zeit zu staunen, als der Shitstorm im Netz und in den Medien über ihn hereinbrach. Da hielt sich meine PARTEI mit der Triumphmeldung, bereits fünf Jahre nach Gründung mehr Mitglieder zu haben als die überkommene Altpartei NPD, lieber klug bedeckt. Man muss ja nicht mit allem protzen.

Der PARTEI-Apparat läuft wie geschmiert, und ich habe absolut keinen Grund, mit meiner parteipolitischen Vergangenheit zu hadern. Auch wenn es von klein auf mein größter und sehnlichster Wunsch war, als Führer einer eigenen Partei dazustehen. Dass es nämlich durchaus möglich war, mit einer neuen Partei in den Bundestag zu kommen, hatten die Grünen in meinen politischen Anfangsjahren vorgemacht: 1980 bundesweit gegründet, waren sie schon 1983 im Bonner Bundestag vertreten. Genau so hatte ich das auch vor, gemeinsam mit Freunden, die mit mir in der Punkband «UVW – Die UnVreien Wähler» aufrüttelnden Krach machten. Der Bandname deutete unsere politischen Ambitionen bereits an, ein Reflex auf die vielen freien Wählervereinigungen, die auf kommunaler Ebene aktiv waren. Die absichtliche Falschschreibung fanden wir erst recht cool, schon allein weil die Abkürzung «UVW» viel besser klang als «UFW».

Politisch aktiv zu sein war in den achtziger Jahren noch Ehrensache. Nur Spießer und Versager änderten nichts und ließen alles mit sich geschehen. Wir waren fest auf das linksalternative Meinungspaket gebucht, waren entschieden gegen Nachrüstung und den NATO-Doppelbeschluss, gegen die Pershing-Atomraketen vor unserer Heilbronner Haustüre, gegen die Volkszählung und erst recht gegen den Überwachungsstaat. Das hieß aber noch lange nicht, dass wir für Hippies, Friedensbewegung und Menschenketten waren.

Unser Vorbild war UngüLtiG, eine Partei, die 1985 von dem damals dreiundzwanzigjährigen Studenten Hans Arold in Frankfurt gegründet wurde. Um des nicht geringen Scherzes willen, auf dem Wahlzettel sein Kreuz neben dem Wort «UngüLtiG» machen zu können, hatte er mit Freunden die «Union nicht genug überdachten Lächelns trotz innerer Genialität» gegründet – und bei der Frankfurter Kommunalwahl 0,2 Prozent der Stimmen abgeräumt. Mit diesem phantastischen Ergebnis im Rücken wollten Arolds Leute, unterstützt und getragen von rund sechshundert Parteimitgliedern, bei der Bundestagswahl 1987 antreten.

Hans Arold schien mir die Rettung zu sein. Um 1988 mit einer eigenen Partei bei der Landtagswahl in Baden-Württemberg antreten zu können, hatte ich mich bereits über die komplizierten Modalitäten des Parteigründungsverfahrens informiert, hatte mir vom Bundeswahlleiter mehrere Kilogramm Unterlagen zuschicken lassen, das Parteiengesetz, Merkblätter zur Wahlzulassung und auszufüllende Formblätter, hatte mir in den Parteizentralen von CDU, SPD und FDP die jeweilige Parteisatzung aushändigen lassen und saß nun ratlos vor diesem bürokratisch-demokratischen Galimathias und wusste nicht weiter. Musste ich das alles lesen und verstehen? Sollte ich wirklich Hunderte Seiten Parteistatuten und Programme durcharbeiten und exzerpieren, nur um eine kleine, schäbige Partei zu gründen? In meiner Not schrieb ich Hans Arold an.

Er antwortete sofort. Der UngüLtiG-Parteichef riet mir, einen baden-württembergischen Landesverband seiner Partei zu gründen, inhaltliche Vorgaben müssten wir nicht fürchten: «Aufgrund des vorherrschenden Antidogmatismus innerhalb der UngüLtiG könnt ihr absolut machen, was ihr wollt, und hättet an Formalitäten nur noch eine Gründungsversammlung abzuhalten.» Er legte ein aktuelles Flugblatt bei:

Neu! Wählen ohne Stimmabgabe!
Denn jetzt gibt es die «Union nicht genug überdachten Lächelns trotz innerer Genialität» – UngüLtiG

Diese Vorzüge sprechen für sich:
– Jede Stimme an uns ist verschenkt
– Garantiert weiße Weste auch bei 60 %
– Öffentlichkeitswirksame Repräsentation der Nicht- und Ungültigwähler
– Saufen bis zum Morgengrauen; Abschaffung der Polizeistunde
– Nulltarif für Jazz-Bahnen und Punk-Busse
– Völlige Liquidierung der Automobilindustrie
– Umwandlung von Autobahnen in Therapiezonen zum Abbau von Aggressionen
– Friedfertiger Umgang mit fremden Universen; Tolerierung exterrestrischen Lebens
– Besetzung aller leerstehenden Häuser, Enteignung aller Hausbesitzer

- Abschaffung aller Privilegien innerhalb der Familie
- Wir haben keine Geheimnisse
- Oppositionsgarantie: Dauer – zich Jahre

Das las sich gut, war vernünftig, sehr fundiert und auf längere Sicht bestimmt auch mehrheitsfähig. Noch beeindruckender fand ich allerdings die Satzung der UngüLtiG – sie war bereits für die Kommunalwahlen anerkannt worden. Am meisten imponierte mir ihre Übersichtlichkeit: Alles passte auf eine DIN-A4-Seite!

Aus Originalitätsgründen kam es für uns aber nicht in Frage, einen Landesverband der UngüLtiG zu gründen. Nur mit einer eigenen Partei würden wir eigene Interessen durchsetzen können. Sofort griff ich mir meine Schreibmaschine und begann anhand der Vorlage die «Satzung der Unfreien Wähler» herunterzutippen. «Unfrei» diesmal lieber richtig geschrieben, um etwaige Kritik seitens des Bundeswahlleiters schon im Keim zu ersticken. Manches übernahm ich aus Arolds Satzung, manches änderte ich, beispielsweise die Parteienstruktur in Paragraph fünf: «Die UFW gliedern sich in Mengen und Teilmengen. In dieser Gliederung vollzieht sich die politische Willensbildung der Partei.» Daraus folgte Paragraph sechs: «Alle Mitglieder einer Teilmenge wählen in geheimer Abstimmung deren Teilboss.» Worauf wiederum Paragraph sieben folgte: «Der Landesvorstand besteht aus dem Boss, dem Unterboss und dem Nikolaus.» Welche Funktion dem Nikolaus nun genau zukam – das zu klären, hatte ich damals wohl keine Zeit, keine Ahnung, jedenfalls gab es keine weiteren Ausführungen in diesem Satzungspunkt. Sollte sich doch der Bundeswahlleiter damit befassen. Der machte schließlich tagaus, tagein nichts anderes, als sich mit Parteien rumzuschlagen; mit seiner unglaublichen Erfahrung und Amtsgewalt würde er diesen Punkt bestimmt schnell geklärt haben.

Nach einigen weiteren Paragraphen über Kandidatenfindung, Wahlkreisvorschläge, abzuhaltende Parteitage und Mitgliedsbeiträge («Ein Mitgliedsbeitrag ist nicht vorgesehen») definierte ich in Paragraph fünfzehn die Zusammensetzung des Bundesvorstands: «Der Vorstand besteht aus dem Chef, dem Vize und dem Obernikolaus.» Aha, da war er wieder, der Nikolaus. Das würde sich bei der Prüfung bestimmt positiv auswirken, dachte ich wohl damals – zeugte es doch von einer gewissen Stringenz innerhalb der Satzung. Und siehe da: Einige Paragraphen später wurde die Funktion des Obernikolauses sogar genauestens beschrieben: «Veröffentlichungen des Parteivorstandes oder einzelner Mitglieder erfolgen im jährlich erscheinenden ‹UFW-Beobachter›. Die graphische Gestaltung des ‹UFW-Beobachters› übernimmt der Obernikolaus.» Zu bester Letzt verfügte die «Schlussbestimmung» unter Paragraph einundzwanzig: «Diese Satzung tritt am 8. November 1987 in Kraft.»

Um das langwierige Parteizulassungsverfahren noch entschiedener voranzutreiben, konstruierte ich auch gleich die Gründungslegende meiner neuen Partei und erstellte die Protokolle niemals stattgehabter Gründungssitzungen und ordentlicher Parteitage, inklusive aller Wahl- und Abstimmungsergebnisse. «Veranstaltungsort: im Nebenzimmer der Gaststätte Zum Guten Trunk.» In dieser heute nicht mehr erhaltenen Spelunke nahm die Demokratie ihren Lauf: «Ziel der Versammlung war es, die Partei der Unfreien Wähler zu gründen. Zum Protokollführer wurde in offener Abstimmung Herr C. gewählt, zum Versammlungsleiter, ebenfalls in offener Abstimmung (mit einer Gegenstimme) Herr K. [...] Herr Schmitt wurde aufgefordert, von seiner Kontaktaufnahme mit dem Bundeswahlleiter zu berichten. Herr Schmitt kam dieser Aufforderung sofort nach und unterrichtete über den bürokratischen Vorgang der Parteiengründung.»

Nach der Unterrichtung ließ ich dann auch sogleich die Wahl des Parteivorstands in freier und geheimer Wahl geschehen, so wie es das Parteiengesetz vorsah: «Der Wahlleiter Herr K. erteilte der Wirtin den Auftrag, flugs zehn weiße, identische Bestellzettel beizubringen. Die Zettel wurden an die Anwesenden verteilt, diese notierten einzeln und nacheinander in der Telefonkabine der Gaststätte den Namen des von ihnen favorisierten Kandidaten, um die Zettel anschließend bei Herrn K. zusammengefaltet abzugeben. Hernach wurde das Ergebnis von Herrn K. unter dem anhaltenden Applaus der Anwesenden verlesen: Oliver Schmitt vier Stimmen, M. W. und U. K. jeweils drei. Zum geschäftsführenden Vorstand wurde daher Herr Schmitt berufen, Herr W. und Herr K. als seine Stellvertreter. Alle drei nahmen diese Wahl an und gaben jeweils eine Runde Jägermeister in Auftrag. Herr Schmitt erklärte abschließend die UFW für gegründet, alle Anwesenden zu Parteimitgliedern im Sinne des Parteiengesetzes und die Gründungsversammlung für geschlossen. Dem wurde mit einer Sonderrunde Weizenbier Rechnung getragen. Später löste sich die Versammlung dann in ihre Bestandteile auf.»

Kein Zweifel, ein historischer Vorgang. Ich packte sämtliche Unterlagen zusammen – die Protokolle der Gründungssitzung und des ersten ordentlichen Parteitags, das Parteiprogramm und die Satzung – und schickte alles per Einschreiben an den Bundeswahlleiter nach Wiesbaden. Viel Zeit hatte er ja nicht, alles durchzuarbeiten und uns die Zulassung als politische Partei zu erteilen, denn schon in vier Monaten stand in Baden-Württemberg die Landtagswahl an, bei der ich mit meiner neuen Partei antreten wollte.

Doch kaum etwas passierte. Genau genommen gar nichts. War die Sendung vielleicht doch verlorengegangen?

Vier Wochen nach der Absendung rief ich im Büro des Bundeswahlleiters an.

«Hier Schmitt. Ich bin der Parteichef der Partei UFW – Die Unfreien Wähler –, ist Ihnen ja wahrscheinlich ein Begriff. Ich wollte mal nachfragen, ob Sie in der Sache schon entschieden haben.»

«Was entschieden?» Die Frau, die ich da am Rohr hatte, war beispiellos uninformiert. Ich brachte sie auf den aktuellen Kenntnisstand.

«Ich werde den Herrn Bundeswahlleiter fragen», sagte sie schließlich. «Rufen Sie doch am besten nach der Mittagspause wieder an.»

Das fand ich merkwürdig, denn für eine kurze Mitteilung, dass alles in Ordnung sei und ich sofort loslegen könne, brauchte es doch nicht lange. Aber bitte, wenn der Herr Bundeswahlleiter sich erst die Wampe vollschlagen musste – meinetwegen. Zwei Stunden später rief ich wieder an.

Die Sekretärin klang plötzlich viel entschiedener als noch beim ersten Telefonat.

«Der Herr Bundeswahlleiter hat Ihr Schreiben nicht beantwortet, weil er es nicht als ernsthaftes Ansinnen zur Gründung einer Partei wertet. Er behält sich im Übrigen eine Anzeige gegen Sie vor, wegen Nötigung, Beleidigung eines Amtsträgers und eventuell sogar wegen der Bildung einer kriminellen Vereinigung. Das wird derzeit noch geprüft. Ich kann Ihnen aber jetzt schon raten, in dieser Sache nicht weiter tätig zu werden und sich absolut ruhig zu verhalten. Sollten Sie dieses Verfahren weiter anstrengen, wird der Bundeswahlleiter in jedem Fall gegen Sie vorgehen. Ein weiterer Versuch der Gründung einer politischen Partei ist Ihnen hiermit jedenfalls definitiv untersagt. Schriftlich kriegen Sie das auch noch. Auf Nimmerwiederhören, Herr Schmitt.»

Unglaublich, was man sich in einer Demokratie von faschistoiden Amtsbütteln bieten lassen muss. Ich aber beschloss nun erst recht, Politiker zu werden.

Der Wähler

Wo man ihn aufspürt und wie man ihn erfolgreich abfüllt

Wer genau ist eigentlich dieser ominöse Wähler? Wo lebt er? Was will er von mir? Und warum zickt er ewig rum, bis er mir seine mickrige Stimme überlässt? Gibt es ihn in Wirklichkeit überhaupt? Oder existiert er nur in der Vorstellung irrer Verfassungsorgane?

Helmut Kohl sprach immer in schlecht gespielter Ehrfurcht vom «obersten Souverän» – einer mächtigen Institution, der man mit Respekt und Offenheit begegnen solle. An Offenheit zumindest ließ es Kohls Großvater Konrad Adenauer nicht mangeln, als er nach der ersten Bundestagswahl 1949 das geheimnisvolle Wesen des Wählers beschrieb: «Der Durchschnittswähler denkt primitiv; und er urteilt auch primitiv.» Kein Wunder, dass es der alte Sack aus Rhöndorf wie kein Zweiter verstand, die Mehrheit der wählenden Primitivlinge erfolgreich hinter sich zu vereinen.

Doch nicht alle Politiker haben eine derart hohe Meinung von ihrem Arbeitgeber. Wertet man sämtliche verfügbaren Politiker-Biographien und -Interviews aus, kommt man nach über sechzig Jahren parlamentarischer Demokratie in Deutschland zu folgender Erkenntnis: Der Wähler ist ein unstetes, ephemeres Wesen, das die Sorgen und Nöte von Politikern oft überhaupt nicht wahrnimmt, die Existenzängste von Parlamentariern förmlich ignoriert und durch seine selbstherrlichen Fehlentscheidungen Karrieren zerstört, mühsam aufgebaute Netzwerke vernichtet und Seilschaften ruiniert – was in tragischen Einzelfällen bis zum völligen Diätenversagen führen kann.

Aber warum ist der Wähler so krass drauf? Warum diese Willkür, woher dieser Undank? Das kann nur verstehen, wer den Wähler persönlich kennenlernt, und zwar dort, wo er die meiste Zeit seines Lebens verbringt: im Alltag. Mitten im Leben. Nur in der Zeit des Wahlkampfs hat der Politiker Gelegenheit, dem obersten Souverän näherzukommen und mit dem Stimmvieh in persönlichen Kontakt zu treten. Zum Beispiel beim Sammeln der lebensnotwendigen Unterstützungsunterschriften.

Das UU-Sammeln ist nicht nur die erste Bewährungsprobe für den Kandidaten, sondern vor allem für den Wähler. Mit seiner Unterschrift befürwortet der Unterzeichnende lediglich einen bestimmten Wahlvorschlag, er trifft noch keine Wahlentscheidung. Bevor ein Kandidat überhaupt erst auf den Wahlzettel kommt, sei es für Bürgermeister-, Landtags- oder Bundestagswahlen, muss er nämlich eine bestimmte, von der jeweiligen Wahlbehörde festgelegte Zahl an Unterstützerbögen anschleppen, die Wahlberechtigte aus dem jeweiligen Wahlkreis ausgefüllt und unterschrieben haben. Komplett ausgefüllt. Mit Geburtsdatum und Adresse. Mehr nicht. Zieht man aber erst einmal los, um potenziellen Unterstützern eine Unterschrift abzuluchsen, merkt man, wie viel das bereits ist. Für die meisten zu viel. Die überwiegende Mehrheit des Wahlvolks scheitert schon am Verständnis dieses Vorgangs.

«Guten Tag, ich möchte gerne Ihr nächster Oberbürgermeister werden. Würden Sie das eventuell mit Ihrer Unterschrift unterstützen?»

Aufgerissene Augen starrten mich an. Angst. Ratlosigkeit. Verunsicherung.

Nein, sie wollten nichts unterschreiben. Sie kannten auch weder ihr Geburtsdatum noch ihre Adresse. Von der Existenz einer Postleitzahl hatten sie nur mal vage gehört. Sie mochten mit niemandem Probleme kriegen. Sie mochten nichts kaufen. Sie wollten sich jetzt lieber nicht verpflichten, mich ein Leben lang wählen zu müssen. Es war nur einfache Basisdemokratie, doch das verstanden sie nicht. Eine für beide Seiten entwürdigende, zutiefst erniedrigende Situation.

Nach drei entmutigenden Stunden in der Fußgängerzone und brutto drei mühsam abgeschwatzten Unterschriften gab ich auf. Vielleicht war es ja sinnvoller, dort zu sammeln, wo ohnehin verständige Menschen versammelt sind: Ich ging zu einer Axel-Hacke-Lesung. Bestimmt bestand das Publikum des beliebten Humoristen und Ironikers aus gewitzten, gebildeten Menschen, für die Spaß und Demokratie durchaus keine Gegensätze waren.

Ich lungerte im Foyer herum, mählich verebbte der Zugabenapplaus, dann quoll endlich das Qualitätspublikum aus den Türen. Mit meinem freundlichsten Lächeln klapperte ich einen nach dem anderen ab – und kassierte eine freundliche Absage nach der anderen. Bis ich an drei Studenten mit gepflegten Hemden und gebügelten Stutzbärten geriet. Ich sagte mein Sprüchlein auf, dann hielt ich frohgemut die Unterschriftenbögen auf dem Clipboard hin. Ihr Lächeln erstarb.

«Ich möchte lieber nicht unterschreiben», sagte der eine.

«Ich auch nicht», sagte der andere.

«Ich finde, Politik ist eine zu ernste Sache. Damit sollte man keine Scherze machen», sagte der dritte, offenbar der Vordenker.

Ich erklärte, dass es hier sehr wohl um ernste Politik gehe, um die Ablösung einer abgewirtschafteten Kaste von Mitläufern, Hinterbänklern und Taschenvollstopfern, die durch eine Politikerkaste völlig neuen Typs ersetzt werden sollte.

Der Vordenker schabte mit der Hand nachdenklich in seinem Bart herum. Die beiden anderen sahen ihm ehrerbietig zu.

Ich fragte, ob sie denn eine Affinität zu einer Partei hätten.

«Ja, zur FDP», sagte der Vordenker, und die anderen nickten.

«Ihr wählt also FDP!», rief ich aufgebracht. «Ihr seid bestimmt Jurastudenten, und die ernsthafte Politik von Mister-Achtzehn-Prozent Guido Westerwelle, dem Teppichschmuggler Dirk Niebel und dem sprechenden Weinfass Rainer Brüderle ist euch eine zu wichtige Angelegenheit, um einen unbescholtenen Hoffnungsträger wie mich zu unterstützen? Ist das euer Ernst?»

«Ich finde es nicht gut, dass Sie jetzt eine so unnötige Schärfe in die Diskussion bringen», sagte der Vordenker und wandte sich ab, seine bärtigen Buddies folgten ihm.

Verdammt. Mit Druckmachen kam ich also auch nicht weiter.

Lustlos hielt ich einer älteren Dame den Bogen hin, erklärte mein Anliegen und sagte dann, irgendwie aus einer Unlaune heraus: «Aber wahrscheinlich wollen Sie eh nicht unterschreiben, und die Zettel sind ziemlich knapp.» Ich zog das Clipboard wieder weg.

«Moooment!», rief sie. «Geben Sie mal her!» Sie riss das Brett an sich, las den Bogen durch und unterschrieb.

Sofort probierte ich das noch mal. Ich hielt einem Herrn den Zettel hin, machte die Ansage und zog den Bogen gleich wieder zurück. Entschieden griff der Herr nach dem Blatt, studierte es und unterschrieb.

Die gleiche Reaktion beim nächsten Wähler. So ging das also – über den ökonomischen Kniff der künstlichen Verknappung!

Ich kehrte an einen Stehtisch zurück, zog drei von den hundert leeren Bögen, die ich noch dabeihatte, aus der Mappe, legte sie aus und schrie: «Nur noch ganz wenige Bögen, Herrschaften! Die letzte Gelegenheit, den Kandidaten Ihrer Wahl zu unterstützen!»

Sofort bildete sich eine Menschentraube um den Tisch. Auf einmal wollte jeder dabei sein und auch noch unterschreiben. Eine halbe Stunde und fünfzig Unterschriften später verließ ich das Foyer.

Dass ausgerechnet die ältesten Verkäufertricks am besten funktionierten – das zu erkennen war ein langer Lernprozess. Für mich jedenfalls. Meine allerersten Wahlstände ganz am Beginn meiner politischen Karriere dienten noch nicht der Machtergreifung, sie waren eher Feldforschungseinrichtungen, um herauszufinden, wie der Wähler eigentlich so tickte. Schon als junger, parteiloser Landtagskandidat wollte ich wissen, wie man mit dem Bürger auf ideale Weise ins Gespräch kam.

In der Fußgängerzone meiner Heimatstadt Heilbronn baute ich einen Wahlstand auf, gemeinsam mit den Punkbandkollegen der UnVreien Wähler. Wir klappten einen Tapeziertisch aus und stellten einen Sonnenschirm daneben – bis heute die unverzichtbare Basis eines jeden Wahlstands. Als Kandidat trug ich einen dunklen Anzug, Hemd und Krawatte, dazu einen langen, schwarzen Ledermantel, was mir ein leicht gestapohaftes Fluidum verlieh. Schließlich wollte ich grundseriös wirken.

Ein FuZo-Wahlstand war damals in den Achtzigern – abgesehen von Flugblättern und kostspieligen Plakaten, Buttons und Aufklebern – die einzige Möglichkeit, als Einzelbewerber auf sich aufmerksam zu machen. Die örtliche Tageszeitung berichtete nicht, sie war fest in CDU-Hand und schwer damit beschäftigt, den CDU-Kandidaten täglich beim Wahlkampf abzubilden: Blumenübergabe zum neunzigsten Geburtstag, Autohaus-Eröffnung, Fass-Anstich, beim Kreissparkassen-Konzert in der ersten Reihe sitzen, Blumenübergabe zum fünfundachtzigsten Geburtstag – das Leben eines Provinzpolitikers war und ist nervenaufreibend und immer an der Sache orientiert.

Mein Kampfauftrag hieß daher ganz klar: Aufbau einer Gegenöffentlichkeit. Was heute eine Einzelperson über Facebook und Twitter in Sekunden mitteilen kann, ließ sich in der jungen Kohl-Republik nur mühsam über persönliche Ansprache und Mundpropaganda verbreiten. Und über den Wahlstand.

Mit unseren begrenzten Mitteln versuchten wir, den Stand so offiziell wie möglich aussehen zu lassen. Da wir kaum eigenes

Prospekt- und Infomaterial hatten, legten wir die Broschüren der anderen Parteien aus, die wir kurz zuvor an deren Wahlständen geklaut hatten. So konnte sich jeder was aussuchen. Für die Hungrigen gab es Wiener Würstchen, direkt aus der Dose. Weil unsere Kochplatte kaputt war, waren sie leider kalt. So eiskalt wie der Glühwein, den wir gratis aus Zweiliterflaschen ausschenkten. Wir wollten testen, was sich die Leute alles bieten lassen. Ein Kassettenrecorder spielte herrlich stumpfe Marschmusik, die wir, damit sie nicht ganz so dröge klang, mit doppelter Plattenspielergeschwindigkeit aufgenommen hatten: *Prussian March on 45 rpm.* Ein handgelettertes Flugblatt verkündete meine Basispositionen, immer schön in Gegensatzpaaren, damit für jeden was dabei war:

- Dem kleinen Mann muss es wieder besser gehen!
- Unternehmerrisiko muss sich wieder lohnen!

- Die Aufrüstung muss ein Ende haben!
- Frieden kann nur durch militärisches Gleichgewicht auf höchster Stufe erreicht werden!

- Die Renten müssen wieder steigen!
- Die Mieten auch!

Die Wähler kamen an den Stand, stürzten sich auf die kalten Würste, zu denen es weder Brot noch Senf noch Servietten gab, tranken dazu kalten Glühwein, hörten hektisch dudelnde Marschmusik – und beschimpften uns nach Kräften. Aus Prinzip gaben wir immer allen recht. Die Irritation darüber hielt nur kurz an, dann wurde umso heftiger weitergeschimpft.

CDU-Wähler sahen die SPD-Broschüren und zeterten los, FDP-Anhänger wüteten beim Anblick der Grünen-Prospekte, Rüstungsgegner machten uns fertig, Kriegstreiber verachteten uns, eine Frau schrie: «Die Mieten sollen steigen? Ihr habt sie wohl nicht mehr alle!» Meine Antwort, dass steigende Löhne und Renten das doch ausgleichen würden, machte sie nur noch rasender. Jeder pöbelte frisch drauflos. Diese Bürger hingen nicht an Wahlständen herum, um sich zu informieren, sondern um sich mit vollem Munde mal so richtig auszukotzen. Politik hatte offenbar nicht nur mit der Gestaltung des Gemeinwesens zu tun, sondern vor allem mit Triebabfuhr und Aggressionsabbau.

Doch es gab auch versöhnliche, ja konstruktive Gespräche. Ein alter Mann, der mich schon längere Zeit gemustert hatte und den offenbar mein schwarzer Ledermantel beeindruckte, wanzte sich an mich ran und erklärte, dass er unsere forsche Art sehr gut finde. Die schmissige Musik auch.

«Wissen Sie, eigentlich bin ich Sozialist», sagte er.

«Sehr gut – ich auch», pflichtete ich ihm bei.

«Ich bin aber auch national.»

«Hervorragend. Dann sind Sie ja praktisch – Nationalsozialist?»

«Genau», sagte der Mann und strahlte mich zufrieden an. Nach all den Jahren hatte er endlich wieder einen Parteigenossen gefunden.

Im Frankfurter Wahlkampf verließ ich mich nicht mehr auf kalten Glühwein und Irritation. Jetzt wollte ich die breite Masse erreichen, die einfache Mehrheit, mindestens, wenn nicht sogar die sichere Zweidrittelmehrheit aller Wähler. Deshalb setzte ich auf kaltes Bier. Der Landesvorsitzende hatte einen anonymen Getränkespender aufgetan, der uns zehntausend gut gefüllte Bierflaschen mit ablaufendem Haltbarkeitsdatum überließ. Die mussten dringend unter die Leute.

Wir bauten unseren Wahlkampfstand auf, direkt an der Zeil, der Frankfurter Einkaufszone. Rechts und links türmten wir six-packweise das Alt-Bier auf. Es dauerte nur Augenblicke, dann hatte sich die Nachricht wie ein Sauffeuer in der Frankfurter Innenstadt verbreitet: Freibier! Das schlägt alles. Es war, als ob

Besonders im direkten Bürgerkontakt sind Politikerqualitäten gefragt: Ohren auf Durchzug und immer ein freundliches Lächeln, solange Fotografen in der Nähe sind.

man ein Hackfleischbällchen ins Piranhabecken geworfen hätte. Innerhalb weniger Minuten war das politische Fußvolk des Rhein-Main-Gebiets rund um unseren kleinen Wahlstand versammelt.

Wir mussten überhaupt nichts mehr tun. Für eine Flasche Bier taten die Menschen schlechterdings alles. Sie unterschrieben, was man ihnen vorlegte. Es waren zwar nur Unterstützerbögen, es hätten aber auch Vermögensabtretungen, Entmündigungserklärungen oder – wer weiß – die eigenen Todesurteile sein können. Sixpack um Sixpack verschwand in der Menge, streckenweise brach der umliegende Verkehr zusammen, weil sich auch Autofahrer ein paar Freibier sicherten. Zwischen unaufhörlichem Flaschenklirren und Kronkorkenploppen entspann sich manch fruchtbarer politischer Dialog.

Eines ist jedenfalls sicher: Dass der kleine Mann auf der Straße, der gemeine Wähler am Tresen, politikverdrossen sei, stimmt gar nicht. Wie oft hatte ich im Rahmen dieser Bürgersprechstunden die Gelegenheit, etwas vom aktiven Gestaltungswillen des obersten Souveräns zu erfahren. «Die Arschlöschä, die mache doch eh, was se wolle», das war ein häufig geäußerter Grundsatz. Und während die einen sagten: «Die Politikä, die gehöre doch alle einzeln aufgehängt, geviertelt und auf de Mond geschossä», meinten die anderen, dass der Mond dafür zu ‑schade sei. Das zeigt doch, dass man den Wähler viel aktiver am politischen Geschehen beteiligen sollte, damit diese nachvollziehbaren Ziele auch direkt und unbürokratisch umgesetzt werden können!

Der Politkommissar überließ diese Standgespräche lieber mir. Er zog es vor, die Sixpacks an vorbeilaufende Passanten zu verteilen. Zum Beispiel an zwei Jungtürken, die vorbeisneakerten.

«Hey, wollt ihr Bier?»

«Alder, schtrink kein Alkohol! Schbin Moslem!»

«Ist Freibier.»

«Escht? Nehmsch zwei.»

«Zwei Flaschen?»

«Zwei Sixpacks, Alder!»

Auch andere Migrantengruppen wurden vom Fleck weg integriert. Ein kurzgewachsener Grieche kam an den Stand und sprach die Worte: «Hallo, ich bin Grieche. Was ist hier los?»

Nachdem er bestätigt hatte, dass er in Frankfurt wählen durfte, erklärte ich ihm unser Konzept: «Wenn Sie mich zum Oberbürgermeister wählen, bekommen Sie jetzt sofort ein Freibier. Und nach der Wahl werde ich auch jeden Samstag hier stehen und Freibier verteilen. Aber nur an Griechen.»

Das leuchtete dem Mann sofort ein, dankbar griff er sich das Bier und verschwand. Zehn Minuten später war er wieder da, mit einem weiteren Herrn im Schlepptau.

«Der ist auch Grieche. Der wählt dich auch.» Ein weiteres Bier wechselte den Besitzer. Zehn Minuten später waren sie schon zu dritt. Der Kleine deutete auf den Dritten: «Der da ist auch Grieche, er wählt dich auch. Wenn du mehr Bier gibst, dann hol ich meine ganze Familie, die wählen dich alle.»

Jetzt verstand ich, warum es für einen Politiker so wichtig ist, Migrantenkontakte intensiv zu pflegen. Hat man erst mal einen, dann hat man gleich alle.

Leider erst nach der Wahl kam ich mit einer Armenierin ins Gespräch, die durch befreundete Griechen von meiner Freibieraktion gehört hatte. Sofort beschwor ich die traditionelle deutsch-armenische Freundschaft und versicherte ihr, dass ich den heldenhaften Freiheitskampf des tapferen armenischen Volkes sehr genau beobachtete. Ich hatte zwar keine Ahnung, wo Armenien genau lag, nahm aber an, dass dort bestimmt gelegentlich rumgeballert wurde. Die Armenierin hatte Tränen in den Augen und drückte meine Hand. «Hätte ich gewusst, dass Sie Kandidat sind, ich hätte Sie gewählt. Sie sind ein Freund Armeniens! Die armenische Gemeinschaft Frankfurts hört auf mich, ich hätte Ihnen achthundert Stimmen besorgt.» Jetzt hatte auch ich Tränen in den Augen. Wir vereinbarten für alle zukünftigen Wahlkämpfe meinen vollen Einsatz für die Sache Armeniens.

Obwohl ich auf diese Weise unzählige Wähler kennengelernt und auf mich verpflichtet hatte, stellte der Politkommissar eines Tages fest: «Sie kennt noch immer kein Schwein!» Deshalb sei es jetzt an der Zeit für den härtesten Teil des Wahlkampfs – den Häuserkampf. «Sie müssen raus, *grassroots campaigning*, amerikanischer Wahlkampf, von Tür zu Tür!»

Da ich jedoch nach seinen Berechnungen mit eigenen Themen nicht mehr punkten konnte, gelte es nun, mit der bereits angedachten Negativkampagne den Gegner zu desavouieren. «Und zwar den Hauptgegner, den CDU-Fritzen!» Dafür habe er bereits einen sehr genauen Plan ausgearbeitet, sagte der Politkommissar und putzte seine Nickelbrille. Auf die Häuserkampf-Strategie – Klingeln, «Scheiß-CDU!» brüllen und wegrennen – wollte er sich nicht mehr verlassen. Die sei zu unsicher, sagte er. Viel klüger wäre es, wenn ich mir die Ähnlichkeit mit dem CDU-Herausforderer zunutze machen würde. Der hieß Boris Rhein, war Innenminister des Landes Hessen, galt als deutlicher Favorit – und ich sah ihm leider tatsächlich ziemlich ähnlich. Diesen biologischen Nachteil, so der Politkommissar, solle ich zu einem Vorteil machen: indem ich an Haustüren klingle, mich als Boris Rhein ausgebe und mich dann unmöglich aufführe. Er drückte mir eine Tüte mit Boris-Rhein-Wahlgimmicks in die Hand – Schals, Postkarten, Buttons, Feuerzeuge. Das alles sollte ich quasi «als Ausweis» mitnehmen und bei den Besuchten abgeben. Damit sie etwas in der Hand hatten, wenn sie sich an die Horrorbegegnung mit diesem unmöglichen CDU-Kandidaten erinnerten.

«Die klassische Haustürkampagne», sagte der Kommissar, sei seines Erachtens die beste. «In Deutschland ist sie komischerweise noch immer verpönt. Willy Brandt war bei uns der Erste, im Wahlkampf 1961, da versuchte man, ihn zum deutschen Kennedy aufzubauen. Man steckte ihn in einen hellen Anzug, setzte ihn in ein cremefarbenes Cabrio und schickte ihn auf eine ‹Wahlreise neuen Stils›. So wie Sie jetzt im roten Anzug im roten Auto unterwegs sind.»

Eigentlich hatte mir der mächtige Landesvorsitzende ja zugesichert, dass ich ein rotes SL-Cabrio als Wahlkampffahrzeug erhalten sollte. Doch während ich Ewigkeiten auf den Mercedes wartete – angeblich war der Wagen noch immer «in der Inspektion» –, musste ich mit einem völlig indiskutablen Ersatzfahrzeug vorliebnehmen: einem rot lackierten Dreiradauto mit Motorrollerkabine und Kastenaufbau, wie man es früher häufig in Parks und Fußgängerzonen sah, wenn die Abfalleimer geleert wurden. Das sei ein «Hingucker», hatte der Landeschef gesagt und mich samt Fahrzeug angeschoben, damit der Mofa-Motor ansprang.

So fuhr ich mit meinem miniaturhaften Reinigungsauto in die grauen Vorstädte der Mainmetropole. Ich hatte einen alten Stadtplan unter dem Sitz gefunden und arbeitete mich nach Norden vor. Dort vermutete ich CDU-Wähler. Bis jetzt hatte ich mich noch nie außerhalb der Frankfurter Innenstadt bewegt, weil es dafür keinen Grund gab. Nun fuhr ich durch Ausfall- und Einfallstraßen, querte Autobahnringe und Gleisstränge und hatte bald keine Ahnung mehr, wo ich eigentlich war. Auf schnurgeraden Straßen knatterte ich durch merkwürdige Trabantenstädte. Ich sah eine Mehrzweckhalle, die aussah wie eine Kirche, sah eine Kirche, die aussah wie eine Mehrzweckhalle, und ich sah ein Stadtteilzentrum, das aussah wie eine Mehrzweckhalle, die früher mal eine Kirche war. Die Straßen waren alle völlig identisch, drei- bis viergeschossige City-Häuser mit Carport-Vorbauten, nagelneue Wohnburgen, die noch nach frischer Farbe rochen, nach dem immer gleichen, mal hell-, mal dunkelroten Gemütlichkeitsanstrich. Sie sahen aus wie Architekturmodelle, und genauso belebt waren sie auch. Menschen gab es keine.

Ein Neubaugebiet. Auf meinem Stadtplan war es nicht verzeichnet. Ich überlegte, ob ich die *Frankfurter Rundschau* anrufen und die Entdeckung eines neuen, noch unbekannten Stadtteils melden sollte. Als Entdecker hätte ich bestimmt auch das Benennungsrecht. Doch während ich noch darüber nachdachte, ob «Schmittstadt» wirklich ein guter Name war, merkte ich, dass ich mich völlig verfahren hatte. Schon zum dritten Mal zuckelte ich über eine Kreuzung, die ich zuvor schon, aus anderen Richtungen kommend, überquert hatte.

Nach endlosem Herumgegurke sah ich endlich einen älteren Herrn. Er war mit seinem Hund unterwegs, um ein bisschen Urin in der Nachbarschaft zu verteilen. Ich kurbelte die Scheibe runter.

«Guter Mann, haben Sie eine Ahnung, wie ich aus der Scheiße hier wieder rauskomme? Mein Name ist übrigens Boris Rhein, und wenn ich hier Oberbürgermeister bin, lasse ich alle Köter verbieten, und Ihrer wird zuerst eingeschläfert.»

Der Mann hörte wohl schwer, denn er antwortete: «Sinn Sie von dä Stadtreinigung?» Dann erklärte er mir den Weg zu den seiner Meinung nach schmutzigsten Ecken dieses Viertels und wandte sich seinem Hund zu, um die Urinverteilung wieder aufzunehmen.

Verärgert parkte ich das rote Vehikel auf einem freien Behindertenparkplatz, klemmte eine Boris-Rhein-Autogrammkarte unter den Scheibenwischer und enterte einen düsteren Mietwohnungsklotz. Im Hauseingang waberten Fäkalschwaden, der Aufzug war kaputt. Ich konnte also nur Bürger im Erdgeschoss ansprechen, das Treppensteigen zahlte mir eh keiner. Ich klingelte irgendwo.

Hinter der ersten Wohnungstür, die sich öffnete, erschien eine ältere Dame mit wirrem Grauhaar, ihre Zweitfrisur hatte sie augenscheinlich verlegt. Brav sagte ich das Sprüchlein auf, das ich mir gemeinsam mit dem Politkommissar zurechtgelegt hatte: «Hallöchen, ich bin Rhein und will rein. Wussten Sie eigentlich, dass ich zusammen mit einem schwulen Bordellbesitzer eine Haschplantage betreibe, wo Nacktpflückerinnen aus der Ukraine arbeiten, die unter Tarif bezahlt werden?»

«Oh, kommese rein, Herr Rhein! Wir haben Sie schon erwartet!», rief die Dame erfreut. Und zerrte mich in ihre Neubauwohnung.

Die Kinder

**Wie man mit *lan* und *lol* die Posse
auf dem Schulklo rockt**

Wenn Politik gemacht wird, leiden die Kinder am meisten. Das ist
das traurige Fazit meines lebenslangen Kampfes für die Rechte
der Kinder und der Jugend. Der Mann, der das ändern wird – das
bin ich selbst. Wenn ich erst mal an der Macht bin, dann werde
ich der Kanzler der Kinder. Das habe ich mir fest vorgenommen.
Kinder sind schließlich unsere Zukunft!

«Eine Zukunft ohne Kinder, das wäre doch wie eine Zukunft
ohne ... ohne Zukunft!», rief ich schon im Frankfurter Wahlkampf.

Aber mein kleines Auditorium schien noch nicht ganz über-
zeugt. Der mächtige Landesvorsitzende und die Praktikantin
Chantal gingen irgendwelche Tabellen durch, und der Inspizient
meinte, an diesem Claim müssten wir ja wohl noch feilen. Nachdenklich schaute er aus dem Fenster, hinaus ins trübe Winter-
wetter.

Ja, es war ein verstockt trüber Samstagnachmittag, an dem
wir wieder einmal im *war room* der Kampa-Gaststätte Klabunt
saßen und neue Strategien des Stimmenfangs checkten. Zuvor
hatten wir die steinigen Äcker der Wählerschaft auf der Suche
nach gesellschaftlichen Randgruppen durchpflügt, die von den
Altparteien irgendwann vergessen, übersehen oder ignoriert

worden waren – um ihnen unsere Partei als politische Heimat anzudienen. Eher zufällig waren wir dabei auf die Peergroup der Kinder gestoßen.

Am Vortag hatte ich zwei Kleinwüchsige beobachtet. Sie standen vor einem meiner Wahlplakate, auf dem ich eine große Bombe in den Händen hielt, deren Zündschnur munter brannte. Darüber stand «Zukunft gestalten», darunter der bewährte Emo-Claim «Oliver Maria Schmitt – Frankfurts OB der Herzen». Lange und intensiv betrachteten die beiden Buben das Plakat.

«Was steht 'n da?», fragte der eine.

«Zu...kunft ... ge...stal...ten», las der andere vor.

«Und darunter?»

Der Zweite buchstabierte mühsam meinen Namen, und dann: «Frank...furts ... Null-B ... der Herzen.»

«Null-B?»

«Ja, Null-B.»

«Hihihi, Null-B.»

«Voll der Honk, hihi», lachte der Buchstabierer und zog mit dem Legastheniker von dannen.

Kinder seien eine Sonderform des Wählers, dozierte der Politkommissar, nämlich «entmündigte Wähler». In lebhafter Diktion wies er darauf hin, dass es «voll unkorrekt» sei, Kinder und Jugendliche vom demokratischen Entscheidungsprozess auszuschließen. Jawohl, das sei nicht nur ungerecht, sondern «streng genommen sogar verfassungswidrig». Er schien deutlich erregt. «Die Interessen von Kindern und Jugendlichen werden in der Politik überhaupt nicht berücksichtigt. Weil sie nicht mitwählen dürfen, werden ihre Bedürfnisse nicht ernst genommen und durchweg ignoriert.» Es könne doch nicht sein, so der Kommissar voller Inbrunst, dass Kinder mit null Jahren schon in die Kirche eingetreten würden, aber von Gesetzes wegen bis zum vierzehnten Lebensjahr nicht über ihren Austritt entscheiden dürften. «Das kann man diesen unschuldigen kleinen Scheißern doch nicht antun, das geht gar nicht!», rief er in ohnmächtiger

Wut und warf ein leeres Saftglas gegen die Wand, wo es sich mit einem lauten Klirren von seiner Existenz verabschiedete. Er war ein begeisterungsfähiger, sehr emotionaler Mensch, der völlig über den Gesetzen der Gewöhnlichkeit stand. Er liebte die Kinder, die ihn hingegen nicht mochten. Das war sein Drama.

«Kinder sollten von Geburt an wählen dürfen», rief ich, «sie sind nicht nur unser aller Zukunft, sondern ganz besonders die Zukunft von uns Politikern! Kinder sind ideale Wähler, denn sie sind leicht beeinflussbar, egoistisch und vollkommen käuflich – sie sind wie wir. Für ein paar Sammelbildchen, eine Handvoll Kaugummi tun die doch alles. Der Traum eines jeden Machtpolitikers!»

«Und Kinder sind nicht allein», pflichtete Chantal bei. «Wenn du die Kinder hast, dann hast du auch ihre Eltern.»

«Genau», sagte der Politkommissar, «außerdem sind Kinder viel einfacher zu kriegen als ihre Eltern, weil sie so simpel gestrickt sind.»

Chantal schmachtete ihn auf eine Weise an, die mir überhaupt nicht gefiel. Ich hatte dieser hochbegabten Praktikantin schon mehrfach durch Zwinkern oder auch obszöne Bemerkungen eindeutig signalisiert, dass ich so einiges für ihre künftige Karriere tun könnte – doch hatte sie dies bislang immer ignoriert. Vielleicht sollte ich da gelegentlich noch mal nachhaken und ihr den Brüderle machen. Immerhin war sie ja auch fast noch ein Kind, wenn auch kein Kind von Traurigkeit.

Doch nicht alle waren dafür, sich der Kindlein anzunehmen. Der Landesvorsitzende war strikt dagegen: «Ich habe, wie ihr wisst, selbst Kinder, und ich kann euch versichern: Sie verstehen nichts von Politik!», rief er und haute mit der Faust auf den Tisch, dass die Schnapsgläser hüpften.

Der Politkommissar wusste es besser: «Das macht nichts, wir arbeiten sowieso auf rein emotionaler Ebene. ‹Wahlkampf ist immer unpolitisch›, hat Gerhard Schröder gesagt.»

Der Landesvorsitzende ließ indes nicht locker: «Kinder sind

unzuverlässig, das sind notorische Wechselwähler. Nimm ein Kind und lass es im Alter von drei Jahren voller Überzeugung CDU wählen – vier Jahre später hat es das schon wieder total vergessen und wählt dann vielleicht stramm links. Die Wichtel sind politisch überhaupt nicht einschätzbar. Außerdem sind sie gefährlich: Kinder verbreiten immer die neuesten Krankheitserreger, sie haben Läuse, Tuberkulose und sind tendenziell zu dick.»

«Ist doch gut», blaffte der Politkommissar zurück, «dicke Kinder sind schwer zu kidnappen.»

Auch Chantal wollte die Kritik des defätistischen Vaters nicht gelten lassen: «Im Gegensatz zu Erwachsenen sind Kinder immerhin nicht hinterhältig, sie haben halt klar definierte Interessen: Sie wollen das Happy Meal bei McDonald's und ein neues iPhone. Und ich finde schon, dass Kinder auch ein Recht darauf haben, dass Eltern ihnen Markenklamotten kaufen und gegelte Irokesenfrisuren bezahlen!»

Außerdem hätten Kinder doch schon immer das Bedürfnis gehabt, sich in den politischen Willensbildungsprozess einzubringen, schlaumeierte der Kommissar. Um sich mehr Gehör zu verschaffen, hätten Kinder sich seit jeher aus freien Stücken zu Gruppen zusammengeschlossen, da gebe es viele Beispiele, von denen der Komsomol, die Hitlerjugend, die Pfadfinder, Tokio Hotel oder die Regensburger Domspatzen nur die bekanntesten seien. «Und so was», fuhr er fort, «so was brauchen wir auch! ‹Der Jugendverband muss seine Arbeit mit der zentralen Aufgabe der Partei koordinieren und außerdem sein eigenes Tätigkeitsgebiet haben, das den Besonderheiten der Jugend entspricht.› Das hat der Große Vorsitzende Mao bereits 1953 beim Empfang für das Präsidium des II. Landeskongresses des Jugendverbandes erklärt. Und wie ich gehört habe, setzen sogar die Piraten auf eine Jugendorganisation, weil sie sich auch inhaltlich verjüngen wollen.»

«Aber wir haben doch auch schon eine», unterbrach ihn der

Landesvorsitzende. «Find ich ja merkwürdig, dass du das nicht weißt.»

Damit hatte der Landesvorsitzende furchtbar recht. Tatsächlich besitzt meine Partei «Die PARTEI» auch eine eigene Jugendorganisation: die Hintner-Jugend. Warum wusste der Politkommissar nicht davon? Benannt nach dem Generalsekretär der PARTEI, Tom Hintner, hat sich dieser «freiwillige Zusammenschluss junger und junggebliebener Menschen» als «unabhängiger Jugend- und Erziehungsverband» gegründet, wie der Bundessatzung zu entnehmen ist. Politisch ist die Hintner-Jugend völlig unabhängig, aber man kann den lieben Kindern ja nicht verbieten, Ideale zu haben. Und die haben sie: «Ideale der Hintner-Jugend sind Arbeit, Rechtsstaat, Tierschutz, Elitenförderung und basisdemokratische Initiative. Die Hintner-Jugend ist daher um Zusammenarbeit mit der PARTEI (Partei für Arbeit, Rechtsstaat, Tierschutz, Elitenförderung und basisdemokratische Initiative) bemüht.» Als echte Jugendorganisation hat die Hintner-Jugend natürlich auch ein geiles Logo und einen strammen Gruß, was in der Satzung unter römisch eins festgehalten wird: «Unser Zeichen ist die Rote Kaulquappe. Unser Gruß ist ‹Hi Hintner›.» Und so wird diese beneidenswert gut organisierte Jugend in Zeltlagern und auf Gewaltmärschen bei Gesang und Bier behutsam an die Sinnlosigkeit des Daseins herangeführt. Mit ihnen zieht die neue Zeit.

«Natürlich weiß ich, dass es die Hintner-Jugend gibt», verteidigte sich der Politkommissar. «Ich habe sie nur kurzzeitig mit der Piraten-Jugend verwechselt, ich war einfach unkonzentriert. Wir brauchen jedenfalls unbedingt Fotos von Ihnen zusammen mit vielen Kindern», rief er befeuert. «Mit Kindern, die so fröhlich sind, dass einem das Herz aufgeht. Dadurch wirken Sie auch als Mensch echter. Das bringt Ihnen Authentizität im persönlichen Auftritt, es beweist Ihre Zukunftsfähigkeit und sorgt dafür, dass das Wahlvolk emotional angesprochen wird. Kinder und Tiere – da geht nix drüber, Herr Kandidat! Denken Sie nur mal an die vielen Diktatorenfotos! Hitler mit Hund! Ulbricht mit Leninpionieren! Von Stalin gibt's da ganz tolle Plakate. Ich sag nur ‹Stalin – der beste Freund aller Kinder›, das ist ganz groß!» Der Politkommissar hatte einen roten Kopf, er glühte förmlich vor Begeisterung.

Ich wunderte mich, dass ich nicht schon viel früher auf dieses leicht manipulierbare Wählerpotenzial gekommen war. Schließlich hatte ich reichhaltige Kontakterfahrungen mit Kindern und Jugendlichen. Die ersten Jahre meines Lebens absolvierte ich hauptsächlich im Kreis von Kindern, als Teenager traf ich in Schule und Freizeit besonders Jugendliche, die Ferien verbrachte ich auf Jugendfreizeiten und in Zeltlagern, wo ich schnell die Karriereleiter erklomm. Schon mit sechzehn war ich «GruLei», Gruppenleiter, und hatte eine eigene Jugendgruppe; im «SoLa», im Sommerzeltlager, war ich «LaLei-I», respektive «Lagerleiter Inneres» – ein Titel, den es so nur in Deutschland geben konnte.

Und hatte ich meine politische Karriere nicht sogar als Kind begonnen? Freilich hatte ich das! 1972 – als Willy Brandt im Bundeskanzleramt bestätigt wurde. Ich war sechs Jahre alt und hatte das Wahlrecht. Von meiner Mutter. Sie nahm mich mit in die Wahlkabine, legte mir den Zettel hin, reichte mir den Bleistift, der an einem Stück Paketschnur angebunden war – und ich wählte Willy. Was war die Folge? Willy gewann. Das sensationelle Wahlergebnis nahm mich so mit, dass ich, schon damals gleichermaßen ein Mensch des Wortes und der Tat, mir Füller, Tintenkiller und ein Blatt Papier schnappte und dem Bundeskanzler einen Brief schrieb. Einen Brandtbrief: «Lieber Willy Brandt, ich finde es toll, dass du die Wahl gewonnen hast mit meiner Stimme. Ich bin erst sechs Jahre alt und habe noch gar kein offizielles Wahlrecht. Wenn du nicht willst, dass das rauskommt, schicke mir bitte zehn große Packungen Maoam, dann erzähle ich das nicht weiter. Dein Freund Oliver.»

Der Politkommissar war nicht mehr zu beruhigen. «Jaaa,

Willy wählen! Wir brauchen so was wie die Willy-wählen-Kampagne 1972! Das war das Größte überhaupt! Einundneunzig Prozent Wahlbeteiligung, Künstler und Schriftsteller, die sich für den Kandidaten einsetzten, junge Wähler, weil die SPD das Wahlalter von einundzwanzig auf achtzehn runtergesetzt hatte. Willy war der einzige Kanzler, dessen Vorname als Wahlslogan taugte. Daran müssen wir anknüpfen: Olly wählen!»

Zwei Tage später rief der Inspizient an und meldete triumphierend, dass er mich in einer «Podiumsdiskussion zur OB-Wahl» untergebracht hätte. Die habe eine «hohe Glaubwürdigkeit», denn sie werde vom Frankfurter Stadtschülerrat veranstaltet – in der Europaschule, einer der besten Schulen der Stadt. «Sprechen Sie bloß nicht zu abgehoben», gab er mir noch mit auf den Weg. «Die Schüler finden das bestimmt total geil, wenn Sie ihre Sprache sprechen. Und als Zugabe können Sie ja vielleicht ein bisschen rappen, dann haben Sie die garantiert im Sack», lachte er und legte auf.

Das war eine harte Nuss. Er hatte nämlich recht: Um mit den Jugendlichen erfolgreich zu kommunizieren, musste ich ihre Sprache sprechen. Doch ich hatte mich seit Jahren nicht mehr mit Jugendlichen unterhalten. Ich hatte keine Ahnung, wie die heutzutage redeten. Da musste ich sehr genau aufpassen, Jugendliche haben ein feines Gehör für unauthentische oder aufgesetzte Sprache. Mit Grausen erinnere ich mich an den Vater eines Klassenkameraden, den ich morgens auf dem Schulweg abholte. Der Vater öffnete immer die Tür, zwinkerte mir zu und fragte Sachen wie: «Na, geht's wieder in die Penne? Gibt's wieder Ärger mit dem Pauker?» Was der Vater für akkuraten Jugendslang hielt, hörte sich für uns nur unglaublich peinlich an. So was durfte mir auf keinen Fall passieren. Ich brauchte also dringend einen Jugendlichen, der mich briefte. Aber wo sollte ich jetzt schnell einen herkriegen?

Ich ging zu einer Schule in der Nachbarschaft und lungerte

vor dem Haupteingang herum. Der Mittagsgong schlug, die Kinder stürzten ins Freie. Einen besonders schönen Jüngling, dem die Föhntolle quer über den Kopf flog, sprach ich an und bot ihm Schokolade gegen Infos. Er ging darauf ein.

«Lerne mir deine Sprache», sagte ich.

«Lehre mich», sagte er.

«Nein, *du* sollst sie *mir* beibringen.»

«Lehre! Es heißt ‹Lehre mich›! Nicht ‹Lerne mir›! Das ist voll unkorrekt, lan!»

«Dann lehre mich eben. Ich finde Jugendsprache oberaffentittengeil, ich hab nur vergessen, wie man sie korrekt verwendet.»

«Du laberst voll schwul, lan.»

«Warum ‹lan›? Warum nicht ‹WLAN›?»

«‹Lan› ist türkisch, lan. Ist umgangssprachliche Verkürzung von ‹ulan› oder ‹oğlan›, heißt so viel wie ‹hey›, ‹Mensch›, ‹Alder›, lan!»

«Dufte, lan. Dann leg mal los, lan.»

«Okay. ‹Wallah› heißt so viel wie ‹echt›, lan. Musstu aber nicht verwechseln mit ‹Yallah›, das heißt ‹los›!»

«Echt? Äh – wallah?»

«Korrekt, lan.»

Bereitwillig stellte mir der Jüngling einen Fünfzig-Worte-Interventionskatalog zusammen, wir machten noch einige Konversationsübungen, wobei er häufig, ja eigentlich allzu häufig lachte. Dann verabschiedeten wir uns mit einem herzlichen «lan».

Bestens präpariert betrat ich am nächsten Tag die Europaschule. Im Inneren bot das altehrwürdige Schulhaus einen erschütternden Anblick. In den langen, dunklen Gängen roch es nach Fußkäse und altem Pausenbrot. Altersschwache Funzeln flackerten und surrten an der Decke, aus der Kabel baumelten. Im Zwielicht machte ich einen bärtigen Mann aus, er war Erdkundelehrer. Der hilfsbereite Herr begleitete mich zur Turnhalle, in der die Diskussionsrunde stattfinden sollte. Ob wir an einer Toilette vorbeikämen, fragte ich. Wir gingen in einen Seitengang, in dem es noch übler roch, nach Fäkalien und Schimmel. Er schloss eine Tür auf. Der Abort war grauenerregend, es stank bestialisch. Das Urinal war gelblich verkrustet, die WC-Schüssel gesprungen und unbebrillt. Dritte Sanitärwelt für die künftige Elite Deutschlands.

«Wie können Sie Ihren Schülern so was zumuten?», fragte ich den Erdkäs-Mann.

«Oh, ich habe Sie extra auf das Lehrerklo gelassen», antwortete er. «Das Schülerklo hätten Sie ohne Gasmaske garantiert nicht überlebt.»

Die Turnhalle war berstend voll mit Schülern. Angeblich waren alle freiwillig da. In der ersten Stuhlreihe saß der Stadtschülerrat, der eingeladen und Fragen für die Diskussionsteilnehmer vorbereitet hatte. Der Rat bestand fast ausnahmslos aus Mädchen. Während wir Kandidaten auf der Bühne mehrheitlich Männer waren. Also eine ausgewogene Geschlechterverteilung.

Ein Lehrer begrüßte alle Anwesenden, erklärte, dass die komplette Oberstufe des Gymnasiums versammelt sei, über vierhundert Schüler, die sich zuvor in freier und geheimer Wahl für einen der Kandidaten entscheiden mussten – noch ohne viel von diesen zu wissen. Nach der Diskussion sollte eine zweite Wahl stattfinden, um so den Einfluss einer persönlichen Kandidatenvorstellung auf das Wahlergebnis zu dokumentieren. Die Ergebnisse des ersten Wahlgangs waren wie folgt: Der CDU-Kandidat errang fünfzehn Prozent, der Sozi fünfundzwanzig, die Grüne neunzehn, die Linke fünfzehn, der Pirat fünfzehn und ich fünf. Die restlichen sechs Prozent waren ungültig oder Enthaltungen.

Die Podiumsdiskussion begann, zügig gaben sich die Altparteienkandidaten einer Kompetenzenstreitigkeits- und Schuldzuweisungsdebatte hin, womit sie die Schüler herzlich langweilten. Der Piraten-Kandidat übernahm abwechselnd die Positionen der Grünen und der Linken – «aber mit mehr Transparenz». Ich forderte generell weniger Transparenz und mehr Machtfülle.

Als endlich Schülerfragen zugelassen wurden, kam die Sprache schnell auf den unhaltbaren Zustand der Sanitäranlagen in der Schule. Sämtliche Kandidaten zeigten sich entsetzt und versprachen schnelle Abhilfe. Ich kam als Letzter an die Reihe und sprach die Schüler direkt an: «Hört euch die Sprüche dieser Typen an und merkt euch genau, was sie versprechen. Und vergesst nicht: Das sind die, die euch seit fünfzig Jahren regieren! Warum sollten die jetzt auf einmal für neue Scheißhäuser sorgen? Aber ich kann euch trösten: Ich war gerade auf der Lehrertoilette. Die stinkt noch mehr als die Schülerklos.» Ich erntete Lacher und Applaus.

Als es ans Schlussplädoyer ging, forderte ich freies WLAN an allen Schulen – und wurde wieder von Applaus unterbrochen. Er schwoll weiter an, als ich fortfuhr: «Damit ihr auch im Unterricht *World of Warcraft* spielen könnt!» Frenetischer Beifall, Pfiffe und Gejohle. Ich hatte die Schule im Sack.

Dabei war ich nur dem Hinweis eines befreundeten Universitätsprofessors gefolgt. Der hatte einmal das besondere Vergnügen, in einem vollbesetzten Hörsaal die Einführungsvorlesung zum Studium der Philosophie halten zu dürfen. Die Studenten saßen vor aufgeklappten Laptops und würdigten ihn keines Blickes. Auch nachdem er mitgeteilt hatte, dass seine Vorlesung am nächsten Tag online gestellt würde, man also gar nicht mittippen müsse, gab es keine Reaktion. In etwas bestimmterem Tonfall verkündete er nun, dass Daddeln während der Vorlesung verboten sei – wer *World of Warcraft* spielen wolle, solle sofort den Saal verlassen. Die Hälfte aller Studenten klappte wortlos die Laptops zu und zog von dannen. Nachdem wieder Ruhe eingekehrt war, informierte er die noch verbliebenen Hörer, dass er natürlich nicht nur *WoW*-Gamer gemeint habe, sondern absolut alle Computerspieler – worauf noch einmal die Hälfte der verbliebenen Philosophieanwärter das Auditorium verließ. Der Rest chattete wohl weiter auf Facebook.

Dem Beifall nach zu urteilen, waren hier, in der Turnhalle der Europaschule, offenbar sämtliche vierhundert Schüler vollkommen der Welt des Kriegshandwerks verfallen. Der Applaus ebbte nicht ab, als ich allen Schülern für den Rest der Woche freigab, den Alkoholgenuss auf dem Schulgelände gestattete und meine Kontrahenten als «Spackos» bezeichnete.

Gegen Ende der Veranstaltung meldete sich ein Schüler zu Wort: «Ich habe noch eine Frage an den Herrn Schmitt.»

«Ja, bitte», sagte ich.

«Was machen Sie eigentlich, wenn Sie wirklich gewählt werden?»

«Das ist eine sehr gute Frage, für die ich mich bedanke, lan. Nun, ich mach konkret eine ultrakrasse Party im Rathaus, zu der alle Schüler hier eingeladen werden – außer dir.»

Ich genoss die neidischen Blicke meiner Kontrahenten, als wir von der Bühne stiegen. Dann wurden erneut Wahlzettel verteilt, ausgefüllt, wieder eingesammelt und gezählt. Das dauerte.

Die Wartezeit nutzten die Schüler, um mit ihren Handys Handshake-Fotos mit mir zu machen. Meine Mitbewerber blieben unbeachtet. Auf meinem Smartphone sah ich, dass ich in der letzten halben Stunde achtundvierzig neue Facebook-Freundschaftsanfragen erhalten hatte. Alles lief super.

Ein Mädchen kam zu mir: Sie habe von meiner tollen Aktion im Zoo gehört. Was mich wunderte, denn wir hatten die Ankündigung einer «Artenkritischen Begehung des Frankfurter Zoos» erst vor zwei Tagen als Pressemeldung rausgehauen. Ob ich denn schon entschieden hätte, welche Tiere gehen müssten?

«Du meinst die Zoobegehung? Die hat doch noch gar nicht stattgefunden. Die ist erst nächste Woche, du bist herzlich eingeladen.» Ich war sehr gerührt, dass diese Aktion, obwohl noch im Planungsstadium, schon im Vorfeld so emotional wahrgenommen wurde.

Endlich verkündeten die Mädchen vom Stadtschülerrat das neue Wahlergebnis: Der CDU-Kandidat hatte jetzt nur noch zehn Prozent, der Sozi neunzehn, die Grüne siebzehn, die Linke vierzehn, der Pirat sechs Prozent, der Rest Enthaltungen. Alle hatten verloren. Nur ich hatte plötzlich vierundzwanzig Prozent. Glatter Wahlsieg!

Jubelnd bestieg ich die Bühne, machte mit beiden Händen Wahlsiegerbewegungen, rief schließlich das außer Rand und Band applaudierende Publikum zur Raison und ließ mir ein Mikrophon geben, um eine kurze Schlussansprache zu halten: «Freunde, Frankfurter, Lan-Leute! Bevor ihr gleich alle abkackt und euch gehackt legt, will ich konkret noch 'ne Ansage machen. Also: Wenn bald die richtige Wahl ist, dann müsst ihr mich liken und für mich voten. Wallah! Ihr habt gemerkt, ich bin krasser Checker, ich mach coole Politik, und dann geh ich Rathaus. Wenn ihr mich aber nicht wählt, müsst ihr alle später mal hartzen oder containern gehen, ischwör. Also überlegt's euch gut, ihr Opfer.»

Es gab leichtes Gemurmel im Publikum, aber das ist normal, dachte ich und fuhr fort: «Und wenn ihr jetzt alle brav seid, dann rappe ich euch schnell noch einen, ihr kleinen Rappelköpfe, hahaha, lol, rofl, lan.» Da staunten die Kleinen allerdings nicht schlecht, als ich spontan losrappte:

«Hey, Homies! Jetzt ist Infoalarm!
Find ich total cool, dass ihr mich liket in euerm Knast.
Jeder, der mich wählt, der ist ganz konkret kein Spast.
Kommt in meine Posse und chillt mit, checkt alle ein,
Votet mich zum Sieger, ich will euer Führer sein!»

Dazu machte ich coole Moves und fette Verrenkungen, um die kleinen Tölpel voll auf mich abfahren zu lassen. Das funktionierte auch – und wie! Fassungslos starrten mich die Kinder an.

«Wenn ihr mich zum Kanzler macht, dann geh ich total steil.
Politik ist super, echte Power macht mich geil!»

Ich verbeugte mich, überraschenderweise ohne Applaus.

«Ja, danke, das war meine Ansage, ihr seid echt die Allergeilsten, die Chicks vom Stadtschülerrat haben sich krass aufgebitcht und die Typen aufgepimpt, ich sage nur: Ey, ihr rockt, lan, Alder!»

Es war plötzlich sehr still in der Halle. Jetzt hatte ich sie da, wo ich sie wollte. Ich deutete auf meine Diskussionspartner. «Schaut euch die Gammelfleisch-Party an, lauter Wannabes, Noobs, Loser und Nullchecker. Wollt ihr etwa von diesen Gesichtsfünfen regiert werden?»

«Sie sind auch nicht besser!», rief ein vorlauter Jugendlicher im Publikum.

«Sie sind ja total unglaubwürdig!», rief dessen Nebensitzer. Offenbar eine Verschwörung.

Das ließ ich mir natürlich nicht bieten. «Pass bloß auf, du Opfer! Noch so 'n Comment, und es gibt Knüppelsuppe!»

Pfiffe wurden hörbar.

«Sie sind ja unglaublich peinlich!», schrie ein Rotzlöffel.

«Hey, ihr Honks, jetzt lasst mal chillen. Ist doch kein Grund zum Dissen hier, ihr Intelligenzallergiker. Von Politik versteht ihr auf eurer Scheißpenne sowieso nichts, lan, wallah. Kein Wunder, bei den Paukern, Alder!»

Jetzt warfen nicht nur die Kinder mit Pausenbroten, sondern auch die Lehrer mit PET-Flaschen.

Ich rannte um mein Leben, hinein in die dunklen Gänge der Europaschule. Die Schüler immer hinter mir her. Endlich fand ich eine offene Tür. Es war das Schülerklo.

Die Tiere

Wie man mit Hund, Katze und Bonobo
tierisch possierliche Politik macht

Der beliebte bayerische Diktator Franz Josef Strauß brachte es
auf den Punkt: «Einmal ausgerottete Arten sind meist für immer
verloren.» Als passionierter Jäger, der sogar höchstpersönlich
während einer Wildhatz in die ewigen Jagdgründe einging,
wusste er nur zu gut um die Bedeutung der Schicksalsgemein-
schaft von Mensch und Tier. Und doch herrscht ein großes Mit-
bestimmungsdefizit. Kaum eine Wählergruppe wird im demokratischen Alltag so missachtet und ignoriert wie die der Tiere.
Obwohl sie uns durchs Leben begleiten, sei es als Batteriehuhn,
Kettenhund oder Stallochse, obwohl wir mit ihnen aufwachsen,
sie als treue Wegbegleiter schätzen, sie jagen, essen und ausstop-
fen – als vollwertige Mitglieder unserer Gesellschaft erkennen
wir die Tiere nicht an.

Liegt es vielleicht daran, dass manche Arten immer noch
merkwürdige Bräuche pflegen und überkommenen Wertvorstel-
lungen nachhängen? Waschbären etwa integrieren sich kaum
und neigen zur Bildung von Parallelgesellschaften, Kaninchen
begeben sich mehrmals im Jahr auf Partnersuche und lassen
ihre Altfamilien im Stich, Hühner und Schnepfen hegen starke
Vorurteile gegenüber dem ohnehin sehr seltenen Luchs, und

Ringelnattern sind wortkarg und wenig an sozialen Aktivitäten interessiert. Braunbären gelten als unbeliebte Untermieter, weil sie in den Wintermonaten keine Post entgegennehmen und sich nicht an der Kehrwoche beteiligen.

Das Bild, das der Mensch vom Tier hat, ist allerdings nicht von Stringenz geprägt. Dem Bussard wirft man Einzelgängertum und Sektiererei vor, dem Fuchs hingegen seine zunehmende Kontaktfreudigkeit. Rar macht sich Freund Reineke ja längst nicht mehr. War der Schweif dieses putzigen kleinen Hühnerdiebs früher nur an Antennen hochwertiger Opel Mantas zu sehen, so wird er heute immer häufiger von seinem ursprünglichen Besitzer selbst durch die Fußgängerzonen getragen, ganz ohne Antenne und Breitreifen. Denn Tiere sind sogenannte «Kulturfolger»: Sie sind von Natur aus faul und gehen dorthin, wo es was zu fressen gibt, genau wie Rainer Brüderle. Im deutschen Osten, etwa in Brandenburg oder Mecklenburg-Vorpommern, gibt es wiederum schon ganze Landstriche, in denen kaum noch jemand lebt – außer einer Menge arbeitsloser Ochsen und kahlrasierter Schweine.

Dabei entpuppen sich manche Tiere als wahre Meister der Wohnraumbeschaffung: Sie suchen und finden schwer zugängliche Rückzugsorte, an denen sie völlig unbehelligt bleiben. So können Schildkröten oder Goldhamster viele Jahre ungestört hinter Heizkörpern verbringen, die nicht ganz so sesshaften Frösche und Kröten dagegen quetschen sich bei Fernreisen und Umzügen geschickt in die Rillen von Lkw-Reifen und kommen so ganz schön rum.

Was kaum jemand weiß: Viele Tiere üben bereits das Wahlrecht aus; und wenn auch unzählige Paarhufer, Wiederkäuer und Weichtiere immer noch keine eigene Partei haben, die ihre Interessen vertritt, so sind sie doch bereits jetzt eine wichtige Entscheider-Zielgruppe mit oftmals milieutypischem Wahlverhalten. So denken etwa Koalabären traditionell eher konservativ und wählen, selbst wenn es Salamipizza oder Chicken-Pesto-

Wrap gibt, ausschließlich Eukalyptus. Auch Biber sind klassische Stammwähler: Sie würden bei einem Stichentscheid zwischen Baum und Busch immer für den Baumstamm votieren.

Trotz des jahrtausendealten Miteinanders von Tier und Mensch wird die Bedeutung der Fauna im politischen Prozess immer noch unterschätzt. Um Missverständnissen vorzubeugen und wieder ein Band der Empathie zwischen den Arten zu knüpfen, wird, wie schon in unserem PARTEI-Programm für die Frankfurter Wahl, eine meiner Hauptforderungen auch im Bundeswahlkampf lauten: Mehr kleine und niedliche Tiere für unsere Zoos! Nur niedliche, putzige und entzückende Wesen sind nämlich in der Lage, den Menschen nachhaltig für sich zu gewinnen und zum Anwalt ihrer Sache zu machen. Nichts wie weg aber mit den übelriechenden, hässlichen und nicht mehr zeitgemäßen Arten!

Der politische Mehrwert einer gleichberechtigten und partnerschaftlichen Mensch-Tier-Beziehung liegt – zumindest für mich – klar auf der Hand. Um medial zu überleben, ist der Politiker dringend auf schicke Fotos angewiesen. Da aber reine Porträtaufnahmen zu langweilig sind, muss er unablässig neue Motive finden, um so immer wieder selbst zum Motiv zu werden: Er muss Fässer anstechen, Hände schütteln, Plakate ankleben, Kränze niederlegen, Abkommen unterzeichnen, winkend aus dem Auto steigen, Kinder oder Behinderte oder, noch besser: behinderte Kinder streicheln. All das gibt schöne Bilder. Die schönsten aber sind die mit einer niedlichen Kreatur im Arm. Aus diesem Grund suchen erfolgreiche Machtpolitiker die Nähe zu Tieren.

Freilich sollte man stets darauf achten, nur mit den richtigen Tieren fotografiert zu werden. Meide Schaf und Esel! Denn die verleiten Journalisten fast zwanghaft zu schalen Scherzen auf Kosten des Politikers. Bildunterschriften wie «Zwei Esel» oder «Schafe unter sich» sind dann nicht mehr zu verhindern. Auch die Fotos, die Helmut Kohl im Wolfgangsee-Setting beim Füttern einer Ziege zeigen, waren PR-mäßig kein Gewinn, da sie bis heute für Helmut-und-Hannelore-Witze herhalten müssen, von denen ich mich hier in aller Form distanziere.

Da loben wir uns doch die Profis: Der spanische König ließ sich noch im hohen Alter gemeinsam mit einem süßen Elefanten ablichten, den er fürsorglich und aus sicherer Entfernung mit einer Ladung Blei gefüttert hatte; Erich Honecker zeigte sich stolz mit einer kilometerlangen Strecke Wildbret, die er durch dienstfertige Büttel zum Wohle des «Sozialismuses» hatte abknallen lassen; und der damalige Bundesumweltminister Sigmar Gabriel griff sich 2007 im Berliner Zoo ein wehrloses Eisbärenbaby namens Knut, um sich damit publikumswirksam ablichten zu lassen.

Das war eine medial wesentlich geschicktere Tierbehandlung als etwa die Edmund Stoibers. Als im Sommer des Jahres 2006 ein Bär namens Bruno weite Teile Bayerns in Angst und Schrecken versetzte, weil er, wie eine von der CSU in Auftrag gegebene Studie belegte, ganze Dörfer niederbrannte, Wälder vernichtete und Autobahnteilstücke unpassierbar machte, da wurde er vom bayerischen Ministerpräsidenten kurzerhand zum «Problembären» erklärt. Anstatt sich mit ihm beim konstruktiven Gespräch fotografieren zu lassen, ließ Stoiber das Tier lieber totschießen. Ein Fehler? Wenig später waren beide weg vom Fenster: Bruno und Stoiber.

Schon während meiner OB-Kampagne in Frankfurt versuchte ich, den Sympathiefaktor Tier voll mitzunehmen. Dafür brauchte ich ein geeignetes Plakat.

Da ich selbst keine Tiere hielt, ihnen allenfalls in Teilen beim Metzger begegnete, organisierte Praktikantin Chantal gegen eine kleine Spende, die sie für mich auslegte, einen Fototermin im Tierheim. Es war bevölkert von den erbarmungswürdigsten Kreaturen. Wirklich mitarbeiten wollte keine so richtig. Die verwahrlosten Katzen, geschlagenen Hunde und ausgesetzten Meerschweinchen waren alle sehr mit sich selbst beschäftigt.

Wir probierten trotzdem die gängigen Tierarten durch, sie mussten ja zu meiner Persönlichkeit passen beziehungsweise deren Sympathiewerte unterstreichen oder noch steigern. Es ist erstaunlich, wie viele Tiere man verschleißen muss, bis wenigstens ein verwertbares Foto dabei herauskommt.

Als Erstes war der beste Freund des Menschen dran. Hunde unterteilen sich in so viele zum Teil grotesk verschiedene Rassen, dass man sich nur wundern kann, warum sich diese Tiere überhaupt noch einem gemeinsamen Club zugehörig fühlen. Noch erstaunlicher ist der Anschein der charakterlichen Veränderung, den Hunde durch ihre bloße Anwesenheit bei einer vermeintlichen Bezugsperson hervorrufen können. Mit einem niedlichen kleinen Chihuahua auf dem Schoß wirkte ich sofort stockschwul, mit einem Bernhardiner an der Seite hingegen behindert. Ein majestätischer Schäferhund ließ mich unschön hitleresk erscheinen, ein Dobermann machte mich zum Snob und zwei davon zum Zuhälter. Mit Dackel auf dem Arm wirkte ich zu kleinbürgerlich, mit Bulldogge auf dem Arm überfordert. Als Halter eines Beagle machte ich einen überraschend glaubwürdigen Eindruck, allerdings nicht auf den Beagle, denn er hatte panische Angst vor mir und lief immer sofort weg. Mehr als seinen Schwanz hatten wir nie auf dem Bild.

Anschließend versuchten wir es mit Katzen. Auch das war ein Fehlschlag. Mit einer Katze auf dem Schoß wirkte ich entweder pervers oder diabolisch, mit zwei Katzen beides zugleich, mit Katze auf der Schulter wie verhext. Dann nahmen wir einen Leguan zur Hand. Der hielt wenigstens still, ließ mich aber aus rätselhaften Gründen irgendwie rechtsradikal, vielleicht aber auch überschuldet erscheinen und wurde deswegen umgehend wieder in sein Terrarium gesetzt. Mit zwei Schildkröten in Händen kam ich hingegen zu trübsinnig rüber, mit einem Kanarienvogel auf dem Kopf zu närrisch – bis wir endlich die Tiere fanden, die zu mir passten und einen glaubwürdigen, volksnahen Politiker aus mir machten: Kaninchen!

Drei Kaninchenkollegen der Rasse «Deutscher Riese», fast zentnerschwere Gesellen, wurden auf meinem Schoß drapiert. Sie blieben, wenn man sie mit Salat bei Laune hielt, immerhin fast zwei Sekunden im Bild, das reichte für das Foto. Sie wirkten niedlich, aber nicht lächerlich und ließen mich vertrauensvoll, seriös, gebildet und engagiert wirken – was wollte man mehr? Außerdem stand das Kaninchen in der fernöstlichen Mythologie für große Weisheit, noch größere Potenz, gute Zähne und eine gute Mahlzeit.

Um meine Generalforderung «Mehr kleine und niedliche Tiere für die Zoos» auf bundesweite Politikfähigkeit und Massentauglichkeit zu überprüfen, veranstaltete ich bereits im Zuge meiner OB-Kandidatur einen regionalen Testlauf: Ich lud zur «Artenkritischen Begehung des Frankfurter Zoos». Dies sei «wahrscheinlich ein Topic von hoher empathisch-emotionaler Bindungskraft», hatte der Politkommissar vorab gemutmaßt, als wir die Pressemeldung herausgaben. Doch mit der Lawine an Zuspruch und Interesse, die uns dann überrollte, hatte keiner gerechnet.

Der Alfred-Brehm-Platz vor dem prächtigen Haus der Zoogesellschaft war schwarz vor Menschen. Hunderte Tierkritik-Interessierte waren an diesem strahlenden Vorfrühlingstag gekommen, dazu ein ganzer Schwung Journalisten, Fotografen und Fernsehteams. Klugerweise hatten wir die Veranstaltung gar nicht erst angemeldet und auch nicht beim Zoo nach Genehmigung gefragt – wir gingen einfach so als Riesengruppe rein. Zwei ARD-Teams, die mitfilmten und hinterher um eine Sendegenehmigung baten, wurden empört von der Zoodirektion zurechtgewiesen: Der Frankfurter Zoo sei eine «politikfreie Zone» und lasse sich nicht für «parteipolitische Interessen» missbrauchen. Sodass am Ende nur die Konkurrenz von RTL, die gar nicht auf die Idee gekommen war, nachzufragen, sendefähiges Material hatte.

Vorsicht! Gerade Katzen neigen zum Wechselwählen und bauen nur schwer Bindungen zu politischen Parteien oder Institutionen auf.

Die Begehung als solche war sowieso unpolitisch. Es ging ja nur darum, welche Tiere durch vorbildliche Niedlich- und Possierlichkeit den Menschen erfreuten, ihn so mit dem Dasein versöhnten und sozusagen milde stimmten. Niedliche Tiere sollten umgehend und unbürokratisch ein dauerhaftes Bleiberecht für den schönen, von Bernhard Grzimek persönlich mit charmanten Fünfziger-Jahre-Pavillons bestückten Frankfurter Zoo erhalten. Die übelriechenden und übelst stinkenden Tiere dagegen, die obendrein auch noch potthässlich waren oder mit einer schlechten Energiebilanz aufwarteten (Nilpferd!), die also dem Menschen eine Last, eine Gefahr, ja eine generelle tierische Unerquicklichkeit darstellten – die hatten im Frankfurter Zoo, gewissermaßen dem Flagship-Store der Tierwelt, einfach nichts verloren. Sie mussten verschwinden.

Anfangs war ich noch dafür gewesen, solcherlei Ungetier an Ort und Stelle diskret einschläfern zu lassen. Der Politkommissar hatte jedoch strikt dagegengehalten: «Wenn das rauskommt, dann können wir so was von einpacken – Sie machen sich keine Begriffe.» Wir einigten uns daher auf eine sozialverträgliche «Ausschaffung», wie man in der Schweiz sagen würde: auf eine Überstellung in den nur zwanzig Kilometer entfernten «Opel-Zoo», einen im Hochtaunus gelegenen Tierpark, der auf eine großzügige Spende des Opel-Gründers Commodore Admiral Manta Zafira von Opel zurückging.

Um jedoch nicht gleich als der selbstherrliche, autokratische Herrscher dazustehen, der ich meinem Wesen nach bin, wollte ich die Entscheidung, welche Tiere gehen mussten und welche nicht, demokratisieren – und gemeinsam mit den Teilnehmern der artenkritischen Begehung per Abstimmung zu einem Urteil kommen. So konnte ich außerdem, sollte es nach der Abschiebung irgendwie Ärger geben, die Verantwortung leichter auf andere abwälzen.

Ich hatte mich durch die Lektüre von *Brehms Thierleben* in der zweiten Auflage von 1876–1879, die noch Brehms ungefilterte

Forschungsergebnisse enthält, kundig gemacht, was das Seelenleben und die Gefühlslage der Tiere angeht. In späteren Auflagen sind diese vorbildlich subjektiven Eindrücke einer «wissenschaftlichen» Bearbeitung zum Opfer gefallen und geschönt oder getilgt worden. Wollte man schon damals verschweigen, dass auch Kamerad Tier über Gefühle, Charakter und eine eigene Psyche verfügt? Für die er oder sie dann im Ernstfall auch geradezustehen hat?

Um die jeweilige Bleibe- oder Ausschaffungsentscheidung auch noch moralisch abzusichern, zog ich zusätzlich das Handbuch eines ausgesuchten Experten zu Rate und las vor der Abstimmung aus dem Standardwerk *Welche Tiere und warum das Himmelreich erlangen können* des Tierforschers Eckhard Henscheid vor.

Der Zoo war an jenem sonnigen Samstag gut besucht: Viele Löwen waren da, auch ein großes Rudel Paviane, Flamingos standen farbenfroh auf einem Bein – nur das Gehege des Mähnenwolfs, das gleich hinter dem Eingang lag, war leer. Nix zu sehen. Mit seiner feinen Nase hatte das Tier offenbar die Gefahr gewittert und sich in dem verkrauteten Gelände, einer angeblich für teuer Geld angelegten «Mähnenwolf-Pampa», irgendwo verschanzt. Die Abstimmung über sein Bleiben musste vertagt werden. Einen besonders guten Eindruck hat dieser angebliche Mähnenwolf aber schon mal nicht hinterlassen.

Nächster Halt: Zebragehege. Nachdem uns ein Biologe im Begehungsteam darüber informiert hatte, dass das Zebra dem Pferd weitgehend ähnlich sei und das Pferd dem Tierbeschreiber Brehm zufolge «ein starrsinniges, oft von Uneinsichtigkeit geprägtes Wesen» habe, wurde mit einer bequemen Zweidrittelmehrheit die Überstellung der Zebras an den Opel-Zoo beschlossen. Die in Sträflingskluft aufmarschierten Tiere hörten sich alles weitgehend teilnahmslos an, dann führten sie plötzlich, als ob ein solches Urteil revidierbar wäre, kleine Kunststückchen auf, wackelten mit dem Kopf und klopften mit den Hufen. Selbst wenn man dieses Verhalten als Einsicht deuten mochte, so kam sie doch spät. Zu spät.

Den Alpakas konnte man sich wegen des abscheulichen Gestanks, den sie um sich verbreiteten, gar nicht nähern – die Rote Karte folgte sogleich. Einen Platzverweis erhielten ebenfalls die sehr unkonzentriert wirkenden Bongos – da wusste ja eh keiner, ob man es mit einem Tier oder einem Trommelinstrument zu tun hatte. Oder machte man dieses nach dem Hautabziehen aus jenem? Als Tiere jedenfalls waren die Bongos zu verwirrend, und niedlich schon mal gar nicht. Die Abstimmung verlief eindeutig. Falls die Firma Opel für die bald anfallenden Transporte in den Opel-Zoo ein Überführungsfahrzeug sponsern würde, umso besser. Ansonsten mussten Bongos, Alpakas und Zebras eben in den Taunus laufen.

Im Vogelhaus schlüpften gerade einige Küken. Ich blätterte im Henscheid und las die hühnerspezifische Stelle vor. Zwar schreibt der Tiertheologe der Hühnerkreatur «ihre oft unerträglichen irdischen Leiden» gut – aber fürs Himmelreich genügt's dann doch nicht: «Allein das ‹irgendwie lächerliche› Aussehen dieser Tiere verhindert doch eine ernstlich zu erwägende Assumption und Gottgeeignetheit, vergessen wir auch nicht die durchaus im Sinne der tückischen Cholesterinwerte unverantwortliche ununterbrochene, wie hirnlos ferngesteuerte Eierproduktion dieser Tiere.» Auch wenn's schade um die Eier ist – die Hühner mussten, zumal sie flugunfähig sind, nach klarer Mehrheit für die Aussiedlung, gehen.

In feuchter Hitze dösten die Reptilien. Die Krokodile sperrten apathisch die Langmäuler auf und taten so, als ginge sie das alles nichts an. Sie hatten wohl nicht mit der klaren Ansage Henscheids gerechnet: «Alle Zuversicht fahren aber lasse das Krokodil. Nein, es ist einfach zu schmuddelig und schmutzvoll.» Die Abstimmung ging jedoch nur knapp zugunsten einer Dislozierung der wechselwarmen Handtaschenlieferanten aus. Ein kleines, tatsächlich nicht unniedliches Baby-Nilkrokodil durfte sogar bleiben. So lange, bis es einen Meter Länge über alles erreicht haben würde.

Im Giraffenhaus herrschte drangvolle Enge und große Hitze. Die eleganten Lulatsche gingen langsam im Kreis und wiegten hospitalisiert die hohen Hälse. Durften sie bleiben? Der Animaltheologe Henscheid zeigte sich milde mitleidend: «Sicher, auch unter Giraffen hat es inkonsistente, ja ambiguische Charaktere, gewiss, und durchaus auch manche Pumas und Alligatoren gehören zivilrechtlich zu den zumindest unklaren Fällen, allein auch die Genannten mögen in Gottes Namen erhört und entsühnt und da und dort in den Himmel vorgelassen werden, sofern sie nicht herumrandalieren.» Das hätte zwar nur knapp, aber immerhin doch für ein Bleiberecht gesprochen – aus rein humanitär-veterinären Gründen wurde dann aber klar die Übersiedlung in den Opel-Zoo beschlossen. Nicht zuletzt wegen der irrsinnigen Heizkosten. In diesem Falle musste die Firma Opel für den Transport wohl ein Cabrio zur Verfügung stellen, denn selbst für einen Minivan waren die Giraffen zu hoch gewesen. Vielleicht würde sich auch in letzter Minute ein freies Hochhaus in Frankfurt finden. Dort könnten die Langhälse dann friedlich und ohne Zwischendecken vom ersten bis zum sechsten Stock leben und tagsüber mit einem rot-weiß geringelten Rollkragenpullover kopfnickend als Bahnschranken arbeiten.

Eine praktisch schon von vornherein abgemachte Sache war die Ausschaffung der Nilpferde. Zwar lässt Henscheid dem Hippopotamus gegenüber Gnade walten («sofern es trotz seiner Nacktheit hinreichend keusch und katholisch lebt»), das half ihm aber angesichts der unter uns Experten herrschenden Voreingenommenheit nicht weiter. Diese im Prinzip auch heimtückischen Dickhäuter sind beim Schöpfungsakt nun mal wirklich abschreckend hässlich geraten. Selbst die allernötigste Hygiene lassen sie vermissen und stehen nach dem Pissen stundenlang in ihrer eigenen Exkrementenstinkebrühe herum. So weiß man, wenn es bis zu den viel zu kleinen Ohren mal wieder im Pissbecken steht, gar nicht recht, ob es überhaupt da ist, das Nilpferd. Als unser Expertenpulk schließlich eintraf, war das Becken allerdings bereits leer. Weder Nil noch Pferd, kein Aas da. Die «Unthiere» (Brehm) hatten wohl schon Wind von der Aktion bekommen und sich mitsamt ihrer trüben Brühe auf den Weg in den Opel-Zoo gemacht.

Ein Gehege weiter zeigten sich die zwei Nashörner von ihrer stoischsten Seite und standen hartnäckig einfach nur herum. Da unweit aber auch schon eine Nashorn-Transportkiste bereitstand («Lufthansa Animal Cargo»), wurde mit überwältigender Mehrheit ein salomonisches Urteil gefällt: Ein Nashorn musste ab in den Opel-Zoo – das andere durfte bleiben.

Die drolligen Pinguine boten hingegen eine meisterhafte Niedlichkeits-Performance. Mit ausgebreiteten Flügelchen und Kopfsprung-Kunststücken wussten sie sich souverän in die Herzen der Zookritiker zu spielen und zu blödeln. Ein einstimmiges Bleiberecht wurde in kürzestmöglicher Abstimmungszeit herbeigeführt und protokolliert.

Übertroffen wurde diese Glanzparade allenfalls durch die Kapriolen der Erdmännchen, deren ausgelassen lausbubenhaftem Charme sogar der sonst so unbarmherzige Tierforscher Henscheid erlag: «Das putzige, ja ulkige, hoch agile und höchst gesellige Erdmännchen (auch: Erdhündchen, obwohl es eigentlich, seltsam, eine Katze ist) darf dann auch im Himmel herumtollen, grad wie es mag – es darf nur nicht mit dem Erdhörnchen verwechselt oder gar zusammengelassen werden, sonst ist der Teufel los.» Wirklich wahr, die Erdmännchen und wohl auch -weibchen gaben eine spektakuläre Supershow, glänzten in ihren Königsdisziplinen Sinnlos-Hin-und-Herwetzen, Aufrichten, verwirrt Rumgucken und Posen. Wie auch ihre Geistesbrüder zu Wasser, die Pinguine, haben sich die Erdmännchen ihr Bleiben auf jeden Fall verdient und auf Ewigkeiten gesichert. Dass sie nur wenige Monate später Opfer einer grauenhaften Katastrophe werden würden – davon konnte an diesem mild sonnigen

Tag keiner etwas ahnen. Nach mehrtägigen Regenfällen sollte nämlich das grabungslöchrige und tunneldurchzogene Erdreich nächtens einstürzen – und sämtliche Erdmännchen für immer unter sich begraben.

Kaum hatten wir den Erdmännchen das Bleiberecht ausgesprochen, riefen die mitlaufenden Kinder: «Und die Erdferkel, Herr Schmitt? Die Erdferkel?»

«Die kommen schon noch, ihr Rotzlöffel», sagte ich und sah verwundert einem Ehepaar zu, das einen Kinderwagen mit einem etwa Dreijährigen vor das moderne, vollverglaste Gehege der Bonobo-Schimpansen schob. Dem Kleinkind war allerdings die Sicht auf die Affen versperrt – von einem vor ihm aufgestellten iPad, auf dem ein Dschungeltrickfilm lief. Für mich war klar: Ausgesiedelt werden sollten auch diese degenerierten Eltern jenes voraussichtlich bald noch degenerierteren Kindes.

Die Bonobos freilich nahmen von ihren Zuschauern keine Notiz und gingen ungerührt ihren bonobotypischen Tätigkeiten nach. Was war nun mit ihnen? Durften sie bleiben? Während Tiervater Brehm befand, dass Primaten generell «wegen ihrer Unanständigkeit» als «Hausgenossen nicht zu ertragen» seien, weil sie nämlich «jedes sittliche Gefühl fortwährend in der abscheulichsten Weise beleidigen», geht der in sexuellen Dingen ohnehin sensible Tierfreund Henscheid sogar noch weiter. Aus eigener Anschauung hat er sich vor Ort bereits ein erschreckendes Bild von ihrer Verkommenheit gemacht:

«Wer da im Frankfurter Affenhaus [...] zusehen muss, wie die meist hochgelobten Bonobo-Schimpansen, noch während sie triumphierend ihre Apfelsinen verdrücken, dem Interessierten zähnefletschend und dabei seltsam indifferent etwas vorrammeln und die Bäuche aneinanderreiben, um dann wieder ein bisschen zu masturbieren oder gar einen Haufen zu setzen, dass es schon ganz aus ist – der ahnt, dass dieses Tier das Wort ‹Anstand› nicht zu kennen scheint, nein, es kann dieser wohl schamloseste u. böseste aller Affen [...] seinem betrübten Schöpfer im Sinne eines gemeinsamen ewigkeitlichen Hausstands gleich noch weniger gefallen als uns – zerknirschten Herzens möge auch er in die Hölle rauschen, Gott sei seiner armen Seele gnädig.»

Und noch während ich vor dem Bonobo-Gehege stehend diese letzten Worte vorlas, ereilte mich das große Gelächter meiner Inspektionsgruppe – denn gerade als ich diese schweren Anschuldigungen Henscheids referierte, hatten die Bonobos, anstatt betroffen und vielleicht sogar reuig zuzuhören, nichts Besseres zu tun, als zur allgemeinen Belustigung zähnefletschend zu masturbieren, Haufen zu setzen und dabei die Bäuche aneinanderzureiben, dass es nun aber schon ganz aus war. So durften sie, völlig überraschend und trotz ihrer stark aufgeblähten, ja schon wuchernd aufgedunsenen Geschlechtsorgane bleiben. Die versprengten Bonobo-Bumsgruppen nahmen die freudige Nachricht nahezu ungerührt hin und rammelten wie selbstvergessen weiter.

Auf der Suche nach den raren Erdferkeln kamen wir endlich ins Nachttierhaus, das so dunkel war, dass wir uns nur mühsam und mit Hilfe unserer Handy-Taschenlampen einen Weg bahnen konnten. Durch eine Sicherheitsscheibe starrten uns zwei Wüstenspringmäuse feindselig an. Das war wohl schon Tiervater Brehm so ergangen, als er «dieses leiblich recht hübsche, geistig aber umso hässlichere, boshafte und bissige Geschöpf» erforschte: «Die geistigen Eigenschaften sind nicht gerade geeignet, sie zu einem Lieblinge des Menschen zu machen. Der Zorn beherrscht ihr ganzes Wesen in einem Grade wie bei kaum einem andern Nager von so geringer Größe. Daß ein so jähzorniges Thier nicht verträglich sein kann, ist erklärlich.»

Der Platzverweis war gerade einstimmig ausgesprochen, da gellte der Schrei eines Kindes durch die düsteren Gänge: «Die Erdferkel! Hier sind die Erdferkel, ihr Honks, die sind voll süß!» Tatsächlich! Da rannten die extrem putzigen und einzigartigen Erdferkelchen wie außer sich vor Freude, dass wir endlich gekommen waren, hin und her! Dass sie mit keiner anderen

Tierart nähere Verwandtschaftsbeziehungen pflegten, schien sie nicht im geringsten zu stören. Adrett schnüffelten sie mit der Röhrenschnauze im Sand und zeigten sich munter und niedlich wie nie. Das Bleiberecht wurde einstimmig erteilt, verbunden mit der freundlichen Aufforderung, sie sollten sich mal nicht so anstellen und sich nachhaltig vermehren.

Wieder draußen im Hellen, wurde ich plötzlich von zwei uniformierten Kindern begleitet: Abgesandte der Hintner-Jugend, in Tarnkleidung und roten Baretts. Ich war mir nicht sicher, wie meine neue Eskorte in der Öffentlichkeit rüberkommen würde. Vielleicht war ihr Aufzug eine Spur zu martialisch? Die Kindersoldaten verhielten sich jedoch sehr friedlich und stellten mir, als gerade die Fernsehkameras liefen, vorbildlich devote Fragen:

«Onkel, dürfen die Eulen bleiben?»

«Welche Eulen denn?»

«Na, die hier, Onkel.»

Wir standen direkt vor dem Eulengehege, wo einige Eulen auf Ästen herumsaßen und nur bedingt weise in die Gegend starrten. Von mir aus konnte man auf diese Tiere gut verzichten. Sie tragen zu einem geselligen Miteinander wenig bei, und selbst Brehm befand, dass die Eule «ihrem ganzen Wesen nach zu sehr auf den Eindruck erpicht zu sein scheint, den sie nach außen hin macht». Um vor den Medien aber einigermaßen menschlich rüberzukommen, sagte ich: «Natürlich dürfen die Eulen bleiben, du kleines Dummerchen», nahm dem Kind das Barett ab und strich mit der Hand besonders gönnerhaft durch seine hartgegelte Irokesenfrisur.

Die Paviane schlussendlich zeigten sich, wie man es von ihnen kennt: mürrisch, ja regelrecht launisch bis großkotzig. In ihnen erkannte Brehm untrüglich «die hässlichsten, rüdesten, flegelhaftesten und deshalb widerwärtigsten Mitglieder der ganzen Ordnung; wir sehen in ihnen den Affen gleichsam auf der tiefsten Stufe, welche er einnehmen kann. Jede edlere Form ist hier verwischt und jede edlere Geistesfähigkeit in der Unbändigkeit der scheußlichsten Leidenschaften untergegangen.» Einmal in Rage, verging sich der gute Tiervater Brehm fast schon in seinem Hass auf die letztlich ja auch irgendwie bedauernswert primitiven Viecher: «In ihrer sinnlichen Liebe sind die Paviane wahrhaft scheußlich. [...] Geilheit und Frechheit zeigt sich bei keinem anderen Thiere in so abschreckender Weise wie bei ihnen.» Angesichts dieser Anschuldigungen verstummte sogar der Tiertheologe Henscheid, die Artenkritikerrunde hob ein letztes Mal die Hand zur Abstimmung, die dann eindeutiger nicht ausfallen konnte: Pavian-Auszug, aber sofort! Die Betroffenen nahmen den Entscheid, wie man es von ihnen kennt: mürrisch, launisch bis großkotzig. Diese saubere Bagage wollten die versammelten Zoofreunde wirklich nur noch von hinten sehen – ein Anblick, den uns die rüpelhaften Rotärsche denn auch zum Abschied gestatteten.

Geschult und gestärkt durch diese reichhaltigen Erfahrungen mit der Tierwelt, bin ich nun auch bestens auf meinen künftigen Regierungssitz Berlin vorbereitet. Bekanntlich ist die Stadt ja längst in der Hand der Fauna: Mischehen zwischen Herr und Hund sind keine Seltenheit mehr, Sodomie gilt als Trendsport, Halbaffen haben den halbcoolen Prenzlauer Berg zu ihrem Revier erklärt, und während die Wildschweine noch vor kurzem vorrangig im Grunewald hausten, trifft man sie heute schon im Borchardt, im Grill Royal oder im Bundestag. Parasiten nisten in Parteien, Behörden und Ämtern, die CDU wird längst von einem Nilpferdweibchen geführt, die SPD versucht mit einer Blindschleiche an die Macht zu kommen, die Grünen sind fest in der Hand von Lemuren, die FDP ist vom Aussterben bedroht – und im Rathaus der Stadt regiert seit Jahren erfolglos ein Esel.

Doch das ist ja angeblich gut so.

Die Diskussions- runde

Wie man als ungeladener Gast geschickt die Rassismuskarte spielt

Das wichtigste Forum, das es für einen Politiker gibt, ist die Talkrunde. Ganz egal, ob live vor Publikum oder aufgezeichnet vor Fernsehkameras – Hauptsache, Disput. Nur im öffentlichen Streitgespräch kann man punkten, sich selbst ins rechte Licht rücken, den eigenen Bekanntheitsgrad steigern und andere alt aussehen lassen.

Bundestagssitzungen finden fast unbemerkt von der Öffentlichkeit statt, Länderparlamente und Gemeinderäte tagen ebenfalls meist ohne die Aufsicht ihrer Wähler, da ist die öffentliche Diskussionsrunde für den Politiker die einzige noch verbliebene Möglichkeit, sich als ethisch-moralische Instanz zu präsentieren. Oder wenigstens als Träger einer gewagten Krawatte. Die Existenz Guido Westerwelles konnte überhaupt erst durch sein hartnäckiges Auftauchen in Labersendungen nachgewiesen werden. Ohne Talkshows, Panel- und Podiumsdiskussionen wäre die basale Versorgung der Bevölkerung mit Politik nicht gewährleistet. Nur durch das regelmäßige Aufrauchen Helmut Schmidts im Fernsehen wissen wir, dass Deutschland hart am Abgrund steht. Bald werden wir einen Schritt weiter sein.

In Gedanken bereite ich mich täglich auf den Kanzlerwahlkampf vor. Zum Beispiel, indem ich überlege, in welche Talk-shows ich gehen würde, sobald die Einladungen erst mal ein-trudeln.

Anne Will? Nein, die ist zu verbissen, seit man ihr den Sonn-tagabend weggenommen hat.

Frank Plasberg? Ein Erloschener, der sich hat einreden lassen, auch mit butterweichen Themen den knüppelharten Journa-lismus machen zu können, der einmal sein Markenzeichen war. Wer bei ihm zu Gast ist, wirkt gleichfalls erloschen.

Reinhold Beckmann? Hat die schlechtesten Quoten. Will man sich von ihm fragen lassen, wie es sich anfühlt, als aufstrebender Politiker in einer absterbenden Sendung zu sitzen? Lieber nicht.

Günther Jauch? Von dessen Sendung träume ich sowieso schon die ganze Zeit. Aber hätte ich ohne Telefon- und Zusatz-joker bei ihm überhaupt eine Chance?

Maybrit Illner? Nicht ganz so verbissen wie Anne Will, dafür aber noch humorloser – und mit so abgestorbenen Gästen, dass die es nicht mal in Plasbergs Sendung schaffen würden. Das geht also gar nicht.

Sandra Maischberger? Ja, warum eigentlich nicht die Maisch-berger? Die ist zu allen lieb, hört sogar zu, wenn Helmut Schmidt abhustet oder Peter Scholl-Latour minutenlang wegdriftet. Wenn es menschelt bei Maischberger, darf jeder ungestört sei-nen Quatsch erzählen. Meistens haben eh alle schon nach fünf Minuten vergessen, was das Thema der Sendung ist: «Essen wir uns dumm?» – «Arbeiten wir uns zu dick?» – oder umgekehrt?

«Und wie geht es Ihnen heute persönlich? Was hat das mit Ihnen gemacht, als Sie erfuhren, dass Sie sich dick und doof gegessen haben?»

«Scheißegal, Frau Maischberger, ich will Ihnen mal was sagen. Aber was, das sage ich Ihnen nicht, verstehen Sie?»

Sandra nickt freundlich, dann funkelt sie mich mit ihren Reh-augen an und sagt: «Themenwechsel. Wie scheiße finden Sie eigentlich die Sendung von Plasberg?» Oder so was Ähnliches.

Mit etwas Glück würde ich nicht allzu häufig drangenommen werden, und nach der Sendung könnte ich mit Schmidt heimlich auf dem Klo eine rauchen. Perfekt, da würde ich hingehen. Sandra – ruf mich an, ich komme!

Mir ist nur noch nicht klar, über welches Thema ich dann sprechen soll. Wenn ich menschlich rüberkommen und nicht als kalter Machtapparatschik dastehen will, muss ich notgedrungen über persönliche Probleme sprechen. Davon habe ich eigentlich nie zu knapp. Erst recht nicht, seit ich in die Spitzenpolitik eingestiegen bin.

Schon im Kampf um die Macht in Frankfurt spürte ich genau, dass der Wahlkampf inzwischen die totale Kontrolle über mein Leben gewonnen hatte. War ich noch wenige Wochen zuvor ein Mensch gewesen, der vierundzwanzig Stunden am Tag Gelegenheit hatte, sich mit sich selbst zu beschäftigen, so waren bald zahllose andere Menschen vierundzwanzig Stunden damit beschäftigt, mich genau davon abzuhalten. Es gibt eindeutig ein Davor und Danach: ein selbstbestimmtes Leben vor dem Eintritt in die Vollzeitpolitik – und ein fremdbestimmtes Danach.

Für mein altes Leben hatte sich bislang außer mir niemals jemand interessiert. Mein neues Politikerdasein dagegen fand in der Öffentlichkeit statt. Man berichtete über meine Worte und meine Taten. Das gefiel mir. Hatte mir zuvor alles Mögliche Kopfzerbrechen bereitet, auch die Probleme anderer, so schob ich diese nun, gelöst oder ungelöst, einfach weg. Es kamen ja ständig neue, und irgendwie würden die alten sich schon irgendwann lösen. Ich hatte dafür jedenfalls keine Zeit. «Ein Mensch, der in jeder Hinsicht für das Gute einstehen will, muss inmitten von so viel anderen, die nicht gut sind, zugrunde gehen», erkannte schon Niccolò Machiavelli. Und auch mein zukünftiger Amtsvorgänger Konrad Adenauer sprach mir aus der Seele: «Wissen Sie, ich bin ursprünglich weich und empfindsam gewesen, aber der Umgang mit den Menschen hat mich hart gemacht.»

Selbst in meinem unmittelbaren PARTEI-Stab zeichneten sich bald wenn schon nicht Probleme, so doch mindestens merkwürdige Veränderungen ab. Dass alles kein Spiel mehr war, bemerkte ich, als ich einmal in einer eisigen Winternacht mit dem Politkommissar unterwegs war. Straßenagitation.

Es hatte gerade frisch geschneit, und wir schrieben mit dem Finger «Schmitt wählen» in die noch jungfräulich weiße Schneedecke auf den Windschutzscheiben der parkenden Autos. Das koste nichts und sei sehr effektiv, sagte der Inspizient und zog den Finger so schnell durch das Weiß, dass mein Name fast unleserlich war. Nachdem er eine Stunde und mehrere Straßenzüge lang stumm sein Kritzelwerk verrichtet hatte, wollte er es wissen: Was ich denn eigentlich – so unter uns – vom mächtigen Landesvorsitzenden hielte. Damit ich ihn nicht falsch verstände – er wolle keineswegs an der Person des Landesvorsitzenden herummäkeln. Dieser sei sicher «ein fähiger Mann», der sich auch sichtlich «den Arsch aufreißt, für Sie, für uns, für die PARTEI». Doch mache er, der Landesvorsitzende, auf ihn, den politischen Inspizienten, in letzter Zeit auch einen ziemlich «überforderten», wenn nicht sogar «stark abwesenden» Eindruck. Kurz und gut: Er, der inspizierende Kommissar, habe das Gefühl, dass er «nicht alles anders, aber vieles besser» machen könnte als der bisherige Landeschef.

«Aaaah: nicht alles anders, aber vieles besser. Der Klassiker! Und Sie glauben also», wollte ich daraufhin wissen, «nachdem Willy Brandt, Gerhard Schröder, Edmund Stoiber und der dicke Gabriel diesen Spruch bemüht haben, dürfen Sie das auch?»

Der Spitzbärtige lächelte verlegen.

«Warum nicht mal alles anders machen, aber nichts besser?», fragte ich ihn – merkte dann aber, dass dies keinen besonderen Sinn ergab. Ich könne ihm in dieser Hinsicht keine konkreten Zusagen machen, sagte ich, aber wir wüssten ja beide nur zu gut, dass in der Politik immer jederzeit alles möglich sei. «Und Sie wissen», fügte ich hinzu, «was Ihr Lehrmeister Mao in seine rote Bibel reingeschrieben hat: ‹Um ein guter Gruppenführer zu werden, muss der Sekretär intensiv lernen und die Probleme gründlich studieren.»»

Der Politoffizier nickte beflissen, schob seinen Finger wieder durch den Schnee und verschrieb sich prompt: «Schitt wählen!» Oder war es Absicht?

Das *canvassing* der letzten Tage, der Wahlkampf an der Basis, war überaus anstrengend gewesen. Das zehrte an der Substanz. Und über das, was ich bei meinen Hausbesuchen als Boris-Rhein-Lookalike erlebte, hülle ich lieber das Schondeckchen des Schweigens. Nur so viel sei gesagt: Fünf mit Eierlikör angeschickerte Omas in einem Schrankwandwohnzimmer, die ihren vermeintlichen Lieblingskandidaten mal so richtig zwischennehmen – das ist wahrlich kein Urlaub auf dem Ponyhof. Und hinterher wurde man bei der Auswertung auch noch vom Politkommissar gemaßregelt: «Sie hätte als Boris Rhein Ihren Mangel an Problemlösungskompetenz besser inszenieren sollen.» Auf diese Weise schaffte er's ganz bestimmt nicht bis zum Landesvorsitz.

Ja, ich war ziemlich erschöpft. Mehrfach schon hatte ich meine wöchentliche Politikersprechstunde abgehalten. Treffpunkt war die Frankfurter Gaststätte Weida. Ich sprach, und die Bürger hatten die Gelegenheit, sich meine Sorgen und Nöte anzuhören. Wer wollte, durfte mir ein Kaltgetränk meiner Wahl ausgeben. Die Veranstaltung wurde eigentlich sehr gut angenommen, nicht zuletzt von mir selbst, weil ich mir endlich mal den ganzen Frust von der Seele reden konnte. Die Wähler, die ja ohnehin zur intellektuellen Bequemlichkeit neigen, mussten nichts tun, als zuzuhören.

Die Politikersprechstunde fand jeweils im Wechsel mit den Treffen der nicht minder beliebten Veranstaltungsreihe «Trinker fragen – Politiker antworten» statt. Zu Letzteren lud ich jedes Mal in ein anderes Lokal, weil die Klientel der Stammgäste und Kneipenhocker ja bekanntlich eine besonders innige Bindung an ihr jeweiliges Wahllokal hat. Erstaunlicherweise war es gerade der trinkende Teil der Bevölkerung, der lebhafte Anteilnahme an politischen Gestaltungsfragen zeigte. Da war die Eindämmung der Bierpreissteigerung genauso Thema wie der Kampf um die Abschaffung des Rauchverbots. Besonders in dieser Frage lag, wie sich bald herausstellen sollte, ungeheures politisches Potenzial.

Bei der routinemäßigen Wählerschichtenanalyse war dem Politkommissar nämlich aufgefallen, dass die Gruppe der Raucher bislang völlig übersehen und von keiner Partei wirklich vertreten wurde – ganz im Gegenteil: Durch unmenschliche Nichtrauchergesetze machte man einer jahrhundertealten Tradition der Partikelernährung den Garaus. Wir mussten dringend etwas für die Raucher tun.

In der Kampa-Gaststätte Klabunt inszenierten wir, dem Gaststättenrauchverbot zum Trotz, ein demonstratives Smoke-in. Eine klassische Protestform aus der Hippie-Ära, entstaubt und modernisiert, um weithin sichtbare Zeichen in die Luft zu lassen; und nicht zuletzt eine neue Plakatkampagne vorzustellen. Auf der betreffenden Facebook-Veranstaltungsseite gingen fuderweise Anmeldungen ein. Wer selbst nicht kommen konnte, wollte wenigstens aus der Ferne mitwirken: «Von Hamburg schaffe ich's nicht. Aber um meiner Solidarität Ausdruck zu verleihen, rauche ich drei Stunden vor dem Haus von Helmut Schmidt», meldete ein Unterstützer. «Ich müsste mit der Bahn anreisen», schrieb ein anderer, «aber dort gibt es keine Raucherabteile mehr.» Eine weitere solidarische Seele postete: «Ich bin leider Nichtraucher, aber ich könnte einen Lkw leihen und ihn den ganzen Abend mit laufendem Motor vor die Kampa-Gaststätte stellen.» Jeder half mit, so gut er konnte.

Am nämlichen Abend war das Lokal bis auf den letzten Platz gefüllt mit Qualmern, Schmökern, Paffern und Ziftenziehern. Ganze Familien mit Kindern waren gekommen und dübelten, glosten und barzten, was die Lungentorpedos, Bongs und Wasserpfeifen hergaben. In einer gut gestopften Brandrede warb ich für die völlige Abschaffung des Rauchverbots in öffentlichen Räumen, trat für ein Rauchgebot bei Rockkonzerten, Bundestagssitzungen und Gottesdiensten ein und kündigte an, Gratiszigaretten mit dem Aufdruck «Schmitt raucht mit» in Schulen, Tierheimen und Krankenhäusern zu verteilen.

In dichtem Rauchnebel enthüllte ich schließlich das neue Plakat: «Rauchzeichen – für ein nichtraucherfreies Deutschland.» Darauf war ich selbst zu sehen – wer auch sonst? – mit munter qualmenden Zigaretten, Pfeifen und Zigarren in Mund und Händen. Der Fotoshoot war besonders anstrengend gewesen, ich wurde mehrmals ohnmächtig und hatte hinterher unzählige Brandflecken auf meinem roten Anzug. Für die anwesenden Pressefotografen war der Termin leider ein Reinfall, da bei einer Sichtweite unter einem halben Meter beim besten Willen keine guten Bilder zu schießen waren.

Wie bitte? Ach so, stimmt ja: Ich wollte eigentlich von den Diskussionsrunden berichten. Da haben Sie natürlich ganz recht. Ich bedanke mich für die Zwischenfrage.

Wichtig ist vor allem, dass man gut vorbereitet ist. Dazu braucht man einen Mitarbeiterstab. Die Anwesenheit und die Zuarbeit dieser willigen Menschen bestätigt mir, dass es mich wirklich gibt. Ich bin ein weißes Blatt Papier, das sich erst durch die Informationen füllt, die mir mein Stab zuspielt.

So präparierten mich Chantal und der Politkommissar zum Beispiel für eine Podiumsdiskussion mit sämtlichen Frankfurter OB-Kandidaten, die in einer Kirche stattfinden sollte. Der Kommissar las aus der Zeitung vor: «Die *Frankfurter Rundschau* hat eine Umfrage gemacht – vierundvierzig Prozent der Befragten erklärten, sie trauten dem CDU-Mann in wirtschaftlichen Dingen am meisten zu.»

«Dann sollte ich wohl auch Wirtschaftsthemen ansprechen», warf ich ein. «Schulden reduzieren, massiv Steuern senken, solche Dinge. Und mehr Geld fürs Militär.»

«Wir haben doch hier gar kein eigenes Militär!», rief Chantal.

«Haben wir nicht? Das ist ein Skandal! Dann sind wir Aggressoren ja wehrlos ausgeliefert!»

Ich beauftragte den Politoffizier, den finanziellen Spielraum für die Aufstellung eines eigenen Heeres prüfen zu lassen, dann machte ich mich auf den Weg in die Kirche.

Stoisch ließ die dort versammelte Gemeinde die quälend langweilige Kandidatenbefragung durch einen Gemeindevorsteher über sich ergehen. Als endlich das Publikum Fragen stellen durfte, wurde es lebhaft. Ein Herr auf Krücken, der im hinteren Kirchenschiff die Wand abstützte, stellte uns Kandidaten mit vorwurfsvollem Unterton die Frage, ob wir denn nicht alle miteinander behindertenfeindlich seien.

Stille.

Noch bevor einer meiner Kontrahenten «Jaaa!» rufen konnte, ergriff ich die Initiative. Ich sagte: «Nein!»

«Na, das freut mich aber», höhnte der Krüppel und kam umständlich auf eine ganz bestimmte Rolltreppe zu sprechen, die ihm schon lange ein Dorn im Auge beziehungsweise ein Knüppel zwischen den Beinen war: «Am Kaisersack, da am Bahnhof, da sind doch diese Rolltreppen runter in die Unterführung. Jedes Mal, wenn ich da hinkomme, steht diese Rolltreppe still. Das ist für mich als Behinderten nicht hinnehmbar!»

Da ich das Mikrophon nun schon hatte, sprach ich auch hinein. «Diese Rolltreppe, guter Mann, steht schon seit Jahren unter meiner Beobachtung. Und auch unter der – ich darf das wohl sagen – meiner Mitbewerber», rief ich und erntete ein säuerlich solidarisches Nicken meiner Gegner. «Glauben Sie mir bitte: Diese Rolltreppe bereitet mir schlaflose Nächte. Deshalb verspreche ich hier und heute feierlich, und» – ich drehte meinen Leib kurz in Richtung Altar – «so wahr mir Gott helfe: Von allen hier anwesenden Kandidaten werde ich als Einziger dafür sorgen, dass diese Rolltreppe nach meinem Wahlsieg wieder rollt. Und zwar mit doppelter Geschwindigkeit, jawohl!»

Applaus im Saal und hasserfüllte Blicke meiner Podiumskollegen.

Einige Publikumsfragen später – der CDU-Mann schickte sich gerade an, sein Wirtschaftskonzept zu erklären – erhob sich eine Dame im Publikum und wütete ohne Hemmungen los: Sie habe jetzt genug von dem «abgehobenen Gelaber der Herrschaften» – schließlich sei man hier im Bahnhofsviertel, da sollten wir auch mal die Probleme vor Ort ansprechen. Zum Beispiel die der Huren.

Ein Raunen ging durchs Kirchenschiff.

«Jawohl, der Huren», sagte die Frau, «ich bin nämlich Hurensprecherin.» Sie missbilligte vor allem die Tatsache, dass die Prostituierten als Freiberuflerinnen jeden Tag fünfundzwanzig Euro städtische Steuer in ihren jeweiligen Bordellen entrichten müssten, die Kundschaft hingegen keinen Cent. Ob das denn angehen könne, rief sie und schaute uns wütend an.

Ich reagierte sofort, und zwar entsetzt. Ja, ich sei ehrlich schockiert zu erfahren, dass es in unserer schönen Stadt Prostitution gebe. Das hätte ich nicht gewusst. Wenn es aber nun mal so sei, dann müsse die Sache auch wirtschaftlich gerecht gestaltet werden, denn mein Wirtschaftskonzept basiere auf Gerechtigkeit, vor allem natürlich auf Steuergerechtigkeit. Damit die horizontalgewerbetreibenden Damen nicht mehr von zwielichtigen Bordellbossen ausgenommen werden könnten, müssten sie dringend eigene Arbeitsräume erhalten. Am besten in den Hochhausetagen der Stadt. Dann hätte die Banker- und Business-Kundschaft, die ohnehin in den Wolkenkratzern arbeite, viel kürzere Anfahrts- beziehungsweise Anlaufwege – und könnte dann auch gleich vor Ort die fünfundzwanzig Euro kommunale Bumssteuer entrichten. Im Grunde sei eben das ein zentraler Bestandteil meines Wirtschaftskonzepts. Jetzt hatte der angeblich so kompetente CDU-Ökonom nichts mehr zu melden.

Nach der Veranstaltung – ich ließ mir gerade vom Pfarrer Messwein kommen und verkaufte Autogrammkarten an Bedürftige – kam ein Mann mit grell orangerotem Strubbelkopf auf mich zu. Er trug Hosen in militärischen Tarnfarben und zwei Nasenringe und wollte wissen, warum ich dieses müde Meeting hier nicht besser und effektiver aufgemischt hätte. So jedenfalls bringe mir das doch nichts. Er könne das sehr gut beurteilen, denn er sei «politischer Aktivist» und habe schon für alle möglichen Organisationen gearbeitet. «Ich hab mich für Greenpeace auf Schornsteine gesetzt, gegen Castor an Gleise geschweißt, den G8-Gipfel in Heiligendamm aufgemischt und für Attac gefälschte Zeitungen gedruckt. Ich weiß, wie man Ärger macht», sagte er und löschte seine Zigarette mit einem deutlich vernehmbaren Zischen im Weihwasserbecken, als wir das Gotteshaus verließen. An meiner Kampagne interessiere ihn vor allem ihr «vager Charakter», und das meine er durchaus nicht positiv, sondern eher im Sinne von «dilettantisch». Er lachte rau. «Da ist noch viel Luft nach oben, glaub mir», sagte er und schnaubte, dass die Nasenringe leise klingelten. Was er genau damit meinte und wie man aus einer Unterhaltung ein Ereignis machte, das sollte er mir bald zeigen.

Man kann nicht auf allen Hochzeiten tanzen. Man kann auch nicht in allen Talkrunden und Diskussionsshows zu Gast sein. Obwohl das das Beste wäre. Doch auch ohne Einladung kann man eine Veranstaltung durchaus für sich nutzen. Vor allem, wenn sie undemokratische und rassistische Tendenzen zeigt.

Der DGB, die Kampforganisation der SPD, veranstaltete eine OB-Kandidaten-Runde in der Frankfurter Bundeszentrale des Gewerkschaftsbundes – zu der ich nicht eingeladen war. Man wollte die Sache wohl unter sich ausmachen, es waren nur die Vertreter der großen Parteien geladen. Wie eben Politik nach Ansicht von Altgewerkschaftlern zu funktionieren hatte.

Ich war nicht der einzige Ausgeladene. Auch ein Mitbewerber aus Schwarzafrika, dessen dunkler Teint sich wohltuend von uns bleichen Kandidaten abhob, war nicht geladen. Was tun?

Der Politkommissar wusste Rat: «Wenn Sie sich öffentlich über Ihre Ausladung beschweren, wirkt das kleinlich und eitel. Viel besser ist es, wenn Sie sich selbstlos für die Belange Ausgegrenzter und Entrechteter einsetzen. Deshalb spielen wir jetzt eine der heikelsten Karten, die es im politischen Geschäft gibt: die Rassismuskarte.» Sprach's, griff sich den Laptop und setzte eine Presseerklärung auf, die Minuten später in den Frankfurter Redaktionen eintraf.

Am nächsten Tag berichteten die Zeitungen:

«Undemokratische und rassistische Tendenzen beim DGB. Empört zeigte sich Oliver Maria Schmitt (Die PARTEI) über den Deutschen Gewerkschaftsbund. ‹Ausgerechnet der DGB›, schimpft Schmitt. Solch eine Willkür habe er von Gewerkschaftlern nun wirklich nicht erwartet. [...] Egoismus kann man dem ungeladenen PARTEI-Mann sicher nicht vorwerfen. Denn nicht nur über seine eigene Nichtberücksichtigung, sondern auch über die ausbleibende Einladung für einen weiteren Kandidaten zeigt er sich bestürzt: ‹Der DGB unterstützt nicht nur undemokratische, sondern sogar rassistische Tendenzen, da auch der einzige schwarze Bewerber nicht eingeladen wurde›, meint der OB-Kandidat.»

«Wir gehen natürlich trotzdem hin», entschied der Aktivist, der plötzlich unangemeldet in der Kampa-Gaststätte stand.

«Aber sie werden mich nicht sprechen lassen», sagte ich.

«Du wirst sprechen. Die haben dort im Gewerkschaftshaus eine Funkmikrophonanlage. Es gibt in Deutschland nur zwei unterschiedliche Systeme, für beide bringe ich Mikros mit. Du kannst dich dann vom Saal aus jederzeit in die Diskussion einmischen. Das ist sogar viel besser, als auf der Bühne zu sitzen.»

Am Eingang zum DGB-Haus war Taschenkontrolle. Securityleute inspizierten jeden einzelnen Rucksack, schließlich war auch der hessische Innenminister Gast auf dem Podium. Der Aktivist war schwer bepackt mit Mikrophonen, Kameras und Wahlplakaten. Da würden wir niemals durchkommen, dachte ich. Doch just, als wir an der Reihe waren, ging vor dem Haus eine Batterie Feuerwerkskörper in die Luft, alles stob auseinander, die Gewerkschaftler stritten mit den Sicherheitsleuten, irgendein albernes Kompetenzgerangel, sie waren sehr mit sich selbst beschäftigt – und wir beide waren auf einmal drin.

«Die werden immer kleinlicher, diese Spießer», befand der Aktivist, zog seine Schiebermütze tiefer ins Gesicht und steckte sein Feuerzeug wieder ein. «Neulich wollten die mich bei einer Diskussionsrunde mit Josef Ackermann und Peer Steinbrück nicht reinlassen, nur weil ich ein Megaphon, eine Pauke und einen Rucksack mit Raketen dabeihatte. Die spinnen doch, diese Idioten.»

Der Saal war gestopft voll, der DGB hatte seine Rentnerkohorten mobilisiert und in Sonderbussen hergekarrt. Wir drückten uns bis zum Bühnenrand durch. Da stand schon der Landesvorsitzende und ließ sich vom Aktivisten die Kameras geben. «Alles, was du machst, musst du dokumentieren und hinterher sofort ins Netz stellen», hatte der Aufruhrexperte uns belehrt, «damit die Gegenseite hinterher keine Märchen erzählen kann.»

Dann ging es los und alles sehr schnell. Der Gewerkschaftsboss begrüßte Publikum und geladene Gäste, der Aktivist zog seine beiden Mikrophone aus der Innentasche und sprach abwechselnd in sie hinein – doch es war nichts zu hören.

«Scheiße, die Ficker haben das neue System, das kann mein Mikro noch nicht. Los, geh auf die Bühne, hol dir dort ein Mikro», sagte er und stieß mich nach vorn. «Ich halte die Security ab.»

«Wie soll ich da durchkommen?», fragte ich. «Da stehen überall Sicherheitsleute.»

«Kein Problem», raunte er, schob mich dann von sich und fing plötzlich an, hysterisch zu schreien: «Rauuuuch-zeichääään! Rauuuuch-zeichääään! Rauuuuch-zeichääään gegen Rassismus und Intoleranz!» Dabei hielt er unsere «Rauchzeichen»-Plakate

*Feindliche Veranstaltungen kapert man am besten gleich am Anfang,
wenn alle noch wach und die Fotografen noch da sind.*

hoch und löste mit der anderen Hand eine gasbetriebene Sta-
dionfanfare aus. Der Lärm war hörgerätebetäubend.

Sofort stürzten sich die Sicherheitsleute auf ihn, der Weg auf
die Bühne war frei. Ich riss dem Gewerkschaftsboss das Mikro
aus der Hand, wünschte dem Publikum viel Vergnügen bei dieser
scheindemokratischen, rassistischen Veranstaltung, man solle
nur ordentlich bestellen, alle Getränke gingen aufs Haus: «Der
DGB zahlt alles!» Pressefotografen und Fernsehteams umringten
mich, der Aktivist trötete sich den Weg frei, die Securityleute
wurden zurückgepfiffen, um noch peinlichere Bilder zu vermeiden. So entstanden die Aufnahmen, die sich hinterher in Zeitungen und TV-Sendungen fanden, denn mein Auftritt sollte der
einzig spannende Moment dieser insgesamt monströs drögen
Gesprächsrunde bleiben.

Nach den überragenden Erfolgen meiner Diskussionsrunden-
auftritte wartete ich nun also gespannt auf meine nächste Ein-

ladung. Merkwürdig ... von den großen Sendungen im Fernsehen rief niemand an. Ob ich da mal nachhaken sollte? Glaubten die vielleicht, dass ich ihren Sendungen nicht gewachsen sein könnte? Das war natürlich totaler Quatsch – ich fühlte mich allen Diskussionsherausforderungen gewachsen. Absolut total allen. Außer einer.

Es gibt nämlich ein öffentliches Forum, das ein Politiker auf jeden Fall und um jeden Preis meiden sollte, wenn er nicht als Verlierer und Versager ausgestellt werden möchte: die gemischte Diskussionsrunde in Schulen. Mit «gemischt» meine ich nicht die Kandidaten, sondern das Publikum. Über meine fragwürdigen Erfahrungen mit Schulkindern habe ich ja schon berichtet. Kommen dann noch die Eltern hinzu, wird es vollends unerquicklich. Dann wird die Veranstaltung eine Zumutung.

Der Inspizient hatte eine Einladung zu einem Kandidatenforum im Philipp-Reis-Gymnasium irgendwo in Frankfurt klargemacht. Das Gespräch fand also nicht nur vor Schülern statt, sondern auch vor deren Erzeugern. Gleich zu Beginn erklärte der Schuldirektor den anwesenden Kindern und ihren Eltern, dass es heute Abend zwar auch um Bildungsbelange gehen solle, wir Kandidaten aber eigentlich nicht ganz die richtigen Ansprechpartner dafür seien – Bildung sei schließlich Ländersache, und der Oberbürgermeister habe da «nur sehr begrenzte Gestaltungsmöglichkeiten». Ich fand es prima, dass der Direktor das noch mal herausstellte. Denn Bildungspolitik interessiert mich nicht die Bohne.

Das Verhängnis nahm seinen Lauf. Noch bevor wir Kandidaten uns überhaupt dem Publikum vorstellen konnten, ergriff eine dicke Frau das Wort und verkündete, sie sei die «Elternsprecherin» dieser Schule, zugleich aber auch «betroffene Mutter». Und als solche wolle sie uns einige «Diskussionsbausteine» mit auf den Weg geben. Sie zückte einen Zettel und las eine Art Kommandoerklärung vor, in der sie uns mit einer endlosen Folge von Vorwürfen und Anschuldigungen überzog – bis der Direktor sie endlich abwürgte und vollkommen berechtigt einwandte, dass nun aber auch mal die Kandidaten zu Wort kommen sollten.

Von Anfang an war die Stimmung sehr erregt. Die Eltern schienen wegen irgendwelcher Dinge aufgepeitscht, regelrecht aufgebracht, und hatten ihre Kinder wohl auch schon in ihrem Sinne indoktriniert. Außerdem fiel mir auf, dass sie von ihren Kindern immer nur als den «Kids», ja sogar als den «Kiddies» sprachen. Manchmal sagten sie auch «die Kleenen» oder «die Zwerge». Nie aber bezeichneten sie sie als das, was sie waren – Kinder. War das inzwischen verboten?

Wir Kandidaten hatten kaum etwas gesagt, da meldete sich auch schon die nächste Mutter zu Wort. Eine grauhaarige Frau mit asymmetrischer Frisur und einem großen, roten Ohrring stand auf und erklärte, dass es doch jetzt endlich mal an der Zeit sei, Publikumsfragen zuzulassen. Sie persönlich wolle nämlich zum Beispiel wissen, wie wir Politiker eigentlich zum Thema Inklusion stünden.

Wir mussten der Reihe nach antworten. Da ich links außen saß, wurde ich als Erster drangenommen. Das war eine gewisse Herausforderung, denn ich hatte keine Ahnung, wer oder was «Inklusion» genau war. Ich hatte das Wort nie zuvor gehört. Nachzufragen, gar Unkenntnis zu demonstrieren, konnte ich mir natürlich nicht leisten. Also erklärte ich, dass ich der Inklusion gegenüber grundsätzlich sehr positiv eingestellt sei, weil es ohne Inklusion, wie man ja wohl in der Vergangenheit gesehen und was die Geschichte auch schon eindeutig belegt habe ... Kurz: Ohne Inklusion ginge es nun mal nicht. Freilich müsse man aber im Einzelfall sehr genau prüfen, ob hier noch der Idee der Inklusion als solcher – und das «als solcher» unterstrich ich mit stark erigiertem Zeigefinger –, als solcher also überhaupt noch Genüge getan werde oder ob die Inklusion möglicherweise nur ein Deckmäntelchen sei, um ganz andere Interessen durchzusetzen. Dann nämlich, und das könne keiner hier im Publikum wollen, und während ich das sagte, fixierte ich die Masse durchdringend, ja fast schon wahnsinnig, dann nämlich würde man dieser hervorragenden Idee der Inklusion einen Bärendienst erweisen. Jawohl. Konkrete Beispiele wolle ich hier und jetzt aber keine nennen, dafür fehle leider die Zeit, es wisse aber wohl jeder im Saal, was gemeint sei.

Meine Wortmeldung wurde mit zustimmendem Gemurmel und allgemeinem Kopfnicken quittiert. Ich hoffte nur, dass niemand nachfragen würde, was ich eigentlich genau meinte. Aus den nachfolgenden Äußerungen meiner Kontrahenten und der sich daran anschließenden Diskussion konnte ich mir dann aber erschließen, dass mit «Inklusion» anscheinend der gemeinsame Unterricht von Behinderten und völlig gesunden Kindern gemeint war.

Auf die nächste, noch verschärfte Publikumsfrage, wie wir denn den Fortschritt der Inklusion hier am Philipp-Reis-Gymnasium beurteilen würden – als wenn wir das könnten! –, antwortete ich: «Ich habe mir vor der Veranstaltung heute Abend die Website der Schule angesehen. Unter ‹Veranstaltungen›: kein Eintrag, auch nicht der heutige Termin. Unter ‹Lehrkörper›: kein Eintrag. Und unter ‹Anfahrt›: auch nichts. Da hatte ich den Eindruck, dass hier schon relativ viele Spastis und Behinderte am Werk sind, jedenfalls was die Außendarstellung der Schule betrifft.» Damit konnte ich noch einen kleinen Achtungserfolg erzielen.

Dann aber nahm der Abend eine fatale Wendung. Nachdem der Direktor darauf hingewiesen hatte, dass es schon ziemlich spät sei und er daher nur noch eine Frage gestatten könne, brach ein Sturm der Entrüstung los.

«Das geht nicht!», riefen die Eltern.

«Wir haben noch viele Fragen!», schrien die Kinder.

«So einfach kommen die nicht davon!», brüllten sie alle gemeinsam.

Per Abstimmung wurde entschieden, dass wir aus Zeitmangel keine Antworten mehr geben, uns aber die weiteren Fragen des Publikums anhören sollten. Dann hätten wir alle «ein Bausteinpäckchen zum Mit-nach-Hause-Nehmen». Die prompt auf uns einprasselnden Fragen wuchsen sich zu langen und immer länger werdenden Vorwürfen aus. Natürlich ging es wieder um die Schulklos (anstatt dass die Eltern die mal sauber machten), um die liebe Inklusion (als wenn es nur Behinderte gäbe), um die schlechten Busverbindungen (als ob es keine Autos gäbe), um den häufigen Unterrichtsausfall (als wenn Schulkinder darüber traurig wären), über das fehlende Konzept für trilingualen Unterricht (anstatt den Kindern beizubringen, sich wenigstens in einer Sprache korrekt auszudrücken), es ging bald um alles Mögliche, um Lärmschutz und Klimaanlagen, um Schulspeisung, Laktoseintoleranz, Glutenallergie und probiotische Veganermahlzeiten, um Krethi und Plethi und des Kaisers Bart. Alles klagte, schimpfte und kotzte sich nach Kräften aus.

Ich war fassungslos. Obwohl wir eindeutig die falschen Adressaten waren, sollten wir als beliebig verfügbare Beschimpfungspersonen herhalten, als menschliche Beschwerde-Mülleimer, in die jeder nach Herzenslust seinen Meinungsabfall werfen konnte. Stumm schauten wir Kandidaten uns an. Wie begossene Pudel ließen wir die Beschuldigungen, Erniedrigungen und Beleidigungen über uns ergehen.

Was bildeten sich diese Leute eigentlich ein? «Was wollt ihr denn, ihr Pöbel?», hat Helmut Kohl 1991 aufgebrachten Demonstranten in Leipzig zugerufen – und hatte damit schwerwiegend recht. Für die paar Kröten, die man uns Politikern zugesteht, für diese lächerlich dünnen Diäten, hie und da mal eine Handvoll Übergangsgeld, eine kleine Aufwandsentschädigung oder Buschzulage, möglicherweise sogar einen kleinen Ehrensold, für diesen Gotteslohn, so glaubten nun diese feinen Herrschaften, konnten sie uns nach Belieben mit ihren Befindlichkeiten zutexten. Sollten sie ihre Probleme doch selbst lösen! Was hatten wir damit zu tun? Wir waren schließlich nur Politiker. Wir wollten nur unsere Ruhe!

Ruhe – genau das war's!

Ganz langsam stand ich auf. Sagte aber nichts. Bis die Menge schließlich verstummte. Ich rückte meine Krawatte zurecht, schaute auf meine Uhr und sagte leise: «Ich möchte nun zum Abschluss John F. Kennedy zitieren, einen schlecht bezahlten Politiker, der bekanntlich von einem inkludierten Behinderten umgebracht wurde: ‹Frage nicht, was dein Land für dich tun kann, sondern was du für dein Land tun kannst!›» Dann verließ ich den Saal.

Mit den Schulen war ich ein für alle Mal fertig.

Die große Rede

Wie man mit Worten allein die Herzen erreicht und den Sieg erringt

Als ich sagte, das Wichtigste für einen Politiker sei die Talkshow oder das Diskussionsforum, da habe ich gelogen. Aber das macht nichts, als Politiker muss ich das manchmal sogar, ich wäre sonst unglaubwürdig. Da halte ich es ganz wie mein Vorbild, der gute Redner Otto von Bismarck, der genau wusste, was ihn ausmachte: «Ein guter Redner muss etwas vom Dichter haben, darf es also mit der Wahrheit nicht ganz mathematisch genau nehmen.»

Viel wichtiger als der Dialog mit anderen ist für den Politiker der Monolog, die allein gehaltene große Rede. Sie ist die absolute Königsdisziplin. Große Reden können die Welt verändern. Sie können Zäsuren setzen, die Welt aus den Angeln heben, das Rad der Zeit eine Speiche weiterdrehen und den Beginn einer neuen Ära markieren. Sie können aber auch ungehört verhallen, verpuffen und komplett missverstanden werden.

Mir kann das glücklicherweise nicht passieren, denn ich habe alle großen Reden der Weltgeschichte studiert, Jesus v. Nazareths Bergpredigt ebenso wie Obamas Change-Predigten, habe von Martin Luther bis Martin Luther King alles gelesen, ich analysierte Reichstags-, Bundestags- und Geburtstagsreden, ich las Ciceros Grundlagenwerk über den Redner *De oratore* im Original und dann noch mal auf Deutsch, weil ich kein Wort dieses lateinischen Gebrabbels verstanden habe.

In Gustave Le Bons Politikerhandbuch *Psychologie der Massen*, das 1895 erschien, fand ich die wesentlichen Grundsätze der politischen Rede ausgebreitet: «Der Wähler hält darauf, dass man seinen Begierden und Eitelkeiten schmeichelt. Der Kandidat muss übertriebene Schmeicheleien anwenden und darf kein Bedenken tragen, die phantastischsten Versprechungen zu machen. Vor Arbeitern kann man ihren Arbeitgeber nicht genug beleidigen und schmähen. Den gegnerischen Bewerber wiederum muss man zu vernichten suchen, indem man durch Behauptung, Wiederholung und Übertragung zu beweisen sucht, er sei der ärgste Schuft, von dem jeder wisse, dass er etliche Verbrechen begangen habe. Selbstredend ist es unnötig, etwas vorbringen zu wollen, was einem Beweis ähnelt.»

Auch zum Problem des Parteiprogramms hat Le Bon eine klare Meinung: «Das geschriebene Programm des Kandidaten darf nicht sehr entschieden sein, weil seine Gegner es ihm später entgegenhalten könnten, aber sein mündliches Programm kann nicht übertrieben genug sein. Die außerordentlichsten Reformen dürfen in Aussicht gestellt werden. Für den Augenblick erzielen diese Übertreibungen große Wirkung und für die Zukunft verpflichten sie zu nichts.»

Studiert habe ich freilich auch die großen deutschen Reden der jüngeren Geschichte. Mit seiner «Hunnenrede» vor dem deutschen Expeditionskorps zur Niederschlagung des Boxeraufstands in China zementierte Kaiser Wilhelm II. im Jahr 1900 die deutsche Kompetenz in nachhaltiger Entwicklungshilfe («Pardon wird nicht gegeben, Gefangene werden nicht gemacht») und verbesserte die deutsch-chinesischen Beziehungen dahin gehend, «dass niemals wieder ein Chinese es wagt, etwa einen Deutschen auch nur scheel anzusehen». In seiner legendären «Sportpalastrede» schwor Joseph Goebbels seine Zuhörer auf den praktisch nicht mehr zu verhindernden Endsieg ein. Und mit seiner fast genauso legendären, 1997 im Hotel Adlon gehaltenen «Ruck-Rede» machte Bundespräsident Roman Herzog für alle Zeiten klar, dass, wer «Ruck» sagt, auch «Zuck» sagen muss.

In seltenen Fällen kann die größte auch die letzte Rede sein – wie etwa die unvergessene Ansprache des damaligen Bundestagspräsidenten Philipp Jenninger zum fünfzigsten Jahrestag der Novemberpogrome, die er am 10. November 1988 im Deutschen Bundestag hielt. Ohne auch nur einen Anflug von Pathos und Verve erklärte Jenninger den deutschen Faschismus zum «Faszinosum» und schilderte sodann in schlecht vorgetragener erlebter Rede die Verfolgung der Juden: «Und was die Juden anging: Hatten sie sich nicht in der Vergangenheit doch eine Rolle angemaßt – so hieß es damals –, die ihnen nicht zukam? Mussten sie nicht endlich einmal Einschränkungen in Kauf nehmen? Hatten sie es nicht vielleicht sogar verdient, in ihre Schranken gewiesen zu werden?» Die Empörung war groß, Jenninger blieb nur der Rücktritt.

Solche Fehler werde ich vermeiden, wenn ich am Tag vor der Bundestagswahl in Berlin meine große, alles entscheidende Rede halten werde. Denn aus all dem zuvor Gelesenen und Gehörten habe ich die drei wichtigsten Grundsätze der erfolgreichen öffentlichen Rede destilliert. Diese Grundsätze sind so evident, so brillant formuliert und noch besser vermarktbar, dass ich sie bald sogar gebührenpflichtig ins Netz stellen werde. Für meine treuen Leser und Stammwähler seien sie hier aber schon mal aufgelistet:

Die drei wichtigsten gebührenpflichtigen Grundsätze der öffentlichen Rede

1. Betone, wo du sprichst. Betone es immer wieder, denn nur, wo du gerade bist, da sind die anderen auch. Mit denen, die nicht da sind, willst du nichts zu tun haben.

2. Betone, was du sprichst. Sage ruhig alles ein zweites und ein drittes Mal. Keine Angst vor Redundanzen!

3. Betone, warum du sprichst. Gib den Menschen Sicherheit. Menschen sind Zauderer, die meisten haben Angst vor Veränderungen. Nimm ihnen diese Angst.

So bin ich bestens gewappnet, wenn ich bald die Mutter aller Reden halten werde. Ich fühle mich sicher, denn ich habe ein hervorragendes Redemanuskript, in dem teilweise auch einige meiner eigenen Ideen zu finden sind. Das ist ungewöhnlich. Die meisten Spitzenpolitiker lesen nur das ab, was ihnen die Redenschreiber vorformuliert haben. Ich aber pflege meinen eigenen, ganz persönlichen Stil – deswegen habe ich diese Rede, die der Politkommissar noch während des Frankfurter Wahlkampfs für meine spätere Kanzlerkandidatur nach meinen Wünschen vorformuliert hat, erst neulich mit meiner unverwechselbaren Handschrift verbessert und verändert, jedenfalls an einigen wenigen Stellen. Ich habe mich zwar bemüht, inhaltlich so vage wie möglich zu bleiben – allerdings bestand der Kommissar schon damals darauf, dass ich das deutsche Teilungsticket im Redeverlauf voll ausspiele.

«Aber die deutsche Einheit steht doch gar nicht mehr zur Diskussion», sagte ich.

«Ist doch egal. Die deutsche Zweistaatenlösung ist unser politisches Alleinstellungsmerkmal. Damit heben wir uns komplett von den Altparteien ab. Die Einheit ist die heilige Kuh der deutschen Politik, da traut sich keiner ran. Obwohl die große Mehrheit der Westdeutschen noch nie im Osten war und umgekehrt. Dafür verelendet der Westen, und im Osten sitzen sie in Spaßbädern und verprassen den Solidarbeitrag. Das müssen Sie sich zu eigen machen, populistischer geht's nicht!»

Allerdings dürfe ich nicht vergessen, den Wähler in der Mitte zu umgarnen, denn nur in der Mitte seien noch Stimmen zu gewinnen, sagte der Kommissar. Und gerade der mittelmäßige Mitte-Wähler, der wolle absolut keine Veränderungen: «Die Leute haben Angst vor Reformen und Umwälzungen. Mit der deutschen Einheit wurde alles anders und vieles schlechter – versprechen Sie den Leuten einfach, diese Veränderungen wieder rückgängig zu machen. Die sind mit einem neuen Anstrich des Bewährten meistens schon zufrieden. Machen Sie lieber einen auf Stillstand – da machen Sie wenigstens nichts falsch!» Diese klare Position würden wir ja auch mit unserem neuen Häschen-Plakat ausdrücken: «Keine Experimente» prangt über dem Foto, und das bedeute nicht nur, dass wir gegen Tierversuche seien, sondern überhaupt gegen jeden Versuch, irgendetwas zu unternehmen.

Doch braucht man nicht nur ein spitzenmäßiges Manuskript, auch die Wahl des Ortes ist für die Rede entscheidend. Ich werde durch die PARTEI einen nicht zu großen, aber auch nicht zu kleinen Raum in Berlin anmieten lassen. Vielleicht im Wedding oder in Schöneberg oder in Hellersdorf, keinesfalls aber in einem Trendbezirk. Damit das Publikum nicht nur aus einfältigen Zuzüglern besteht, sondern auch der ehrbare und authentische Berliner Pöbel vertreten ist, der Hitler, Honecker, Kennedy und Brandt gleichermaßen begeistert zujubelt, wenn es nur halbwegs was zu jubeln gibt. In den ersten Reihen werden die besten Claqueure der Stadt sitzen. Dazu handverlesenes Qualitätspublikum aus den Reihen der PARTEI. Die würden auch noch klatschen, wenn ein stummer Mann im Dunkeln bei Stromausfall spräche.

Ich sehe es schon ganz plastisch vor mir: Sie alle warten seit Stunden, dass es endlich losgeht. Meine Rede ist für acht Uhr abends angekündigt worden, und jetzt ist es schon halb elf. Weil ich mich in der Zeit vertan habe, was mir persönlich sehr leidtut. Weil ich zu spät los bin und die S-Bahn wieder kaputt war. Schienenersatzverkehr: Fehlanzeige. All das zeigt der aufgepeitschten und teils schon schamlos angetrunkenen Masse, dass ich einer der Ihren bin.

Keine Experimente!

Oliver
Maria Schmitt
Kanzler
der Herzen

Macht alle mitt –
wählt OLIVER
SCHMITT!

☒ccupy Bundestag   Die PARTEI

*Was schon Adenauer ahnte: Die Bürger wollen keine Veränderungen,
sondern niedliche Haustiere und in Ruhe regiert werden.*

Dann beginne ich.

Leise.

Noch leiser.

Kaum hörbar, um maximale Aufmerksamkeit zu erregen.

So leise, bis schließlich einer schreit: «Mikro lauter!» – und der Techniker, der hier zum letzten Mal Techniker ist, endlich das Mikro lauter macht. Gut verständlich fahre ich fort, setze gekonnt Mimik, Pathos und Gestik ein, lächle hier in die Kameras, winke dort einer blinden Mutter zu, werfe Kusshände ins Publikum, zeige im grellen Scheinwerferlicht anspruchsvolle Handschattenspielereien: den Hund, die Eule und natürlich Willy Brandt, den kann ich nämlich besonders gut.

Immer wieder wird meine Rede von Handyklingeltönen unterbrochen, aber auch von Beifallsgewittern. Die Menschen jubeln, schreien, klatschen, so stelle ich mir das vor – aber sie klatschen nicht lang genug. Ein Problem, das jeder große Redner kennt. Auch Bundespräsident Heinrich «Sehr geehrte Damen und Herrn, liebe Neger» Lübke rief seinem Publikum 1966 bei einer Rede in Berlin zu: «Sie müssten eigentlich mehr Beifall spenden, weil ich zwischendurch trinken muss, um meine Stimme zu schonen.»

Diese meine Rede wird meine Gefolgschaft noch enger an mich binden, meine Kritiker mundtot und meine Gegner sprachlos machen, sie wird Merkel hinwegfegen und Steinbrück beschämt verstummen lassen, da ich Teile meines Vortrags sogar honorarfrei zum Besten geben werde.

Manchmal wirkt die Rede auch sehr spontan, ja wie aus dem Stegreif gehalten, denn das macht die Rede lebendig. Auch das will jedoch gut vorbereitet sein, was mir der Blut-Schweiß-und-Tränen-Redner Winston Churchill bestätigt: «Am meisten Vorbereitung kosten mich immer meine spontan gehaltenen, improvisierten Reden.»

Und deshalb will ich sie hier auch tatsächlich schon einmal halten, diese Rede, die ich, bevor es andere tun, die «Große Deutsche Rede» nenne:

Westberliner! Berliner! Deutsche!

In Berlin zu sprechen, liebe Redekonsumenten, ist etwas anderes, bedeutet etwas anderes, als in Leipzig zu sprechen. Wie komme ich auf Leipzig? Ich hätte ebenso gut Hamburg sagen können, München oder Neubrandenburg, ich hätte Wuppertal sagen können, Essen, Emden, Edertal oder Untergruppenbach bei Obergruppenbach, ich hätte Weimar sagen können, Groß-burgwedel, Klein- und Mittelburgwedel, Burgarschwedel oder Burg in Brandenburg, Heilbronn, Aachen, Zwickau oder Bonn – all diese Orte haben eines gemein: Sie sind nicht Berlin.

Und wenn ich Berlin sage, dann meine ich nicht Erfurt, nicht Frankfurt, Schweinfurt oder Haßfurt oder Staßfurt, nicht Ochsenfurt, Querfurt oder Furt...wangen im Schwarzwald – sondern, und dazu stehe ich: Deutschland! Beziehungsweise: Berlin!

Berlin, meine sehr verehrten Erst- und Letztwähler, Berlin ist und bleibt Berlin, ohne Wenn und Aber! Mein Berlin bei Polen ist ein Berlin, das in hohem, ja in allerhöchstem Maße mit sich selbst identisch ist, Berlin ist Berlin, und zwar ein West-Berlin und ein Ost-Berlin, denn zwei Berlins sind mehr als ein Berlin, sind doppelt so erfolgreich, doppelt so beliebt wie nur ein Berlin, aber nicht doppelt so teuer. Darauf mein Ehrenwort als Nicht-Berliner!

And if I now speak a little bit in English, then only to show off and to quote one of the most famous speeches in German history. Because nearly all the free men, wherever they may live, are not citizens of Berlin. They live in nicer places. And therefore, as a free man, I take pride in the words:

Isch bin kein Berliner!

Aber lassen wir ab von derlei komplizierten, fast schon unverständlichen Dingen. Ich möchte als Ehrenvorsitzender der PARTEI und in diesem Augenblick auch als der Führer ihres Schicksals zunächst einmal all den unzähligen PARTEI-

Genossen danken! Danken für alles, was sie hier in den letzten Stunden, Tagen und Wochen erlitten, geduldet, getan und geleistet haben, all die Männer und Frauen in sinnlosen Ämtern und unbezahlten Funktionen. Ich möchte sie alle bitten, auch in Zukunft nicht zu erlahmen, sondern der PARTEI-Führung und der Bewegung zu vertrauen und mit äußerstem Fanatismus den schweren Kampf um die Zukunft unseres Landes durch- zufechten. Im Übrigen will ich euch, liebe Parteikollegen, so wie in den letzten Monaten und Wochen des Ringens auch heute aufs Neue versichern, dass mein Glaube an die Zukunft, an eine Zukunft voller Aussichten und an eine Aussicht voller Zukunft absolut unerschütterlich ist.

Wem die Vorsehung so schwere Prüfungen auferlegt wie uns, der braucht ein geeignetes politisches Umfeld, um den Zukunftstraum verwirklichen zu können. Das wäre mit einer der althergebrachten Parteien, in denen Korruption, Intrige und Verrat regieren, Suffragetten, Abstinenzler und Saboteure das Sagen haben, niemals möglich gewesen. Daher gründeten wir eine neue, eine nie dagewesene Partei. Eine junge, noch ziellose Partei, die alles hat, was eine Partei braucht: jede Menge ahnungsloses Personal, eine große Schar williger Mitläufer und ein vages politisches Programm. Und schließlich einen unbe- zahlten, aber hochangesehenen Ehrenvorsitzenden, der als peinliche Altlast mitgeschleift wird – mich.

Die PARTEI ist wahrlich eine Partei, die Chancen bietet, die Möglichkeiten bietet. Eine Partei, in der jeder alles werden kann. Ich selbst bin dafür der beste Beweis: Ich wollte gar nicht Ehrenvorsitzender der PARTEI werden, liebe Zuhörer, und dennoch bin ich Ehrenvorsitzender geworden.

Hurra!

Und so kann es jedem gehen. Man muss nur ein Ziel klar vor Augen haben, man muss dieses Ziel anvisieren, ja, man muss geradezu auf dieses Ziel zielen, liebe Kameraden und Mitbürger, dann muss man sich der Aufgabe stellen und versuchen, sie zu meistern, und dann muss man die eigentliche Arbeit an die zuständigen Fachausschüsse delegieren, damit die auch irgendwas zu tun haben. Denn so einfach es sein mag, aus dem Nichts einen riesigen Parteiapparat zu schaffen, so schwer ist es auch, diesen Parteiapparat sinnvoll zu beschäftigen.

Niemand braucht über Sinn und Zweck der Parteiarbeit nachzudenken, denn alle Beschlüsse, alle Entscheidungen werden ja schon von der Parteiführung getroffen, so ist das, meine sehr verehrten Herrschaften und Frauen und Damen, denn die PARTEI – und das sage ich voller Stolz und voller Bewunderung –, diese Partei ist eine Partei allerneuesten Typs, eine revolutionäre Partei, die ganz dem Evolutionsgedanken verpflichtet ist, eine Partei, die immer recht hat, auch wo sie irren mag, eine demokratische Partei mit eindeutig autoritärem Gefüge, mit verkrusteten Strukturen und eingefahrenen Denkmustern, die wir neu beleben wollen! Eine Partei des Fortschritts und der bewussten Umkehr, eine Partei mit Visionen und einem ausgeprägten Sinn fürs Machbare.

Wir sind hier in Berlin – und das sage ich bewusst am Schluss dieses Redeabschnitts, weil der nächste Redeabschnitt, liebe Kampfgenossen und Kolleginnen, von etwas ganz anderem handeln wird –, wir sind hier in Berlin, weil wir in der Hauptstadt Deutschlands sind, und nicht in Hannover, Nürnberg oder München, nicht in Glückstadt, Neustadt oder gar Darmstadt – nein: Wir sind hier in Berlin, denn in Berlin gibt es die PARTEI. Wir sind nämlich eine Partei, wie sie im Parteibuch steht, eine absolut seriöse Partei, die nichts anderes will, als Partei zu sein im Sinne des Parteiengesetzes.

Das Ziel aber, die Aufgabe, die wir uns in freier Selbstbestimmung auferlegt haben, ist eine gewaltige Aufgabe. Eine Aufgabe, liebe Zuhörer, die so gigantisch ist, so unglaublich riesig, so monumental und monströs, dass wir selbst vor dieser gewaltigen Aufgabe erschaudern. Diese Aufgabe besteht darin: den Wechsel herbeizuführen.

The Change!

Dieser Change wird nicht einfach sein, liebe Anwesende. Es wird Rückschläge und Fehlstarts geben, und manchmal werden wir Fehler machen. Ja, wir werden viele, sogar sehr viele Fehler machen. Massig Fehler. Und deshalb frage ich euch: Wisst ihr, was? Wir verzichten einfach auf diesen Wechsel und die ganzen Fehler – dann haben wir alle ein schöneres Leben.

Change – was soll das überhaupt bedeuten? Für den einen bedeutet es Wandel und Veränderung, für den anderen Umtausch und Wechselgeld. Wer soll da noch durchblicken? Lassen wir lieber das Gerede vom Wechsel, reden wir lieber von dem, was wirklich wichtig ist: ein guter und gesunder Schlaf!

Liebe Gäste, ich sage das in aller Offenheit: Ich habe einen Traum! Einen Traum von einem Land namens Deutschland, in dem ich der Kanzler bin, der oberste Bestimmer von allem. Ein Land, in dem ich jeden Monat ein klar definiertes Gehalt überwiesen bekomme und ansonsten meine Bürotüre im Kanzleramt für alle Bürger dieses Landes jederzeit geschlossen halte. Wer etwas von mir will – der kann mir ja eine E-Mail schreiben! Jawohl, das kann er!

Das mag ein Traum sein, liebe Landsleute und liebe Stadtleute – aber dieser Traum kann auch Realität werden, so wie auch der Traum vom Fliegen Realität geworden ist, wie auch der Traum vom schnurlosen Telefon Realität geworden ist und wie auch der Traum von einem geteilten Deutschland schon einmal vierzig Jahre lang Realität geworden ist.

Denn es gibt nicht ein liberales Deutschland und ein konservatives Deutschland, es gibt nicht ein schwarzes Deutschland und ein weißes Deutschland, nicht ein Deutschland der Bayern und ein Deutschland der Friesen, nein! Es gibt nur ein Westdeutschland und ein Ostdeutschland! So sieht's nämlich aus! Und diese beiden Deutschlands, die sollten voreinander ihre Ruhe haben! Die Reisefreiheit ist nämlich immer auch die

Reisefreiheit der anderen. Indem wir Deutschland endlich friedlich spalten, bleibt alles wieder schön beim Alten!

Wisst ihr, sie haben gesagt, dieser Tag würde niemals kommen. Sie haben gesagt, unsere Ziele seien unerreichbar. Sie haben gesagt, die Menschen in diesem Land seien zu uneinig, zu desillusioniert, um überhaupt ein gemeinsames Ziel zu verfolgen. Aber heute wissen wir, dass diese Ziele erreichbar sind, dass wir das schaffen können, was die Zyniker uns nicht zugetraut haben – wenn nur der eine Mann endlich mitmacht, dem wir das alles zu verdanken haben. Der Mann, der uns diese ungeheure Einheitssuppe eingebrockt hat. Ich spreche von keinem Geringeren als dem Glasnostiker und Mauerschänder Michail Gorbatschow.

Der soll sich gefälligst darum kümmern, dass alles wieder so wird, wie es einmal war. Mit meiner symbolischen Hand, liebe Mitdenker, deute ich jetzt auf die verschwundene Berliner Mauer in unseren Köpfen und rufe euch und ihm zu: Mister Gorbatschow – bauen Sie diese Mauer wieder auf!

Lassen wir nun in dieser festlichen Stunde noch einmal die Blicke zurückschweifen auf das alte Berlin, ein lebenswertes Berlin, in dem alles so war, wie es eben war. Und das war gut so – und genau da wollen wir wieder hin. Alle anderen Parteien wollen irgendwelche Veränderungen, sie wollen irgendetwas ganz anders machen als das, was ihre Vorgänger vorher verändert und anders gemacht haben. Sie verändern die Veränderung und kommen doch nicht voran.

Aber wir, liebe Berliner und Brandenburger, wir blicken zurück in die Vergangenheit vor der Wende, die auch unsere Zukunft sein wird. Veränderungen sind mit mir nicht zu machen! Status quo rules, in der Ruhe liegt die Kraft! Keine Experimente! Wir stehen uneingeschränkt für einen Groß-flughafen, der für immer geschlossen bleiben wird. Denn Politik bedeutet Kampf um die Macht, und meine Definition von Machtpolitik ist: Nur wer nichts macht, macht keine

Fehler. Und wer keine Fehler macht, wird relativ sicher wiedergewählt.

Noch vor Jahren, als diese Bewegung nur sieben Mann hoch
war, wurden wir als Partei verspottet und verhöhnt. Heute
ist unseren Gegnern das Lachen vergangen. Eine gläubige
Gemeinschaft von Menschen ist entstanden, die langsam die
allgemein verbreiteten Vorurteile gegenüber der Politik überwinden wird. Eine gläubige Gemeinschaft von Menschen, die
entschlossen ist, den Kampf für ihr Land, für ihre Stadt, ihren
Stadtbezirk, ihre Straße, ihr Haus, ihren Hausmeister aufzunehmen – und dieses Land heißt Deutschland, und diese
Stadt heißt Berlin (West) und Berlin (Ost) oder wie auch
immer, scheißegal – wir sind mit diesen und durch diese verbunden!

Deshalb, liebe Deutschländer und Ausländer, rufe ich euch zu,
und ich rufe unserem Volk zu: Bürger Deutschlands, Einwohner
Berlins, gebt mir vier Jahre Zeit, in denen ich dafür sorgen
werde, dass alles so wird, wie es einmal war! Gebt mir vier Jahre
Zeit, bis diese Amtszeit endet, und dann gebt mir noch einmal
vier Jahre Zeit! Eine Zeit, die als Epoche der Versöhnung mit
der Zukunft im Zeichen der Tradition und des Fortschritts
durch sozialen Frieden und Wohlstand im gemeinsamen Haus
Europa und darüber hinaus, helau!

Wenn ich mich hier im Saal so umschaue, dann sehe ich aufrechte und unerschrockene Männer und Frauen, furchtlose Erst-
und Wechselwähler, aber auch Stammwähler und Abwähler,
Ärzte, Wissenschaftler, Künstler, Ingenieure und Architekten,
Lehrer, Beamte und Angestellte aus den Ämtern und Büros, aber
auch aufrechte Alkoholiker, Schluckspechte und Zechpreller,
Penner und Querulanten, ja überhaupt jede Menge Arschgei-
gen – eine stolze Vertreterschaft unseres geistigen Lebens in all
seinen Schichtungen, der dieses großartige Land gerade jetzt, in
diesen schweren Zeiten, einiges zu verdanken hat.

Ihr also, meine Zuhörer, repräsentiert in diesem Augenblick

dieses Land, dieses schöne, furchtbare und fruchtbare Land, das noch viel schöner sein könnte, wenn nur irgendjemand Bock hätte, sich darum zu kümmern. An euch möchte ich heute zehn Fragen richten, oder sagen wir lieber drei Fragen, dann ist die Saalmiete nicht so teuer – drei Fragen, die ihr mir mit allen Deutschen vor der ganzen Welt, insbesondere aber vor unseren politischen Feinden, die uns auch an ihren Rundfunkgeräten zuhören, beantworten sollt.

Unsere Gegner behaupten, die PARTEI, unsere PARTEI, habe den Glauben an den Sieg verloren. Ich frage daher alle Deutschen: Glaubt ihr mit dem Parteiführer und mit uns an den endgültigen Sieg der PARTEI? Ich frage euch: Seid ihr entschlossen, mit der PARTEI-Führung zur Erkämpfung des Sieges durch dick und dünn zu gehen und ihr unter Aufnahme auch schwerster persönlicher Belastungen zu folgen?

Zweitens: Unsere Gegner behaupten, die PARTEI sei des Kampfes müde. Ich frage euch: Seid ihr bereit, uns im Wahl-kampf mit wilder Entschlossenheit und unbeirrt durch alle Schicksalsfügungen zu unterstützen, bis der Sieg in unseren Händen ist?

Und drittens und letztens: Unsere Gegner behaupten, die Wähler hätten keine Lust, sich der überhandnehmenden Arbeit, die die PARTEI von ihnen fordert, zu unterziehen. Ich frage euch: Seid ihr entschlossen, wenn der PARTEI-Chef es befiehlt, nach dem Wahlsieg zehn, zwölf und, wenn nötig, vierzehn und sechzehn Tage Urlaub zu nehmen, um euch von den Strapazen der Wahlkampfzeit zu erholen?

Ich frage euch: Wollt ihr den totalen Wahlsieg? Wollt ihr ihn, wenn nötig, totaler und radikaler, als wir ihn uns heute über-haupt noch vorstellen können?

Ich habe euch gefragt; ihr habt mir eure Antworten gegeben. Ich habe sie mir nicht aufgeschrieben. Ihr seid PARTEI-Freunde, durch euren Mund hat sich damit die Stellungnahme der Wähler manifestiert. Ihr habt unseren Feinden das zugerufen, was sie wissen müssen, damit sie sich keinen Illusionen und falschen Vorstellungen hingeben.

Ihr Völker der Welt, ihr Völker in Amerika, in England, in Frankreich, in Italien! Schaut auf diese Stadt und erkennt, dass ihr diese Stadt und diese PARTEI nicht preisgeben dürft und nicht preisgeben könnt! Es gibt nur eine Möglichkeit für uns: gemeinsam so lange zusammenzustehen, bis dieser Kampf gewonnen, bis dieser Kampf endlich durch den Sieg über die Feinde, durch den Sieg über die Macht der Finsternis besiegelt ist.

Gemeinsam mit euch, liebe Parteifreunde und Erstwählerinnen, werden wir auch künftig voranschreiten, um die PARTEI zu festigen und gegen alle feindlichen Anschläge zu verteidigen.

Nach diesen vielen fast gewonnenen Wahlen in Nordrhein-Westfalen, in Hessen und in Baden-Württemberg, dem Beinahe-Triumph in Hamburg und im Saarland werden wir nun endlich Deutschland erobern und zu einem Land der Liebe und der Triebe, des Glücks und der Zuversicht machen.

Werktätige Männer, arbeitslose Frauen und durstige Jungwähler in diesem Land! Gebt am Wahltage eure Stimme nur mir! Hinweg mit der Merkel, nieder mit Steinbrück! Kämpft gegen Polizei- und Justizterror und für die Freilassung aller politischen Gefangenen unserer PARTEI, die sich von der Straße aufgemacht haben, um in den Gefängnissen gratis zu übernachten. Kämpft gegen imperialistische Kriegsgefahr und dekonstruktivistische Ansätze in Lehre und Forschung – kämpft für die PARTEI, die immer recht hat!

Wenn wir je treu und unverbrüchlich an den Wahlsieg geglaubt haben, dann in dieser Stunde der Besinnung und der inneren Aufrichtung. Helau und Alaaf, viel Glück und viel Segen, macht's gut, ihr lieben, tollen, süßen Bürger, ihr seid die Coolsten. Und deshalb: Macht alle mitt – wählt Oliver Maria Schmitt zum Kanzler der Deutschen!

Im Übrigen bin ich der Meinung, dass Karlsruhe zerstört werden muss.

Die Demonstration

Wie man mit Oberlippenbärten und Joschka Fischer die Massen mobilisiert

Mit einem Ruck, der gefühlt durch ganz Deutschland ging, setzte sich der Demonstrationszug in Bewegung. Im Schatten des Frankfurter EZB-Bankenturms gab der mächtige Landesvorsitzende das Zeichen, und wir stapften los. Dass diese Menschenmenge marschierend unterwegs war – das war sein Werk. Stolz und zufrieden winkte er mir zu, der massige Mann. Seit Tagen schon sprach er von nichts anderem als von «der Demo», er schien geradezu besessen davon. Und auch der Politkommissar hatte mir immer wieder eingebläut: «Die Krönung eines jeden Wahlkampfs ist die Großdemonstration.» Sie sollte der Höhepunkt unserer Kampagne sein, ein Fanal unseres Willens zur nachhaltigen ressourcenoptimierten Synergiegestaltungskompetenz.

Nach längeren Strategiediskussionen hatten wir uns schließlich für die klassische wandernde Massenkundgebung entschieden. Für einen Schweigemarsch waren wir eindeutig zu mitteilungsbedürftig, für eine Menschenkette zu unorganisiert – und eine Sitzblockade konnte ich leider nicht durchsetzen. Obwohl das eigentlich meine Königsdisziplin war.

Zu einer Zeit, da Deutschland noch BRD hieß, war meine

Heimatstadt Heilbronn eine von drei Atomraketenbasen des Landes. Auf der Waldheide, einem Naherholungsgebiet, nur drei Kilometer vom Stadtzentrum entfernt, hatte die U.S. Army eine schwer gesicherte, stacheldrahtumzäunte Basis für ihre Pershing-II-Mittelstreckenraketen errichtet. Als es dort 1985 zu einem tödlichen Unfall mit einer angeblich nicht atomar bestückten Rakete gekommen war, kochte der Volkszorn hoch, und es wurde erste Bürgerpflicht, die Raketenbasis Tag und Nacht durch eine Sitzblockade am Vollzug des atomaren Vernichtungsschlags zu hindern. Tagsüber kamen hin und wieder prominente Unterstützer und setzten sich für Pressefotos vors Tor.

Wir blockierten immer nachts. Nachdem die letzte Kneipe hinter uns geschlossen hatte, fuhren wir mit dem Taxi hoch zur Waldheide, um uns demonstrativ vor das Haupttor der Basis zu setzen, misstrauisch beäugt von US-Soldaten und deutschen Polizisten. Die hatten uns wegzutragen, wenn Fahrzeuge das Tor passieren wollten. Und das wollten sie ständig. Vor allem nachts, wenn die betrunkenen Soldaten aus den Kneipen zurückkamen. Obwohl alle anderen Tore frei und passierbar waren, ließen sie sich per Taxi immer nur durch das Haupttor fahren. Sie hatten Spaß an den Räumungsaktionen der Polizei, die dann die angetrunkenen deutschen Blockierer irgendwie wegschaffen musste. So kämpften wir an der vordersten Front der kalten Kriegslinie, Nacht für Nacht: betrunkene Deutsche gegen amerikanische Saufbolde. Es war ein zähes Ringen um den Weltfrieden. Irgendwann gab Gorbatschow schließlich auf, und alle Raketen wurden verschrottet. Den drei toten US-Soldaten, die bei dem Raketenunfall ums Leben kamen, wurde ein Denkmal errichtet. Uns Sitzblockierern, den Bewahrern des Friedens, keines.

Längst hatten wir den Startpunkt, das «Occupy Frankfurt»-Zeltcamp, hinter uns gelassen. Das letzte, noch nicht geräumte Lager der Globalisierungsgegner in Deutschland war inzwischen fast vollständig in der Hand von Alkoholikern, Straßenpunks und schwangeren Roma-Frauen. Teilnahmslos beobachteten sie unsere Protestgemeinde, die zahlenmäßig zwar nicht gigantisch war, jedoch wesentlich entschlossener und umstürzlerischer, ja insgesamt heroischer wirkte als die gesellschaftlich fragmentierte und versprengte Campbesatzung.

Rätselhafterweise waren die vom Landeschef prognostizierten hunderttausend Demonstranten nicht vollzählig erschienen. Wenn man die «tausend» hintendran wegließ, stimmte die Zahl aber. Damit der Demonstrationszug dennoch einigermaßen stattlich wirkte, bekamen wir Verstärkung vom Staat: Gut hundert Polizisten sicherten den Zug, was unsere optische Präsenz ziemlich genau verdoppelte. Jetzt wurde mir auch klar, warum bei Kundgebungen die Teilnehmerzahlen, die die Veranstalter angaben, immer zweimal so hoch ausfallen wie die der Polizei. Die Letzteren rechnen ihre eigenen Leute einfach nicht mit. Warum? Sind die etwa nichts wert?

Tapfer schlängelte sich der so kleine wie feine Demonstrationszug durch die dunklen Schluchten des Bankenviertels. Geisterstadtgefühl, verwaiste Boulevards. Es war Samstag, keiner arbeitete, und der Verkehr wurde von der Polizei umgeleitet. Wir hatten die Straßen ganz für uns allein. Minimalinvasiv drangen wir tief in den Körper der Gesellschaft ein.

Der leuchtend orangerote Schopf des Aktivisten tauchte neben mir auf. Er trug Tarnfleckenkleidung und eine passend rote Weste mit Verdi-Logo, auf der «Ordner» stand. In der rechten Hand hielt er ein Megaphon, in der linken Hand Chantal. Offenbar fühlte er sich für die Praktikantin verantwortlich, auf die das großstädtische Frankfurt unbedingt furchteinflößend wirken musste, weil sie ja aus Offenbach stammte. Er deutete auf die großen, meterhohen Wahlplakatträger der Konkurrenten, die wir gerade passierten.

«Solche Dinger brauchen wir auch.»

«Auf jeden Fall», pflichtete ich ihm bei. «Aber die sind extrem teuer.»

Er blickte mich verwegen an. «Wir leihen uns einfach ein paar aus.»

«Du meinst, wir sollten nachts mal losziehen und sie wegtragen?»

«Tagsüber natürlich! Wenn du Plakatwände klauen willst», dozierte der Aktivist, «dann immer nur vor aller Augen! Wenn du nachts in dunklen Klamotten kommst und die Dinger abmontierst, ist in dreißig Sekunden die Polizei da. Wenn du am helllichten Tag kommst, mit 'nem großen Lieferwagen und 'ner grellen Warnweste an, dann hilft dir die Polizei noch beim Einladen, du wirst sehen.»

Stolz strahlte Chantal ihn an. Jetzt fiel mir auf, dass die beiden ja die ganze Zeit Hand in Hand gingen. Lief da was? War Chantal nicht eigentlich mir verfallen? Ich ließ mir erst mal nichts anmerken.

«Ich war neulich auf 'ner Verdi-Demo», erzählte der Rothaarige, «da standen nur so 'n paar Hansel in roten Gewerkschaftswesten rum. Zwei Passanten gingen vorbei, sagt der eine zum andern: ‹Guck mal, ein Flashmob.›» Das dürfe uns heute auf keinen Fall passieren, und deswegen müsse nun durch Transparentschwenken und Megaphongebrüll der Eindruck größtmöglicher Geschlossenheit und Aktivität erzeugt werden. Er drückte mir das Megaphon in die Hand.

«Hier – leg los!»

«Womit denn?»

«Na, mit Parolen! Der Anführer gibt die Parolen vor. Und wir brüllen dann alle mit.»

Richtig – natürlich mussten wir Parolen brüllen. Aber welche? Ich hatte keine vorbereitet. Mir fielen nur die alten Sponti-Sprüche ein, die wir auf den Ostermärschen meiner friedensbewegten Jugend gebrüllt hatten. Ich war ein leidenschaftlicher Ostermarschierer. Im Prinzip bin ich meine komplette Jugend über an Ostern durchmarschiert. Für den Frieden. Und wogegen waren wir? Genau – gegen die Rüstung. Aber total. Während Joseph Beuys sang: *Wir wollen Sonne statt Reagan / Ohne Rüstung leben / Ob West, ob Ost / Auf Raketen muss Rost*, skandierten wir: *Deutsche Waffen, deutsches Geld / morden mit in aller Welt.* Und dazwischen immer mal wieder: *Hopp, hopp, hopp / Atomraketen stopp!* Wenn uns langweilig war und uns die Polizisten, die damals einheitlich den sogenannten «Bullenschnäuzer» trugen, besonders böse anstarrten, riefen wir: *Die absolute Härte / sind Oberlippenbärte.* Und wenn gar nichts mehr ging, dann wurden wir international: *Hoch / die / internationale Solidarität.*

Ich nahm das Megaphonmikro fest in die Hand und drückte den Knopf. *Macht alle mit / Wählt Olli Schmitt!*, schrie ich und stellte erleichtert fest, dass sich das eigentlich ganz rund und stimmig anhörte, wenn hundert Kehlen es nachkrakeelten.

Gemächlich latschten die schmittschreienden Demonstranten einher. Zu gemächlich! Ich gab etwas Hackengas und forderte auch die Polizisten auf, ein wenig schneller zu werden. Von Anfang an war ich dafür gewesen, der Demo ein gewisses Tempo zu geben, damit sie gerade noch so als Marsch durchging. Ein Marsch, ein historischer Aufmarsch sollte diese demokratische Willenskundgebung sein.

Große Märsche haben in Deutschland Tradition, vom Marsch auf die Feldherrenhalle über den Marsch durch die Institutionen bis hin zum Narhallamarsch. Und nicht zuletzt durch seinen «Langen Marsch» ist Mao Tse-tung weltberühmt geworden. Unser Marsch würde zwar nicht ganz so lange gehen, aber es musste ja auch nicht gleich Weltruhm sein, den ich damit erbeutete – eine gewonnene Wahl reichte schon.

Doch die Bullen bremsten mich. Wir dürften nicht schneller gehen, sagten sie. Vor uns sei noch eine andere Demonstration, Iraner oder was, da müssten wir Sicherheitsabstand halten.

«Ja, da sind Perser», bestätigte der herbeieilende Landesvorsitzende. «Ich weiß Bescheid.»

Wie es sich gehörte, hatte der umtriebige Mann Tage zuvor

«Bürger, lasst das Shoppen sein / Wählt den Schmitt und reiht euch ein!» Unser Demonstrationszug erreichte Spitzengeschwindigkeiten von bis zu 2,9 km/h.

auf dem Ordnungsamt die «Anmeldung einer öffentlichen Versammlung gemäß § 14 Versammlungsgesetz» vollzogen und gemeinsam mit der Amtsinspektorin eine schöne Marschroute durch die Innenstadt erarbeitet. Eigentlich hatte er für die marschierenden Massen ganz bescheiden eine Route durch Nebenstraßen vorgeschlagen; er wollte die Demo nicht gefährden, weil er mit der Anmeldung ohnehin sehr spät dran war. Die Inspektorin lehnte die Nebenstraßenroute jedoch ab: «Durch diese kleinen Straßen? Da sieht Sie doch keiner. Und es reisen bestimmt

Demonstranten von außerhalb an, die sollen ja auch was von unserer schönen Stadt zu sehen kriegen.»

So legte die Inspektorin, die offenbar eng mit der städtischen Tourismusbehörde zusammenarbeitete, eine abwechslungsreiche Sightseeing-Strecke fest, vorbei an den schönsten Sehenswürdigkeiten der Stadt: Alte Oper, Hauptwache, Konstablerwache, Paulskirche, und überall durften wir auch mal kurz pausieren.

Allein die geplante Abschlusskundgebung auf dem Römer habe sie uns nicht garantieren können, berichtete aufgewühlt der Landeschef, weil am gleichen Tag noch drei weitere Demonstrationen unterwegs seien – darunter eine von Exil-Iranern. Die nun vor uns her demonstrierten. Immer wieder hörte man ihr wütendes Gebrüll und sah schwingende Fäuste. Mehrmals stoppte uns die Polizei, wir dürften «aus Sicherheitsgründen» auf keinen Fall ins Heck der Wut-Perser geraten.

Wie ein Hütehund umschnürte der Landesvorsitzende pausenlos unseren Trail, trieb alle zusammen und achtete darauf, dass die vielen Polizeifahrzeuge, die uns begleiteten – Busse, Streifenwagen und schicke Motorräder –, auch das Blaulicht eingeschaltet hatten, um auf uns aufmerksam zu machen. Die Leute am Straßenrand schauten uns hinterher, die einen nachdenklich, die anderen amüsiert, manche fotografierten.

Ein kleiner Mann stellte sich mir als Altsponti vor und wollte auch mal das Megaphon haben. «Ich war bei der Gründung der hessischen Grünen dabei», berichtete er stolz. Mit «dem Joschka» habe er hier, auf dieser Straße demonstriert, *Ho-Ho-Ho-Chi-Minh!* gerufen und *Randale, Bambule / Frankfurter Schule.* Und die Bullen platt wie Stullen gehauen. «Der Joschka hat's ihnen ordentlich besorgt», lachte er noch – dann verfinsterte sich sein Gesicht. «Aber bald ist der Joschka Karrierist und Mitläufer geworden, ich hab den Niedergang der Grünen von der ökologischen Oppositionspartei zur opportunistischen Kriegspartei miterlebt und bin angewidert ausgestiegen.» Sprach's, stellte das Mikro scharf und brüllte ins Megaphon: *Joschka Fischer eil herbei / Prügle uns die Straßen frei!* Was allgemeinen Anklang fand. Als er aber schrie *Schröder-, Fischer-, Scharping-Pack / Wir haben eure Bomben satt* und die Passanten uns immer verwirrter anstarrten, musste ich ihm die Brülltüte wieder abnehmen.

Ich ließ mich ein wenig zurückfallen. Im hintersten Teil des Zugs stapfte der Politkommissar, seltsam bleich hinter seinem Spitzbart, die Hände tief in den Parkataschen vergraben. Wenn er überhaupt etwas ausstrahlte, dann Missmut.

«He, was ist los?», fragte ich ihn. «Die Demo läuft doch super!»

«Diese Schweine», murmelte er. «Diese perversen Säue.»

«Lass mal gut sein, alles halb so wild. Ich finde, die Bullen machen ihren Job ganz okay.»

Aus dunklen Augenhöhlen funkelte er mich an. «Die gehen zusammen! Diese perversen Säue. Die sind ein Paar, sind die!»

Nur mit Mühe war aus ihm herauszubringen, was geschehen war: Er hatte wohl am Vortag den Aktivisten und Chantal in einer «eindeutig kompromittierenden Situation» erwischt – im Hinterzimmer der Kampa-Gaststätte. Details wollte er um keinen Preis nennen. Er sagte nur: «Bill Clinton und das Oral Office.»

Was wollte er mir damit sagen? Hatte er die beiden beim Telefonsex erwischt? Mit Handys im Hinterzimmer? Was machte das für einen Sinn? Oder war es etwa zum Oralverkehr gekommen, jedoch ohne dass dabei inhaliert wurde? War irgendwo ein beflecktes Laken gefunden worden? Und warum hatte ich davon nicht schon früher erfahren?

Ich wetzte wieder nach vorn, vorbei an dem frischgebackenen Aktivistenpaar, und stellte den Landesvorsitzenden zur Rede. Doch der winkte nur ab. Er erzählte mir von den Strafmaßnahmen gegen die Aktivisten, die der Politkommissar schon bei ihm gefordert hätte. Er sei damit nicht einverstanden.

«Zuerst hat er beantragt, dass wir den Aktivisten alle gemeinsam töten. Fememord und so. Mit Mühe hab ich ihn dann auf ein Parteiausschlussverfahren runtergehandelt. Tun können wir aber letztendlich gar nichts. Liebe ist ja schließlich kein Vergehen», beschloss der Landesvorsitzende überraschend schnell seine Analyse.

«Entschuldige mal», protestierte ich, «wir müssen hier irgendwie reagieren! Der Kommissar dreht uns sonst durch!»

«Ich weiß das ja schon länger, ich regle das. Die Demo ist jetzt wichtiger. Wir haben nicht mehr viel Zeit bis zur Wahl. Das ist die letzte Gelegenheit, groß in die Medien zu kommen.»

Ich war mir auf einmal gar nicht mehr sicher, ob der Landeschef tatsächlich alles im Griff hatte. Ob er wirklich so mächtig war, wie er immer tat. Ich hakte nach: «Du hast also von der Sache gewusst? Und mich nicht informiert?»

«Ich hätte es dir schon noch gesagt, aber ich wollte erst Klarheit, ob der Politkommissar sich das nicht nur ausgedacht hat. Der ist ja selber krankhaft heiß auf Chantal.»

Ich war ziemlich erstaunt. Ich stand zwar eindeutig an der Spitze des parteiinternen Informationsflussdiagramms, das der Inspizient penibel genau erarbeitet hatte, er selbst hatte dabei aber bereits mehrfach den offiziellen Dienstweg durch alle Instanzen ignoriert und mir unter Umgehung des Landesvorsitzenden direkt berichtet. Natürlich nur, um mir zu zeigen, über welch immensen Informationszugriff er – im Gegensatz zum Landesvorsitzenden, den er ja beerben wollte – verfügte. Ich hatte mich damit abgefunden, nur noch vorgefilterte und aufbereitete Informationen zu bekommen, das waren eben die Weitergabehierarchien. Dass man aber nach Gutdünken den passenden Zeitpunkt abwartete, mich mit einer Information zu versorgen – das erzürnte mich. War ich, der Spitzenkandidat, überhaupt noch Herr dieser Kampagne?

Ich spürte, dass ich gerade dabei war, irgendwie die Kontrolle über die Informationslage zu verlieren. Denn natürlich filterte auch ich Informationen und spielte sie, je nach Nutzwert, nur einzelnen Auserwählten zu – verlor dann aber schnell den Überblick, wem ich was warum gesagt hatte. Also beschloss ich immer häufiger, gar nichts mehr zu sagen. Und wenn ich etwas sagte, benutzte ich nur noch Politiker-Angebersprech-Sätze, wie sie etwa mein politisches Vorbild Lafontaine gebraucht hatte, als er noch Finanzminister war: «Ich habe entschieden, dass wir hier vorerst keine Entscheidung treffen.»

Dabei lief die Kampagnen-Kommunikation gerade ziemlich rund. Die *Frankfurter Neue Presse* hatte zur Online-Abstimmung aufgerufen: «Wer soll Frankfurts nächster OB werden?» Als ich die Abstimmung im Netz entdeckte, stand ich bei mickrigen drei Prozent, in Führung lag der SPD-Mann mit neunundzwanzig Prozent und neunhundertachtundsechzig Stimmen. Einen Tag später, als das Votum beendet wurde – der Politkommissar hatte zuvor sämtliche verfügbaren Mailverteiler und Facebook-Kontakte bespielt –, führte ich einsam mit viertausendzweihundert Stimmen und der soliden Mehrheit von siebenundvierzig Prozent.

Dass das schöne Ergebnis am darauffolgenden Tag in der Printausgabe als «Spaßergebnis eines Spaßkandidaten» herabgewürdigt wurde, machte den Kommissar sehr wütend – Trost spendete jedoch ein Leserbrief, der sich später im gleichen Blatt fand:

Betreff: O. M. Schmitt ist der beste Kandidat!

Sehr geehrte Leser der «Frankfurter Neuen Presse»,

im Zusammenhang mit der Kandidatur Oliver Maria Schmitts um den Posten des Frankfurter Oberbürgermeisters wird immer wieder der Vorwurf ins Feld geführt (auch in dieser Zeitung), bei der Partei «Die PARTEI» handle es sich um eine Satire- oder reine Spaßpartei. Hauptsächlich von den etablierten Altparteien wird dieses Argument mantramäßig wiedergekäut, speziell im Hinblick auf Schmitts ungewöhnlichen Wahlkampf (z. B. der Slogan «Nicht-

raucherfreies Frankfurt», die «Artenkritische Zoobegehung» oder sein Auftritt auf einer DGB-Veranstaltung). Demgegenüber stehen jedoch Innovationsfähigkeit, Entbiederung des Wahlkampfs und vor allem die extreme Bürgernähe abseits langweiliger Großveranstaltungen. Und dass ein Bürgermeister, der «anders» auftritt und keine Nullachtfuffzehn-Politikerkarriere vorlegen kann, durchaus eine respektable und erfolgreiche Politik machen kann, hat Jón Gnarr, Mitglied der (Satire-)Partei «Beste Partei» und gewählter Bürgermeister der isländischen Hauptstadt Reykjavik, wohl mehr als hervorragend bewiesen.

Allen Bürgern Frankfurts ist der Kandidat O. M. Schmitt als wirkliche Alternative wärmstens ans Herz zu legen.

David Hamann (mit Hut)
Frankfurt

Endlich waren wir unter Menschen! Unser Demonstrationszug hatte das tote Bankenviertel durchquert, einen Fotostopp an der Alten Oper absolviert, nun schlängelte er sich durch die Fußgängerzone. Schon tauchte der erste Wahlinformationsstand der Konkurrenz auf. Je näher wir kamen und je lauter wir wurden, desto mehr verschanzten sich die CDU-Wahlhelfer hinter den riesigen Plakaten ihres Spitzenkandidaten Boris Rhein. Wir stellten uns direkt vor den Stand, ich nahm das Megaphon und brüllte: *Rhein in den Main, Schmitt in den Römer / Dann wird Frankfurt noch viel schöner!*

Während die Polizei die aufgebrachten CDUler zu beruhigen versuchte, zogen wir weiter. Nach einigen hundert Metern versperrte uns ein SPD-Stand den Weg. Traurige Sozialdemokraten blickten uns an, als wir riefen: *Sozis, lasst das Glotzen sein / Kommt zu uns und reiht euch ein!* Zwischendrin schrien wir auch mal, weil das sowieso immer stimmte: *Wer hat uns verraten? / Sozialdemokraten!*

Nach und nach schwoll unser heldenhafter kleiner Demozug an. Immer mehr Passanten wurden zu Mitläufern und folgten uns. Junge Menschen kamen und baten darum, Handshake-Fotos mit mir machen zu dürfen. Der Landesvorsitzende nahm die Handys und fotografierte, ich gab die Fototapete. Was wollten die Kinder nur mit diesen Bildern anfangen? Ich hatte ja praktisch keinerlei Berühmtheit zu bieten. Fotografierten sie auf Vorrat, auf Verdacht? Gut, wenn ich erst mal Kanzler bin, in ein paar Monaten, dann werden sie vielleicht damit renommieren können. Ein Handshake-Foto ist offenbar eine Art digitale Währung, mit der auf Facebook und in anderen Web-Foren bezahlt werden kann. Was auch immer.

Die fotografisch bis dahin ergiebigste Aktion des Wahlkampfs war das Wasserhäuschen-Hopping. Zwar hatten wir nach den neuesten Erkenntnissen des professionellen *canvassing* und anderer Graswurzel-Methoden immer wieder kleinere Mobilisierungskampagnen gestartet, doch der Politkommissar legte es unbedingt darauf an, «eine psychologische Verbindung zwischen Kandidat und Wähler zu schaffen», wie er es formulierte. «Sie müssen Aufmerksamkeit erregen, eine klare Botschaft vermitteln und sich deutlich von konkurrierenden Kampagnen abgrenzen.» Eine prospektive Wähleranalyse hatte zudem ergeben, dass besonders viele potenzielle Schmitt-Wähler tagsüber an Wasserhäuschen anzutreffen waren. Diese speziellen Frankfurter Institutionen, die woanders Trinkhalle, Kiosk, Büdchen oder Spätkauf heißen, sind übers gesamte Stadtgebiet verteilt; Wasserhäuschen heißen sie wohl, weil es dort alles zu kaufen gibt – außer Wasser. Ich sollte nun im Rahmen eines noch nie dagewesenen Wasserhäuschen-Hoppings einen Tag lang Kioske im Stadtgebiet abklappern und mich leutselig unters Volk mischen, um so «Anschluss an die Massen» zu gewinnen. «Sie müssen ein Politiker zum Anfassen sein», sagte der Kommissar, als er mir den Stadtplan mit der ausgearbeiteten Route übergab.

Zu meinem besonderen Missfallen war ich wieder mit dem roten Straßenkehrergefährt unterwegs. Auf den versprochenen roten Mercedes 190 SL wartete ich immer noch. Ich fragte mich, ob ich den überhaupt noch mal irgendwann bekäme. Den Landesvorsitzenden fragte ich auch.

«Der ist immer noch nicht durch den TÜV. Ist aber nur noch eine Sache von Tagen, von Stunden. Glaub mir – sobald er durch ist, hast du ihn.» Das Straßenkehrerauto, so fügte er noch an, sei aber sowieso viel fotogener, die Presse habe ja schon ausführlich berichtet. Bei einem für mich viel zu teuren Zuhälterwagen würden die Medien doch «abspringen», mutmaßte er und schwieg bedeutungsvoll.

Die Presse hatte meine Anwesenheitszeiten an den einzelnen Wasserhäuschen brav vorab gemeldet, so war ich immer in bester Gesellschaft. «Hallo, ich bin Messie», stellte sich ein Herr vor, der noch vier Zähne besaß, die er wild im Mund verteilt trug. Wenn die Stadt Frankfurt ihm eine zweite Wohnung beschaffe – die alte sei nämlich schon voll –, dann würde er mich wählen. Ich versprach, mich intensiv für ihn zu verwenden und ihm nach der Wahl beim Aufräumen zu helfen, was er aber dankend ablehnte. Dennoch schieden wir als Freunde, als Wähler und designierter Gewählter.

Ich klapperte Häuschen um Häuschen ab, gab Autogramme, posierte für Fotos und forderte Freigetränke ein. Ich traf Rentner, Arbeitslose, Lottospieler, Zeitvertreiber und Stadtteiltrinker, manche kannten mich, andere hielten mich für den CDU-Mann, wofür ich sie spontan beschimpfte. Ein gut aufgelegtes Ehepaar sang auf die Melodie von *Jingle Bells* den alten Siebziger-Jahre-Hit von Horsti Stinkstiefel *Arbeitslos ist schön*. Sie konnten alle Strophen: *Arbeitslos, arbeitslos, arbeitslos ist schön / Weil wir dann morgens schon an der Theke stehn / Arbeitslos, arbeitslos, arbeitslos ist schön / Vater Staat lässt uns nicht vor die Hunde gehn.*

Das Wasserhäuschen-Hopping endete im «Wasserhäuschen

am Turm» im berüchtigten Gallusviertel, einem Slum inmitten der Bankenmetropole, der sich als Schmitt-Hochburg entpuppen sollte. Der Aktivist hatte rund um den gut sortierten Kiosk Plakate gehängt, Hunderte politikinteressierte Jägermeistertrinker und Pilsschlucker standen herum und lauschten meinen leeren Versprechungen, die ich, auf einer Bierkiste stehend, unters Volk brachte. Ich machte den Leuten, die es immer noch in diesem heruntergekommenen und rückständigen Quartier aushielten, vage Zusicherungen, dass auch sie bald einmal ans Stromnetz und an die Kanalisation angeschlossen werden würden. Als es dann noch für jeden ein Fläschchen Jägermeister gab, waren alle der vernünftigen Meinung, dass ich wohl der aussichtsreichste Kandidat sei. Was den Befund des Massenpsychologen Gustave Le Bon zumindest teilweise widerlegte, der befand: «Die Massen haben nur eingeflößte, nie vernünftige Meinungen.»

Zum ersten Mal in diesem Wahlkampf hatte ich das Gefühl, echten Menschen zu begegnen. Menschen, die geradeheraus waren. Unverstellt. So wie etwa dieser bullige junge Mann in der Bomberjacke, der gemütlich lachend seinen Arm um meinen Hals legte, und zwar so eng, dass es irgendwo knackte. Er stellte sich vor als «der Raphael von den Mainhattan Hools», und die beiden Schränke, die da hinter ihm stünden, das seien seine besten Kumpels, die «absolut alles» für ihn, den Raphael, tun würden, falls man ihm «was zuleide» täte. Insgesamt fänden er, der Raphael, und seine Kumpels, meine Kampagne sei «ganz weit vorn», ja nachgerade «übelst geil», besonders das mit dem unterirdischen Bankenviertel und der Anti-Nichtraucher-Nummer – aber dieser Punkt da mit der Eintracht, also der Eintracht Frankfurt, also das gehe «echt gar nicht», sagte der Raphael, und seine beiden Kumpels nickten mir bestätigend zu.

«Wie ist denn da meine Position?», fragte ich neugierig, denn ich interessiere mich, wie ich bereits erwähnt habe, nicht für Sport und hatte diesen Punkt völlig vergessen.

«Na, dass die Eintracht wegen Erfolglosigkeit aufgelöst wird.»

Nie habe ich spontaner und aus vollerer Überzeugung widerrufen als dort und in diesem Moment am Wasserhäuschen vor Raphael und seinen Kumpelinos. «Dieser Programmpunkt war falsch formuliert», log ich, «den Verantwortlichen habe ich bereits entlassen. Wenn ihr mich wählt, dann wird die Eintracht nicht nur nicht aufgelöst, sondern sogar per Dekret an die Tabellenspitze befördert! Darauf mein Ehrenwort!»

Ab sofort waren wir allerbeste Kumpels, auf die «Frankfurt Hools» könne ich mich jederzeit verlassen, schwor der Raphael und zeigte mir anschließend noch ein paar Tricks: Wie man beispielsweise Feuerwerkskörper an den Sicherheitskontrollen vorbei ins Stadion schmuggelte.

Inzwischen war unser tapferer Demonstrationszug auf der Zeil angekommen, Deutschlands umsatzstärkster Einkaufsmeile. Hier wird die heroische Schlacht um Rabatte und Payback-Punkte jeden Tag neu geschlagen. Den erschöpften Konsumenten, die plastiktütenbewehrt aus den Kaufhäusern quollen, riefen wir zu: *Bürger, lasst das Shoppen sein / Wählt den Schmitt und reiht euch ein!*

Immer wieder wurden wir von der Polizei gestoppt, weil die wütenden Iraner vor lauter Wut immer langsamer wurden. Überholen durften wir nicht, also vertrieben wir uns die Zeit mit dem Johlen von Parolen.

Ich übergab das Megaphon einem Pärchen mit Metall im Gesicht. Zuvor hatten sie voller Stolz von den «Anti-G8-Demos» berichtet, bei denen sie mitgelaufen seien. *Für die Macht der Reichen / gehn sie über Leichen*, riefen sie, was ich in der Bankenstadt Frankfurt ganz passend fand. Und als sie *Ob Sonne oder Regen / Wir sind dagegen* durch den Kaufhauscanyon hallen ließen, hatte ich sie bereits in mein Herz geschlossen. Danach kam *Genua, das war Mord / Widerstand an jedem Ort*. Ich hatte zwar keine Ahnung, was in Genua genau war, aber es würde bestimmt seine Richtigkeit haben. *Wo, wo, wo wart ihr in Rostock?* Da fühlte ich mich sogar persönlich betroffen, denn ich wusste auch nicht mehr, wo ich in Rostock war, als ich mal in Rostock war. Vermutlich Rathaus, Petrikirche, Kempowski-Archiv, die üblichen Geschichten eben.

Schließlich waren die beiden leergebrüllt, und ich musste wieder ran: *Bürger, runter vom Balkon / Unterstützt den Vietcong*, schrie ich wie von Sinnen, als wir uns der Paulskirche näherten, der Wiege der deutschen Demokratie und Sitz des ersten Parlaments. Dort schoss eine von der PARTEI-Zentrale entsandte Demo-Fotografin namens Moppel unvergessliche Bilder von jungen Revolutionären, die meine Wahlplakate schwenkten. Aufs Neue war ich fasziniert: Da liefen juvenile, hoffnungsfrohe Menschen durch die Stadt, die ich nicht kannte, und sie trugen Transparente und Plakate mit meinem Konterfei. Mir war noch immer nicht klar, warum sie das taten. Was hatten sie davon? Fanden sie meine Wahlplakate besser als die meiner Konkurrenten? Oder war meine Birne, die da durch die Gegend strahlte, in ihren Augen einfach nur eine weitere Charaktermaske in einem Plakatemeer aus Fratzen und Politfressen?

Doch Selbstzweifel waren jetzt nicht angebracht. Der Aktivist drückte mir wieder das Megaphon in die Hand und deutete hinüber zum Römer. Er war voller Menschen – voller wütender Menschen aus dem Iran, die ihre Verzweiflung hinausbrüllten und keinerlei Anstalten machten, diesen so wichtigen Platz für uns zu räumen. Unsere Polizeieskorte hatte sich inzwischen verzogen, denn mit der Paulskirche hatte unser Demonstrationszug sein offizielles Ziel erreicht.

«Kommt mit», sagte der Rotschopf und schob mich Richtung Römer. «Wir mischen jetzt mal die Iraner auf. Brüll irgendwas!»

«Was denn?»

«Scheißegal – irgendwas!»

Ich nahm das Megaphonmikro fest in die Hand und drückte den Knopf.

Im Iran bin ich der Hit / Aya-Aya-tollah Schmitt!

Ich weiß nicht, warum ich das rief – aber ich rief es. Immer wieder: *Im Iran bin ich der Hit / Aya-Aya-tollah Schmitt!*

Dann war da wieder dieser Ruck. Der aber nicht durch Deutschland, sondern durch die Menge der Iran-Protestierer ging. Hunderte schwarzhaarige Köpfe drehten sich zu uns um. Und während meine Charaktermaske abermals ein *Aya-Aya-tollah Schmitt!* rief, rannten die Körper, auf denen die Schwarzköpfe saßen, auf uns zu. Der Aktivist konnte gerade noch rufen: «Nichts wie weg, Mann! Prügelperser!»

Dann war er verschwunden.

Das Bundes- programm

Wie ich Deutschland künftig regiere

Der designierte Regierungschef, der diese Zeilen schreibt, ist auf alle Eventualitäten vorbereitet. Langsam, aber nachhaltig geht er seinen Weg. Entspannt sitzt er im Bett und raucht, aufrecht und zugleich gelassen, und lässt die Dinge kommen. Er ist bereit. Jederzeit könnte er aufspringen und die Regierungsgeschäfte übernehmen. Das ist gut. Und wichtig, denn in der Spitzen- politik sind Überraschungen nie auszuschließen. Dann muss es plötzlich sehr schnell gehen. Ein simpler Herzinfarkt, eine Entführung durch Terroristen, ein Flugzeugabsturz – schon ist der alte Regierungschef dahin, und ein neuer muss her. Selbst- verständlich braucht der Neue sofort ein schlüssiges, zukunfts- fähiges, ja im besten Sinne proaktives Regierungsprogramm, mit dem er das Land gekonnt und fürsorglich aus dem Dreck zieht.

Für mich kein Problem.

Apropos Absturz: Als die Zwillinge Lech und Jarosław Kaczyński in Polen an die Macht kamen, der eine zum Präsiden- ten gewählt wurde und daraufhin seinen Bruder zum Minister- präsidenten machte, war das ja schon verwirrend genug. Als dann aber einer der beiden Doppelgänger mitsamt der halben polnischen Regierung bei einem Flugzeugcrash ums Leben kam, herrschte hernach noch größere Verwirrung – welcher von den zweien war denn nun so unsanft gelandet? Der mir persönlich bekannte Auslandskorrespondent Uwe Becker war bei der Trauerfeier vor Ort und musste mit anhören, wie der überlebende Bruder von einem kondolierenden Gast gefragt wurde: «Wer ist denn jetzt eigentlich abgestürzt – Sie oder Ihr Bruder?» Einen solchen unangenehmen Wirrwarr kann ich bei meiner Machtübernahme von vornherein ausschließen. Ich bin einmalig, und wenn ich abstürze, dann nur persönlich.

Jedenfalls habe ich seit ein paar Tagen ein hochaktuelles, tragfähiges, universelles, auch für Laien leicht verständliches Regierungsprogramm. Das Geniale an diesem Programm ist, dass es nicht mal teuer war. Ich habe es sehr preiswert erarbeiten lassen, nämlich von meinen engsten Vertrauten, und die arbeiten ja für Gotteslohn und die vage Aussicht auf lukrative Versorgungsposten nach der Wahl, falls ich das nicht schon erwähnt habe. Ich weiß nur noch nicht, ob ich es «Programm» oder «Studie» oder «Agenda» nennen soll. Oder «Plan B»? Oder «Kommandoerklärung»? Jeder Begriff hat seine eigene Magie, und wenn man keinerlei Magie versprühen will, dann nennt man einen solchen Denkzettel wohl «Positionspapier».

Ich habe also für den Fall einer Ad-hoc-Amtsübernahme immer ein fertiges, regelmäßig aktualisiertes Regierungsprogramm in der Manteltasche, sodass ich aus dem Stand und jederzeit politische Weichenstellungen vornehmen kann. Mir ist diese Situation bestens vertraut, ich bin sie schon oft im Rahmen eines Gedankenspiels oder eines Traumszenarios durchgegangen.

Der Traum beginnt immer gleich: Mitten in der Nacht klingelt das Telefon, und der Bundespräsident ist dran. Er ist freundlich, aber bestimmt, spricht mit ruhiger, pastoraler Stimme und großem Ernst. Ja, das sei ja sogar für ihn, den Bundespräsidenten, eine echte Überraschung gewesen, als er heute Nachmittag diesen Passus im Grundgesetz gefunden habe, der besage, dass in einer nationalen Notsituation, im Falle einer urplötzlich aus-

gefallenen Amtsinhaberin, einer der Lächerlichkeit preisgege-
benen Regierungskoalition bei gleichzeitiger totaler Untaug-
lichkeit der Opposition und völliger Arschoffenheit der pervers
verkommenen Kleinparteien, dass also im Falle einer solchen
Spezialkatastrophe der ganze Sauhaufen von ihm, dem Bundespräsidenten, entlassen werden könne – was er höchstselbst und
in eigener Person vor wenigen Minuten auch getan habe. Dann
habe er, das Staatsoberhaupt, sich mal so umgehört, wer denn
jetzt überhaupt noch in Frage käme und so weiter, kurz und gut:
Ob ich ab morgen übernehmen könne.

Ich bejahe. Schließlich kenne ich mich in Politik gut aus, sage
ich, Politik, das sei für mich weit mehr als nur ein Hobby, erkläre
ich, ja streng genommen sei Politik für mich fast eine Passion,
wenn nicht sogar Lebensinhalt. Ich sei ja historisch gesehen
schon auf die gleiche Schule gegangen wie der ehemalige baden-
württembergische Ministerpräsident Lothar Späth, und wenn
das nicht als Beweis meiner Qualifikation ausreiche, dann könne
ich noch anfügen, dass ich fast meine komplette Studienzeit in
Tübingen verbracht habe, wie das auch der nachmalige Papst
Ratzinger Nr. 16 tat. Ich, wie gesagt, als Student, Ratzinger als
Theologieprofessor, und da er das Neckarstädtchen Jahrzehnte
vor meinem Studienbeginn verlassen habe, seien wir uns natürlich kaum begegnet. Dass ich damals Rhetorik studierte und
mich besonders in Demagogie und Verleumdung unterweisen
ließ, erwähne ich sicherheitshalber noch mal mit, schaden kann
das ja nicht.

Zwar sei ich derzeit in verschiedene Projekte stark eingebun-
den, sage ich, und zeitlich knapp disponiert, so müsse ich beispielsweise noch einen Artikel über eine Gartenbauausstellung
in der Nähe von Darmstadt fertig schreiben, auch gebe es da den
Plan eines Exposés für eine politische Infotainmentsendung mit
dicken Unterschichtsfrauen auf RTL II. Aber, so biete ich kon-
ziliant an, das könne ich möglicherweise verschieben, falls drin-
gende Regierungsgeschäfte auf mich warteten, die gingen dann

natürlich vor. Der Präsident scheint erleichtert, und ich erkläre ihm sofort mein Programm, das er im Übrigen auch gerne schriftlich haben könne, das sei ja im heutigen Zeitalter der Vernetzung überhaupt kein Problem, ich würde es ihm jederzeit faxen.

Hier also mein Programm.

Klaro, ich will vor allem eine Politik für die Menschen machen, für die Menschen draußen im Lande – und da sollen diese Menschen bitte auch bleiben, damit wir in den Städten weiterhin schön unsere Ruhe haben. Konkret bedeutet das: Umzugssperre für alle, denn diese sinnlose Umzieherei von A nach B verschlingt letztlich Milliarden, die anderswo dringend benötigt werden.

Zum Beispiel in meinem Kabinett. Dort werde ich eine ganze Reihe guter Kumpels unterbringen, denn man will ja naturgemäß unter sich bleiben. Jeder kriegt ein Ministerium seiner Wahl, wir machen ein Gruppenfoto mit dem Bundesfrühstücksdirektor, und dann gehen wir alle mit hochgekrempelten Ärmeln irgendwo was essen.

«Die Zeche zahlt doch bestimmt der Bund?», hake ich an dieser Stelle in meinem Traum nach – was der Bundespräsident sofort und gerne bestätigt.

Merkel und Schwesterwelle werden, sofern man sie zu packen kriegt, für ihre Untaten selbstverständlich büßen und für unbestimmte Zeit in irgendwelchen Lagern verschwinden müssen. Um die beiden ein wenig zusätzlich zu ärgern, kommt der dicke Gabriel auch noch mit. Der Brüderle jedoch nicht, den lass ich einfach.

Finanzpolitik ist eines meiner Steckenpferde. Zunächst einmal werde ich mich um meine eigenen Finanzen kümmern müssen, das ist ja wohl klar. Leider habe ich unter anderem durch meinen Kollegen Steinbrück erfahren müssen, dass Spitzenpolitiker in der Bundesrepublik immer noch nicht spitzenmäßig bezahlt werden. Hier herrscht also äußerster Handlungsbedarf. Fürs Erste werde ich beispielsweise die Bezüge des Bundeskanzlers, des Außenministers und des Innenministers auf mich vereinen, ich stemme ja sowieso fast alles.

Er, der Bundespräsident, schlage ich dem Staatsoberhaupt im Traum selbstbewusst vor, könne von seinem Salär auch noch ein bisschen was drauflegen, womit sich der Präsident – aber nur unter äußerstem Vorbehalt! – kleinlaut einverstanden erklärt.

Der von mir vorgelegte Doppelhaushaushalt 2014 / 2015 wird ziemlich solide sein. Ich lasse mir einfach neues Geld aus dem Ausland kommen, zum Beispiel aus Portugal oder Spanien oder Irland, denn dort werden Schuldkonten ja ganz automatisch schnell wieder aufgefüllt. Streichungen und Kürzungen wird es daher nicht geben, höchstens bei einigen längeren Artikeln in der *Zeit* oder der *Frankfurter Allgemeinen Zeitung*.

Ob Griechenland weiter in der Eurozone bleiben darf, ist längst keine Frage mehr. Natürlich werden die Griechen mit sofortiger Wirkung ausgegliedert und einem anderen, viel passenderen Wirtschaftsraum zugeordnet, nämlich der AU, der Afrikanischen Union. Da werden die Calamarischnitzer dann schön blöd aus der Wäsche gucken, wenn sie die Führer der ihnen in Sachen Korruption und Inkompetenz weiß Gott in nichts nachstehenden Bankrottstaaten um Geld anhauen wollen; und auf einen Pleitestaat mehr oder weniger kommt es bei der AU ja auch nicht mehr an. Ansonsten wird die Eurokrise in meiner Amtszeit aber kein großes Thema sein, schon allein deswegen, weil es die Leute total anödet. Die offizielle Position der Bundesregierung wird lauten: Versteht doch sowieso keiner mehr, was da genau läuft. Daher wird die Eurokrise auf dem Gebiet der Bundesrepublik per Dekret außer Kraft gesetzt, jetzt sollen sich mal die anderen Länder mit der Chose rumschlagen.

Ein weiteres heißes Eisen ist natürlich die Rentenpolitik. Ich habe jedoch absolut keine Scheu, auch das anzufassen und endlich für klare Verhältnisse zu sorgen. Die Rentner sollten sehr genau aufpassen, dass sie mit ihren überzogenen Forderungen den Bogen nicht überspannen. Eine Rente, zwei neue Knie, drei

Bypässe und vier künstliche Hüftgelenke (weil die ersten schon wieder ausgeleiert sind), fünfmal im Jahr auf Kreuzfahrt gehen, Urlaub auf Sylt und Überwintern auf Mallorca und immer die neuesten Rollatoren und die dicksten Seniorenhandys, und wir dürfen das alles immer schön bezahlen – das kann es ja irgendwie auch nicht sein. Sollten die Rentner hier nicht bald Mäßigung und Einsicht zeigen, werden sie von mir kurzerhand wieder an ihre alten Arbeitsplätze zurückgeschickt und mit neuen Verträgen ausgestattet, Stichwort «Rente mit siebenundsechzig». Damit sind allerdings nicht Jahre, sondern Euro gemeint. Dann können sie mal mit siebenundsechzig Euro im Monat sehen, was Altersarmut wirklich bedeutet.

Für meine eigenen Altersbezüge werde ich natürlich selbst sorgen. Ich möchte dem Staat wirklich nicht auf der Tasche liegen, zumal dieser nach meinen zwei bis maximal drei Amtszeiten ohnehin geplündert sein wird. Finanzieren werde ich meinen Lebensabend vor allem mit Vortragsreisen, und da wird dann auch richtig zugelangt. Ich lasse mich nicht mit Almosen von Schrotthändlern und Hotelzimmergutscheinen abspeisen wie der Wulff. Also werde ich einfach ein paar Vortragsmanuskripte aus dem Büro von Peer Steinbrück zusammenklauen lassen, die dieser wiederum aus ein paar alten Buchvorworten hat zusammenklauen lassen. Kompetente Vorträge für die Ohren von kompetenten Wasserwirtschaftsamtsleitern und Sparkassendirektoren, die bis heute nichts von ihrer Überflüssigkeit eingebüßt haben. An Steinbrücks Gebührenmodell werde ich mich nur bedingt orientieren. Eine kurze Begrüßung an Werktagen kostet bei ihm hundertzwanzig Euro, an Feier- und Parteitagen mit Parteizusatz («Guten Tag, Genossen») gute zweihundert. Selbstgespräche stellt er seiner Partei ebenfalls in Rechnung. Das alles ist zwar nur recht und billig, vor allem aber *zu* billig. Langfristig kann hier nur Bill Clinton das Maß aller Dinge sein. Wenn der ehemalige amerikanische Präsident mit der rührenden Schwäche für pummelige Praktikantinnen bei der Jahreshauptversammlung der Vereinigung Texanischer Zahnärzte einen Vortrag zum Thema «Chancen und Herausforderungen der Demokratie» hält und dabei, wie fast immer, nur das Vorwort seiner angejahrten Autobiographie vorliest, dann verbucht er damit mittlerweile Jahreseinkünfte von über dreizehn Millionen Dollar. Für ein mickriges Steinbrück-Vortragshonorar von fünfzehntausend Euro würde Clinton nicht mal ans Telefon gehen. Seit dem Ende seiner Amtszeit 2001 hat der stets gut frisierte Präsidentendarsteller über fünfundsechzig Millionen Dollar für Vorträge kassiert, im Schnitt kostet das Ablesen seines Vorworttextes mindestens zweihunderttausend Dollar. Da muss ich auch hin. Zumal ich am Ende meiner drei, vielleicht doch sogar vier Amtszeiten auf einige spektakuläre Reformerfolge werde zurückblicken können.

Umweltpolitik wird erstmals zum Wohle der Umwelt gemacht, Wirtschaftspolitik für die Wirtschaft und Realpolitik für die Realschüler, für die tut ja sonst keiner was. Die bereits bundesweit agierenden Gleichstellungsbeauftragten werden zu Gleichrichtern ernannt, die Homo-Ehe wird sogar noch über die Hetero-Kiste gestellt, und Priester dürfen endlich mit ihren Ministranten zusammenwohnen. Allerdings nicht gemischtkonfessionell, das wäre ja noch schöner! Überkommene Einrichtungen wie etwa die Getränke-, Salz- oder Schaumweinsteuer werden von mir zu einer einzigen neuen Steuer zusammengefasst, die dann «Neue, von mir zusammengefasste Getränke-, Salz- und Schaumweinsteuer» heißen wird. Um unangenehme kritische Nachfragen zu Detailproblemen bereits im Keim zu ersticken, verweise ich schon jetzt auf eine sehr verwirrende Bundesdrucksache mit zahlreichen Tabellen und Graphiken, die voraussichtlich im Herbst oder im Herbst der nächsten Legislaturperiode erscheinen wird.

Da man als designierter Regierungschef auch immer mit einem spektakulären Schattenkabinett aufwarten sollte, habe ich dieses Kabinett bereits gebildet. Es wird eine sogenannte «Expertenregierung» sein, wie sie auch Mario Monti in Italien mit großem

Erfolg aufgestellt hat; immerhin war sie dort ein ganzes Jahr im Amt, was für Italien ja schon sehr ordentlich ist. Mein eigenes Expertenkabinett soll meiner Vorausberechnung nach allerdings mindestens ein bis zwei volle Amtszeiten durchregieren. Namen könnte ich zwar nennen, aber sie werden Ihnen nichts sagen. Es sind ausnahmslos Freunde, Verwandte und Ex-Freundinnen, denen ich teilweise noch einen Gefallen schuldig bin.

Überhaupt wird sich das Personalkarussell munter drehen, und das geht leider nicht ohne die üblichen Grausamkeiten ab. Die Planstellen in der deutschen Öffentlichkeit für Markus Lanz und Günter Grass werden ersatzlos gestrichen, ihre Visionen eingezogen, ihr guter Name in den Schmutz gezerrt. Warum? Ein typischer Willkürakt, wenn ich schon mal da oben bin, mache ich ja sowieso, was ich will.

Auch die Bohlenfrage wird endgültig von mir geklärt werden. Ich mache einfach kurzen Prozess. Aufgrund der fortgesetzten Provokationen und der Verletzung unserer Geschmacksgrenzen wird auf meinen Befehl hin die deutsche Armee gegen 5.45 Uhr bei Bohlen einmarschieren, und zwar bei Dieter Bohlen, wohnhaft in Hamburg, Alsterufer 33. Vielleicht wird er aber auch nur nach Japan abgeschoben. Dort würde man eine dreißig Kilometer große Schutzzone um Bohlen errichten, und alle hätten ihre Ruhe.

Um die Arbeitslosen bei Laune zu halten, werden Fernsehen und Rauchen als Staatsziel in die Verfassung aufgenommen. Ebenso das Ziel, dass alle ständig und überall erreichbar sind – außer mir natürlich. Außerdem sind sämtliche bekannten Drogen erlaubt und im Schnitt zehn Prozent billiger, gegenfinanzieren würde ich das durch starkes Anheben der Kampfhunde- und Kampfautosteuer. Benzin wird sogar noch teurer, aber nicht teurer als Bier, sodass man zuletzt immer noch die Wahl hat.

Um unser Heimatland wieder schöner und übersichtlicher zu gestalten, müsste man es auf Idealmaße gesundschrumpfen. Ich werde daher genau die fünf Bundesländer abstoßen, in denen

Rauchzeichen!
Für ein nichtraucherfreies Deutschland!

Oliver
Maria Schmitt
Kanzler
der Herzen

Macht alle mitt –
wählt OLIVER
SCHMITT!

Occupy Bundestag   Die PARTEI

*Als einziger Kanzlerkandidat weltweit stehe ich für aktiven Raucher-
schutz, gerade auch an Schulen, in Kranken- und Gemeindehäusern.*

die meisten Autounfälle gebaut werden und am meisten Privat-
fernsehen geguckt wird – so sind wir die DDR auf elegante Weise
wieder los und den Solidaritätszuschlag gleich mit.

Dass dies alles möglich sein wird, liege an meiner grund-
gesetzlich verbrieften Richtlinienkompetenz, die er, der Bundespräsident, mir allerdings noch mal schriftlich geben müsse, am
besten per Fax, sage ich in meinem Traum.

«Hallo!», rufe ich, «Herr Gauck, sind Sie noch dran?», schreie
ich, aber der Hörer, die Leitung, oder, wer weiß, vielleicht sogar
der Präsident selber, sie sind tot.

Die Bestechung

**Wie man sauberes Geld aus
schmutzigen Intrigen gewinnt**

Dass ich selbst einmal Opfer – oder soll ich sagen: Nutznießer? –
einer Bestechung werden würde, hätte ich nie für möglich gehalten. Selbstverständlich war ich geehrt, dass mich jemand als so
bedeutend und einflussreich erachtete, dass er glaubte, mir seine
Wertschätzung in einem Geldbetrag ausdrücken zu müssen.
Zumal die Summe so hoch war, dass sie mich all meiner finanziellen Nöte entledigte. Wer hätte da nein gesagt?

Nicht erst seit Peer Steinbrücks Äußerung, nahezu jeder Spar-
kassendirektor in Nordrhein-Westfalen verdiene mehr als die
Kanzlerin, wissen wir, dass Politiker schlecht, ja viel zu schlecht
bezahlt werden. Vom sozialen Abstieg bedroht, von der Gesellschaft isoliert, sind notleidende Politiker immer wieder gezwungen, während ihrer Amtszeit ein paar Brosamen zur Seite zu
schaffen – um das nackte Überleben zu sichern.

Freilich kann nicht jeder so erfolgreich sein wie der aus einfachen Verhältnissen stammende chinesische Premierminister
Wen Jiabao, der mit geschätzten 2,7 Milliarden Dollar Familien-
vermögen als einer der reichsten Politiker der Welt gilt. Gegen
ihn ist ein reisender Vortragsvagabund wie Peer Steinbrück mit
einem geschätzten Jahreseinkommen von 450 000 Euro ein klei-

ner, armer Waisenknabe; und selbst Steinbrück baut nur vor, um im Alter nicht am Hungertuch zu nagen. Er will ja nicht enden wie der FDP-Politiker Hans-Otto Scholl, der immerhin mal Fraktionsvorsitzender im rheinland-pfälzischen Landtag war. Weil die vielen Ehrenämter, die Scholl gegen Ende seiner Karriere innehatte, sämtlich undotiert waren, sah er sich gezwungen, im Dezember 1984 mit vorgehaltener Waffe in einem Juweliergeschäft in Baden-Baden vorzusprechen und Schmuck im Wert von 2,3 Millionen Mark mitzunehmen. Als er die Beute Tage später in seinem Schweizer Schließfach deponieren wollte, wurde er gefasst.

Auch ich war pleite. Was ein solcher OB-Wahlkampf kosten würde, hatte ich vollkommen unterschätzt. Wir brauchten dringend Geld – und neue Slogans, um der Kampagne zum Schluss hin noch mal «einen neuen Spin» zu geben, wie es der Politkommissar formulierte. So suchten wir nach möglichst sinnfreien Botschaften, um angehende Stammwähler nicht zu verstören. Das war gar nicht so leicht. Auf ihren Plakaten war mir die Parteienkonkurrenz immer schon einen Schritt voraus: «Frankfurt verpflichtet» – zu was? «Sorglos zu Hause» – bei wem? «Frankfurt verstehen» – und dann? Nach den Statuten meiner Partei war ich verpflichtet, einen schmierigen und populistischen Wahlkampf zu führen. Massenkompatibel und gefällig musste er aber auch sein.

«Wir haben bereits das Kaninchenplakat – mit dem kommen wir in den nächsten Tagen raus, rechtzeitig zum Wahlkampfendspurt. Das muss doch reichen!», rief ich in die Runde. Wieder einmal tagten wir im *war room* der Kampa-Gaststätte. «Damit sprechen wir Tierschützer, Kaninchenrückenesser, Kinder, Behinderte und ein paar Frauen an», fuhr ich fort. «Und natürlich ehemalige Adenauer-Wähler, die sich noch an den Claim ‹Keine Experimente› erinnern. Damit sind wir doch super aufgestellt!»

«Das reicht nicht», sagte der Politkommissar. «Wir brauchen

etwas, das noch viel offener ist, noch viel unverbindlicher.» Er sah mich so scharf an, dass die Gläser seiner Nickelbrille fast zersprangen. «Überlegen Sie doch mal! Sie sind unser Mann.»

«Richtig.»

«Die Hälfte aller Wahlberechtigten ist auch männlich.»

«Wahrscheinlich schon.»

«Genau die müssen wir ansprechen. Mit was richtig Maskulinem. Dann wählen die Schmitt. Und ihre Frauen wahrscheinlich auch.»

«Stimmt! Weil die Frauen die komplizierten Zusammenhänge in der Politik gar nicht begreifen. Politik ist eben einfach Männersache.»

«Sie sagen es!», rief er – und verstummte. Erstarrte sogar. Bis er plötzlich mit der Faust auf den Tisch schlug. «Sie sagen es! Sie sagen es!», schrie er wie von Sinnen. «Frankfurt ist Männersache! Damit haben wir die Stadt im Sack! Männersache! Wie geil ist das denn!»

«So ist es», antwortete ich ein wenig stolz, aber auch erschöpft von der anstrengenden Kreativarbeit.

Für den Druck der neuen Plakate fehlte allerdings mal wieder das Geld. Die Druckerei ließ sich mit Zahlungsversprechen nicht mehr hinhalten, und in der PARTEI-Spendendose hatten sich nach siebzehn Wahlkampfstand-Aktionen insgesamt nur vierundfünfzig Euro angesammelt. Mein eigenes Konto hatte ich für Flyer und Plakate schon rettungslos geplündert, jetzt stand ich knietief im Dispo, und meine gutverdienende Frau hatte mir keine Vollmacht für ihr Konto hinterlassen, als sie sich auf die Kanaren absetzte. Mit einem «Politzombie» wie mir, hatte sie gesagt, wolle sie nichts mehr zu tun haben. Der Landeschef, der, wie er mir gebeichtet hatte, seit kurzem in Trennung lebte, hatte auch keine Barmittel mehr, und von der PARTEI-Zentrale in Berlin kam rein gar nichts. «Dann bleibt uns nur der Menschenhandel», sagte er, telefonierte mit dem Politkommissar, und schon wenige Minuten später stand ein Facebook-Aufruf im Netz:

Call a Candidate – der Spenden-Party-Marathon

Macht alle mitt, kauft euch den Schmitt! Der künftige Frankfurter OB besucht DEINE Party, DEIN festliches Dinner, DEINEN Fernsehabend mit Schnittchen und Gesichtsofen – am Samstagabend! Und Bier bringt er auch noch mit! Dafür klappert er aber aufdringlich mit der Spendendose und treibt gnadenlos selbst kleinste Unter-stützerbeiträge ein. Lass dich mit ihm fotografieren, frag ihn, was du schon immer fragen wolltest, hol dir aus erster Hand die geilsten News über Sex, Crime und Kommunal-politik.

Das Echo war gewaltig, heraus kam die härteste Spendensam-melaktion der jüngeren Geschichte. In einem Zeitraum von acht Stunden hatten wir siebzehn Partyeinladungen zu absolvieren. Das waren immerhin sechzehn mehr, als Peer Steinbrück später im Niedersachsen-Wahlkampf klarmachte; und woher er die Idee hatte, ist jetzt auch klar.

Weil noch tiefster Winter war, feierten wir bei minus vierzehn Grad im Freien mit einer Bürgerinitiative, wärmten uns danach bei vier Dinnerpartys mit Champagner, Szegediner Gulasch und Handkäs auf, rauchten heimlich in Küchen, Kohlenkellern und Kinderzimmern, besuchten Geburtstags-, Verlobungs- und Klausurabschlusspartys, feierten mit Techno-DJs, Jazzmusikern oder schwulen Rockern, brachten im Vereinsheim der Frank-furt Hools Partybier mit inzwischen abgelaufenem Haltbarkeits-datum vorbei und rannten weg, bevor es jemand merkte, besuch-ten Clubpartys, Stehempfänge und eine Seniorenstiftfeier – bis wir schließlich in einem Striplokal im Rotlichtviertel zum letz-ten Mal erschöpft mit der Spendenbüchse klapperten.

Gut die Hälfte der deutschen Wähler ist männlich, der Rest lebt häufig mit Männern in Zugewinngemeinschaft oder wilder Ehe. Deshalb ist ein Männerwahlkampf nie verkehrt.

In der ersten U-Bahn, die morgens fuhr, machten wir Kassensturz. Bruttoeinnahme: 86,24 Euro. Dazu jede Menge Kronkorken, DDR-Aluchips, Jackenknöpfe, Zigarettenkippen und PARTEI-Buttons. Außerdem eine Handvoll Joints, zwei Friedman-Briefchen und ein noch nicht eingelöstes Rezept über «100 Stck. Schilddrüsentabletten», das der Landeschef sofort gierig konfiszierte.

«PR-mäßig ein Erfolg, finanziell ein Debakel», fasste ich das Ergebnis der Call-a-Candidate-Aktion am nächsten Tag zusammen, als ich meine letzte Pressekonferenz vor der Wahl eröffnete. Mit Hilfe diverser, selbst mir unverständlicher Balken- und Tortendiagramme präsentierte ich dann unsere Hochrechnungen für das bevorstehende Wahlergebnis, das mir mit siebenundsechzig Prozent Schmitt-Stimmen einen klaren Sieg bescherte. Diese Hochrechnungen seien nach modernsten wissenschaftlichen und nicht zuletzt metaphysischen Erkenntnissen errechnet worden, führte ich aus und deutete auf das vor mir auf dem Rednerpult stehende Namensschild. Darauf stand: «Dr. Oliver Maria Schmitt».

Ich hätte mich nämlich promovieren lassen, sagte ich, um einerseits den Wissenschaftsstandort Deutschland zu stärken und andererseits der Politik wieder zu mehr Glaubwürdigkeit zu verhelfen. Denn im Gegensatz zu meinen Kollegen Karl-Theodor zu Guttenberg (CSU), Annette Schavan (CDU), Silvana Koch-Mehrin (FDP), Uwe Brinkmann (SPD) und Jorgo Chatzimarkakis (FDP), denen der Doktortitel aufgrund erwiesener Abschreiberei aberkannt wurde, ist mein Titel absolut echt. Das bewies die gestempelte Urkunde, die ich nun hochhielt. Sie belegte zweifelsfrei, dass mir der Senat der Miami Life Development Church & Institute, Inc. im Rahmen einer postalischen Versandzeremonie den Titel «Dr. h. c. of Metaphysical Sciences» verliehen hatte.

Dass mich dieses gesellschaftliche Upgrade via Sammelbestellung über ein Internet-Gutscheinportal statt einhundertfünfzig

Im Gegensatz zu Koch-Mehrin, Schavan, zu Guttenberg und vielen anderen ist mein Doktortitel echt. Er hat schließlich stolze neunund-dreißig Euro gekostet.

gerade mal neununddreißig Euro gekostet hatte, erzählte ich lieber nicht. In den USA dürfen Kirchen derartige Titel gegen eine Spende vergeben, über sechzig Wissenschaftsgebiete stehen zur Auswahl. Ich hätte genauso gut Doktor der Ufologie, des Exorzismus oder der Aromatherapie werden können – entschied mich aber für das klassische Feld der metaphysischen Wissenschaften. Zwar müssen bei der Führung des Titels die verleihende Institution und der Zusatz «h. c.» für honoris causa – ehrenhalber – stets mitgenannt werden; doch aus irgendeinem Grund war auf meinem Namensschild das «h. c.» vergessen worden. Womit ich eigentlich gar nicht unzufrieden war.

Die Pressekonferenz war gut besucht und generierte zahlreiche Artikel und Sendeminuten. Leider hatten wir die Medien nicht immer so gut im Griff. Manche machten einfach, was sie wollten. So hatte die *Frankfurter Allgemeine Zeitung* einen Reporter in eine meiner «Trinker fragen, Politiker antworten»-

Veranstaltungen eingeschleust, der anschließend verbreitete: «In den Logen der Fußballarenen wird man ihn vergeblich suchen, bekannte Schmitt. Der FSV Frankfurt gehe ihm ebenso ‹am Arsch vorbei› wie die Eintracht.» Das mag ich zwar so gesagt haben – aber deswegen muss man das ja nicht gleich weitermelden! Was, wenn das meine Freunde von den Frankfurt Hools lasen? Das würde mich nicht nur Stimmen, sondern möglicherweise auch die körperliche Unversehrtheit kosten.

Nur durch knallharte Medienkontrolle hatte ich das überhaupt herausgefunden. Tagsüber machte ich Wahlkampf, abends saß ich vor dem Rechner, um Lokalblätter zu kontrollieren und Facebook-Likes zu überprüfen. Wenn ich googelte, googelte ich nur noch mich selbst. Jede neue Meldung, in der mein Name auftauchte, war ein neuerlicher Kick, ein weiterer Tropfen Benzin für den schon auf Reserve laufenden Wahlkampfmotor. Doch ohne diese Kontrolle ging es nicht. Gerade jetzt, in der Wahlkampfschlussphase – an den Bundestagswahlkampf wollte ich noch gar nicht denken –, musste ich hochkonzentriert sein. Denn die Dinge waren gerade dabei, sich nach allen Regeln der politischen Kunst zu überschlagen.

Die Hiobsbotschaft kam telefonisch. «Eine Riesenscheiße ist passiert: Die Piraten sind mit einem Kaninchenplakat rausgekommen!», schrie ganz außer sich der Politkommissar. «Und ein süßes Katzenmotiv haben die auch noch, diese Hunde.» Unser eigenes Kaninchenplakat komme hingegen erst noch aus der Druckerei – und dann werde es bestimmt heißen, wir hätten bei den Piraten geklaut. «Das ist der Super-GAU», keifte der Kommissar aus dem Hörer und schlussfolgerte: «Das kann kein Zufall sein, da ist irgendwo eine undichte Stelle. Und ich weiß auch, wo!» Nein, es gebe keine andere Möglichkeit, nur der Aktivist könne es gewesen sein, der habe gepetzt, außer uns habe er als Einziger von unseren Plakaten gewusst. Dafür werde er, der Kommissar, noch Beweise finden. Mit dem Landesvorsitzenden habe er bereits gesprochen – der sehe das auch so. «Uns bleibt keine Wahl», schloss wahllos der Politkommissar, «angesichts der Ungeheuerlichkeit der Vorwürfe müssen wir ihn vor ein Parteigericht stellen.»

Zeitgleich meldete sich telefonisch ein unbekannter Mann beim Landesvorsitzenden. Er sei «Geschäftsmann» und Gründungsmitglied der Frankfurter Piraten, sei aber, als es um die Wahl des Spitzenkandidaten ging, «ausgehebelt» worden, in nicht öffentlicher Sitzung mit geheimer Abstimmung – ein klarer Verstoß gegen das Transparenzgebot der Piratenpartei. Dann fing er an, über seine Parteigenossen auszupacken. Es fielen Worte wie «Stricher», «drogenabhängig», «korrupt», «Zuhälter», «Erpressung» und «geheim». Gegen die Zahlung einer «Aufwandsentschädigung» sei er bereit, Namen zu nennen, die wir an die Presse weitergeben könnten, ja sollten – sein eigener, des Geschäftsmannes Name, dürfe allerdings nicht genannt werden. Auf den Hinweis des Landeschefs, dass ohne Nennung einer Quelle oder eines Zeugen die Anschuldigungen keine Beweiskraft hätten, reagierte der Geschäftsmann irritiert, ja ungehalten und legte auf. Was war da nur los?

Diskret informierte ich den Aktivisten über die Anschuldigungen, die gegen ihn erhoben wurden. «Das ist ein ganz primitiver Racheakt», sagte der nur. «Der Politkommissar ist doch nur eifersüchtig auf Chantal und will mir was anhängen. Lass mich das mal checken.»

Wenige Stunden später wurde er bei mir vorstellig, klappte seinen Rechner auf und führte mir vor, wie er gerade in das interne Informationsnetz der Piraten eingedrungen war und dort folgende Rundmail gefunden hatte: «PARTEI-Kandidat macht Tierplakate. Können wir zuvorkommen?» Diese Nachricht kam von einem Account namens «pi 82», die der Aktivist einer ganz bestimmten IP-Adresse zuordnen konnte – der des Politkommissars. Am Abend stellten wir ihn im Hinterzimmer der Kampa-Gaststätte zur Rede.

«Ich bin einer von euch! So glaubt mir doch!», rief der Politkommissar und knetete hektisch seinen Spitzbart, als wir ihm die Beweise präsentierten. Der Landesvorsitzende war fassungslos. Chantal weinte. Ich tröstete sie: «Hättest du dich für mich entschieden, Chantal, dann hätten wir dieses Affentheater jetzt nicht. Vor mir hat der Kommissar nämlich Respekt, er hätte sich mit deiner Entscheidung abgefunden.»

Da die Beweislast erdrückend war, legte der Politoffizier die Karten auf den Tisch: «Ich hab das alles nur für unsere Partei getan, ich bin sozusagen Doppelagent. Um bei den Piraten Vertrauen zu genießen und bei internen Entscheidungen dabei sein zu können, musste ich die natürlich hin und wieder mit Interna aus unserem Laden versorgen. Die glauben, ich wäre einer von denen, dabei bin ich doch einer von euch!»

Ich weiß nicht, warum, aber irgendwie überzeugte mich das.

«Außerdem bin ich mir sicher, dass wir den Piraten was anlasten können!», rief der Spitzbart und sah uns aus bedenklich flackernden Äuglein an. «Mao sagt: ‹Politik und Taktik sind das Leben der Partei.› Jetzt weisen wir denen einfach auf unserer Homepage nach, dass wir zuerst mit dem Karnickelmotiv am Start waren – und stellen sie als Plagiatoren hin! Als Diebe geistigen Eigentums!»

«Aber das sind die doch eh!», brüllte der Landesvorsitzende. «Da sind die auch noch stolz drauf!»

Der Politkommissar hielt inne. Starr und stumm saß er da, wie ein verwittertes Denkmal seiner selbst. Dann sank er in sich zusammen. Unendlich klein saß, ja lag er bald auf seinem Stuhl und knetete mit beiden Händen seinen Trotzkibart. Jetzt wimmerte er auch noch. Und zitterte. «Oh Mann, die haben mich gelinkt. Einfach ganz übel abgelinkt. Ihr habt ja recht – Ideenklau, das ist ein Vorwurf, der trifft die gar nicht.» Als Wiedergutmachung bot der gescheiterte Intrigant «eine Runde Selbstkritik» an – so wie das während Maos Kulturrevolution üblich gewesen sei.

Er tat mir leid. Entweder war er tatsächlich so einfältig – oder wir waren es, weil er uns schon wieder was vorspielte und wir auf ihn reinfielen. Doch diese Möglichkeit schied eigentlich aus, denn ich weigerte mich strikt, an meiner Unfehlbarkeit in politischen Dingen zu zweifeln. Das konnte ich mir als Spitzenkandidat jetzt auch gar nicht mehr leisten. Ein Spitzenmann macht keine Fehler mehr. Außer, er heißt Steinbrück. Aber so dumm kann eigentlich kein Mensch sein.

Was war nur aus uns geworden? Hatte diese ganze Kampagne nicht als großer Spaß begonnen? Was noch vor wenigen Wochen ein kreatives Spiel mit Mächtigen und Medien war, hatte sich nun zu einer schmutzigen Politposse entwickelt, mit allem, was dazugehörte: mit Alleingängen und Lagerbildung, Zankereien und Intrigen, tiefen Gräben und viel selbstgerechter Empörung im Kampf um die Macht. Hierarchien waren entstanden, wo es vorher keine gab, weil intelligente Menschen um Ämter rangen, die nur in ihrer Vorstellung existierten. Das einzig Reale war das Spitzenamt, das ich persönlich anstrebte. Nun war es an mir, die verfahrene Situation zu retten. Ich musste jetzt Führungsstärke, Autorität und Weitsicht beweisen.

«Reißt euch zusammen, ihr Versager!», rief ich und drohte allen Beteiligten schwerste Repressalien an, sollten sie nicht augenblicklich wieder zur Tagesordnung zurückkehren, sich auf die Wahl konzentrieren und sich auch sonst meinen Interessen sklavisch unterordnen. Alles andere sei Desertion und werde, vom Parteiausschluss mal abgesehen, drakonische Geldstrafen, Verbannung und das Tragen von Schandhüten nach sich ziehen. Durch diese besonnene Krisenintervention brachte ich schließlich wieder Ruhe in den Laden. Eine Sorge weniger. Jetzt blieben nur noch die Geldsorgen.

Am nächsten Abend holte mich der Landesvorsitzende ab. «Wir fahren Spenden schinden», sagte er und steuerte seinen Wagen nach Norden. Er habe da einen Industriellen an der Hand, der ein gewisses «Bedürfnis» verbalisiert habe, mich zu unterstützen. «Ich hoffe schwer, den können wir melken. Streng dich ein bisschen an.» Der Magnat besaß angeblich eine bundesweit operierende Möbelwagenflotte, die unter seinem Namen fuhr, eine Cateringfirma, mehrere Getränke-Abholmärkte und die Lizenz, in Australien Produkte unter dem Namen «Smegmania» zu vertreiben, wovon er jedoch keinen Gebrauch mache, wie mir der Landesvorsitzende aufgeregt erklärte, als wir die Villa des Industriellen erreichten. Einen protzigen Bungalow mit Glasvorbau in den letzten Ausläufern des Vordertaunus. Ganz in der Nähe des Ortes, an dem wir den Höhenflughafen planten.

Ich dachte mir überhaupt nichts dabei, als wir die beiden großen, fetten Mercedes-SUVs passierten, die vor dem Haus parkten. «Oberförsterautos», zischte verächtlich der Landeschef. Auch als sich die Tür öffnete und uns ein kleiner, kugelrunder Herr mit den Worten «Griesbach» begrüßte und uns in seinen Hobbykeller führte, fiel mir nichts auf. Ich stellte mich als Dr. Schmitt vor.

«Soso, der Herr Kandidat», rief der Griesbach sich Nennende und wandte schon den Michel-Friedman-Griff an, noch bevor ich selbst den Politikergriff ansetzen konnte. Er war offenbar Profi. Wir gingen in den Keller, er platzierte uns an seiner Hausbar, schenkte uns einen Brunello ein und entflammte mein Mitbringsel, eine gefälschte Cohiba, die ich vor Jahren mal für schlappe dreißig Euro am Strand von S'Arenal erstanden hatte. An der Wand hingen Ölgemälde von Lenin, August Bebel und Herbert Wehner.

«Meine Hausgötter», sagte er voller Stolz. Er sei Kommunist, schon immer gewesen, er sei der beste Anwalt und Förderer seiner Mitarbeiter, deswegen gebe es in seinem Unternehmen auch keinen Betriebsrat, das wäre ja noch schöner. In der Politik habe er sich früher auch versucht, «SDS, KBW, MLPD, DKP, dann Grüne, SPD, FDP, danach war Schluss». Heute sei er parteilos und halte sich an die, die seine Interessen als «fortschrittlicher Ausbeuter» am besten verträten. Bei mir sehe er «noch keine klare politische Linie», aber gerade das gefalle ihm. Er habe schon viele Wahlkämpfe finanziert und daraus vor allem eine Erkenntnis gewonnen: «Wahlkämpfe kosten Geld.» Wie recht er damit hatte!

Er fragte mich, ob ich Visionen hätte. Als ich verneinte, schien er erleichtert. Schließlich gab er mir Tipps für mein weiteres politisches Überleben: «Du solltest Standpunkte einnehmen» – als Kommunist verwendete er das Genossen-Du –, «die von wirtschaftlich starken Partnern aus Industrie und Handel ebenfalls vertreten werden, damit sie deine Kosten übernehmen. Ich werde dich nicht die ganze Zeit durchfüttern können. Dafür musst du allerdings deren Positionen so gut wie möglich durchsetzen, sonst suchen die sich einen anderen. Das geht ruckzuck – wir sind schließlich eine kapitalistische Demokratie.»

Eine längere Gesprächspause trat ein, die er sichtlich zu genießen schien. Ich sagte sicherheitshalber nichts, um mich nicht in Widersprüche zu verwickeln. Der Industrielle schwieg vielsagend. Der Landesvorsitzende war auf seinem Stuhl eingeschlafen.

Als es draußen hell wurde, bedankte sich der Wehnerfan für das gute Gespräch. «Eine Sache hab ich noch. In deinen ‹9,5 Thesen für Frankfurt› forderst du eine Sondersteuer für SUVs und Heizpilze. Das mit den Pilzen könnt ihr gerne machen, aber das mit den Autos solltest du noch mal überdenken.» Er kam auf seine Fahrzeuge zu sprechen: dass er und seine Frau ja jeder eine Mercedes M-Klasse fuhren, obwohl sie beide eigentlich viel lieber eine E-Klasse gehabt hätten.

Der Landesvorsitzende gab mir diskret einen Knuff – und da erst fiel bei mir der Groschen. Dieser Herr war genau jener Kunde Griesbach, den der Landeschef vor Wochen in meinem Beisein telefonisch bearbeitet und dem er schließlich die zwei Oberförsterautos aufgeschwatzt hatte.

«Wir sind aber jetzt mit diesen Riesenschüsseln absolut zufrieden, wir lieben diese Autos. Mit einer Sonderbesteuerung könnte ich mich niemals anfreunden, verstehst du? Und mit einem Flughafen in meiner Nähe erst recht nicht. Klar?»

Während er das sagte, stopfte er mir ein leichtes, weiches Bündel in die Tasche meines roten Anzugs, brachte uns zur Tür, sagte Lebewohl und entließ uns ins Morgengrauen. Auf der Rückfahrt holte ich das Bündel aus der Tasche. Es waren zehntausend Euro in zehn Scheinen.

«Bingo!», rief der Landesvorsitzende hinterm Steuer hervor und schwenkte die Faust. «Bingo! Superbingo!» Sorgen, sagte er, als er mich zu Hause absetzte, solle ich mir keine machen, denn Bestechlichkeit sei in Deutschland immer noch nicht strafbar, allenfalls Stimmenkauf. «Wenn du dich als Politiker erfolgreich und damit straffrei bestechen lassen willst, kannst du das hier problemlos tun. Wir haben die UN-Antikorruptionsrichtlinie, die Bestechung und Bestechlichkeit von Amtsträgern unter Strafe stellt, seit zehn Jahren nicht ratifiziert – damit stehen wir in einer Reihe mit Syrien, Nordkorea und Saudi-Arabien. Abgeordnetenbestechung ist bei uns nicht strafbar, für dich also kein Problem, du kannst die Spende problemlos annehmen, du bist ja noch nicht mal Amtsträger.»

Dennoch hatte ich schlaflose Nächte wegen des Geldes. Zehntausend Euro! Ich hatte noch nie so viel Bargeld auf einmal gesehen, geschweige denn besessen. Wenn ich schon als ungewählter Kleinkandidat und ohne zu fragen eine solche Summe bekam – was mochte mir da erst als Kanzler zustehen? Und was sollte ich jetzt mit dem Geld anfangen? Es gab keine Quittung, keine Rechnung, nur Bares unter der Matratze. Damit konnte ich nicht einfach mal so mein Konto ausgleichen. Oder doch? Was, wenn jemand nach der Herkunft der Kohle fragte? Jüdische Vermächtnisse?

Schließlich hatte der Landesvorsitzende die rettende Idee für den Notfall: «Wir sagen einfach, das sei gespendetes Schwarzgeld von den Piraten. Dann kriegen die Besuch von der Steuerprüfung, und denen müssen sie das Gegenteil erst mal beweisen.»

Die Kür

Wie man ohne Frau und Inhalte zum Spitzenkandidaten wird

Der Endkampf um Frankfurt war, ich kann das nicht anders sagen, eine verzweifelte Schlacht, ein Ringen, roh und unerbittlich, Härte zehn. Streng genommen sogar Härte fünfzehn, denn bei tiefsten Stalingradtemperaturen, bei minus fünfzehn Grad, starteten wir die letzte große Materialschlacht dieser Frankfurter Kampagne. Die großzügige Griesbach-Spende hatte uns eine gute Tonne Wahlplakate beschert, die wir nun auf einem quietschenden Bollerwagen bei Eiswind und Hagelsturm kreuz und quer durch die Mainmetropole schleiften. Parteigenossen aus anderen Ortsvereinen verstärkten unser Team. Mit steifgefrorenen Fingern plakatierten wir Wände, Laternenmasten, Mülleimer, U-Bahn-Eingänge und, wenn sie sich nicht schnell genug in Sicherheit brachten, auch Passanten.

Doch jede neue Blizzard-Bö forderte weitere Opfer, und nach und nach gaben selbst die tapfersten Wahlhelfer auf. «Zieht ohne mich weiter! Allein könnt ihr es schaffen!», rief ein Darmstädter PG und verschwand spurlos im ewigen Eis. Immer wieder mussten wir Teile unserer wertvollen Plakatfracht in Flammen aufgehen lassen, um uns daran zu wärmen.

Mit schwindenden Kräften erreichten wir schließlich unser

Ziel, die letzten noch unplakatierten Laternenmasten der Alten Brücke hoch über dem Main. Als Erster schaffte es der Landesvorsitzende bis zum rettenden Mast. Triumphierend hob er die Arme. Unbeschreiblicher Jubel, ein Ende der Qualen war greifbar. Wir befestigten das Plakat, machten noch schnell Erinnerungsfotos – als plötzlich der Aktivist rief: «Ey, seht mal, da hinten! Auf der anderen Brückenseite! Da ... da hängt schon ein Plakat!» Ein Späher wurde losgeschickt, Minuten später kam er mit hängendem Kopf zurück. Jetzt war es traurige Gewissheit: Die Grünen hatten diesen Punkt vor uns erreicht und die Brücke per Plakat in Besitz genommen. «Es war alles umsonst», stammelte der Landesvorsitzende. Als kleine Eisklümpchen fielen seine Tränen in den Schnee.

Wir alle waren ziemlich am Ende. Auf Geheiß des Politkommissars hatten wir zuvor schon Straßenmärkte besucht. Diese Großansammlungen seien für unsere Zwecke ideal, hatte er erklärt, weil die Menschen in dem engen Gedränge um die Marktstände nicht flüchten könnten und unserer Indoktrination wehrlos ausgeliefert seien.

Doch die Konkurrenz schlief nicht, auch sie war schon auf den Trichter gekommen. Als wir uns mit Plakaten und Flyern einen Weg durch den schwatzenden und saufenden Marktbesucherpöbel bahnten, mussten wir enttäuscht feststellen, dass viele der Umstehenden bereits Werbematerial anderer Kandidaten in Händen hielten. Dann sahen wir auch schon den Pulk des CDU-Kandidaten, wie er sich vor uns durch die Menge kämpfte – während nur wenige Meter hinter uns die Grünen-Kandidatin wertlose Ballons unters Wahlvolk brachte. So zog am trinkenden Marktpublikum im Minutentakt das Politikerkarussell vorbei. Alle machten ihre Aufwartung, der Kampf um den letzten noch unentschlossenen Wechselwähler war fürchterlich entbrannt. Für die Leute muss das wie eine Geisterbahn im Stehen gewirkt haben.

Mein Privatleben hatte ich mangels Nachfrage völlig aufgegeben. Wenn ich am Rechner die Amazon-Seite aufrief, bekam ich automatisch schon Buchempfehlungen wie *Politik von A–Z*, *Knigge für Bürgermeister* oder *Karrierechance Bürgermeister*. Ich wusste gar nicht, dass die Bürgermeisterei in Deutschland schon zu den normalen Karrierewegen gehörte. Gab es etwa eine eigene Bürgermeisterszene mit Bürgermeistermessen und -trainingscamps, wo neu gewählte Stadtoberhäupter in den Disziplinen Fassanstich und Altenheimbesuch amtsfähig gedrillt wurden? Erstmals kamen mir Zweifel, ob der Bürgermeisterjob auch wirklich der richtige für mich war.

Als ich beim Straßenwahlkampf in der Frankfurter Innenstadt Oskar Lafontaine begegnete, waren diese allerdings schnell wieder verflogen. Er stand auf einer Bühne, die mit Bannern der Linken behängt war, und wetterte mit hochrotem Kopf gegen den Kapitalismus, die Macht der Banken und die SPD. Das spärliche Rentnerpublikum nagte an Wurstsemmeln, gierte nach dem verklappten Gratis-Apfelwein und folgte den Ausführungen des Redners eher beiläufig. Freude verbreitete sich erst, als ich mit meinen Wahlhelfern umherlief und mit PARTEI-Aufklebern versehene Gratisbananen verteilte. Erinnerungen an heroische DDR- und Wendezeiten wallten auf, die Stimmung stieg, was der noch immer fuchtelnde und tobende Lafontaine mit einer Mischung aus Belustigung und Abscheu verfolgte. Hatte er mich wiedererkannt? Schließlich war er es, dessentwegen ich in die Politik gegangen war.

Ich war ihm als junger Mensch in Heilbronn begegnet, er war als frischgebackener Ministerpräsident eigens aus Saarbrücken angereist, um eine Manfred-Deix-Ausstellung zu eröffnen, was er mit Verve und Begeisterung in freier Rede tat. Hinterher tafelte man in einer einfachen Weinwirtschaft, wo ich ihm die Hand schüttelte und seinen besonders kräftigen Politikergriff zu spüren bekam. Für mich ist Lafontaine seitdem ein prägendes Vorbild, als Frauenschwarm wie als Redner und Politiker, außerdem hat er einen beeindruckenden Karriereweg bestritten: Er war Oberbürgermeister von Saarbrücken, stieg auf zum Ministerpräsidenten des Saarlands und schließlich zum Kanzlerkandidaten der SPD. Er ist also nicht in der Kommunalpolitik geblieben. Bundespolitik ist einfach reizvoller: Die Verdienstmöglichkeiten sind fraglos besser, außerdem kommt man mehr rum, darf auch mal im Ausland oder bei reichen Freunden auf Mallorca übernachten. Zudem hat man einen größeren Stab, an den man die Arbeit besser delegieren kann. Das ist einfach die interessantere Option für mich. Denn eigentlich, das wurde mir früh klar, bin ich zu Höherem berufen.

Der einzige Tag, der noch vollständig in meinem Bewusstsein existiert, ist der Wahltag. Alles andere verlor an Struktur und Bedeutung. Ich telefonierte, redete, schüttelte Hände und googelte mich sicherheitshalber noch mal schnell selbst – vielleicht war mir ja was Interessantes über mich entgangen? Ich musste Teammitglieder loben oder vor anderen bloßstellen, Journalisten belügen, potenziellen Spendern in den Enddarm kriechen, und dabei stets lächeln, kompetent und zukunftsfähig wirken. Der Lohn wurde am Wahlsonntag ab achtzehn Uhr ausgeschüttet, die Währung hieß «Prozente».

Der Wahlkampf ist ein aufregender, aber auch zermürbender Liebesakt mit dem Volk. Auf ein endloses Werben, Bezirzen und Umgarnen folgt ein relativ kurzer, in seinem nüchternen, mathematischen Resultat oft genug enttäuschender Höhepunkt. Jedenfalls ist in Relation zu dem ziemlich langen Vorspiel von rund drei Monaten der Orgasmus ziemlich kurz: Er reicht von der ersten Prognose um sechs bis maximal 18.20 Uhr, dann steht meist schon alles fest. In ungünstigen Fällen kommt es zu Pattsituationen, zur sogenannten «Zitterpartie», die man aber niemandem wirklich wünschen möchte.

Ich hatte in Frankfurt im Prinzip mit allem gerechnet, zwischen einhundert Prozent und dem erklärten, weil realistischeren Wahlziel «fünfzig Prozent plus Mehrwertsteuer» war eigentlich alles drin. Um 18.19 Uhr stand dann allerdings fest: Oliver Maria Schmitt, der Spitzenkandidat der PARTEI, hatte kümmerliche 1,8 Prozent errungen.

Anstatt mich für das schwache Ergebnis zu schämen, deutete ich es sofort zum Triumph um. Nur so konnte ich mich vor einer nachhaltigen Traumatisierung schützen, und mein Ego wurde nicht durch lächerliche Zahlenspielereien beschädigt. Immerhin hatte ich meine bisherigen Wahlergebnisse von 0,2 Prozent (1988) und 0,2 Prozent (1991) um sagenhafte achthundert Prozent steigern können! Wenn das so weiterging, brauchte ich rechnerisch weniger als zwei Wahlen, um endlich die absolute Mehrheit zu erlangen. Noch dazu waren diese fetten 1,8 Prozent das beste Resultat, das die PARTEI je in einer Großstadt erreicht hatte.

Um keine eigene, kostspielige Wahlparty mit Freigetränken für Schnorrer, Schmarotzer und Abgreifer ausrichten zu müssen, feierten wir unser triumphales Ergebnis bei den Wahlpartys der anderen Parteien. Erst bei der SPD, die die Wahl gewonnen hatte. Die älteste Partei Deutschlands feierte in einem Lokal, in dem es keinerlei Freigetränke und ab dreiundzwanzig Uhr gar nichts mehr zu trinken gab. So zelebrierten also siegreiche Sozialdemokraten, wenn sie nach siebzehn Jahren wieder eine Großstadt regieren durften. Ich erinnerte mich an die Bundestagswahl 1998, als die SPD unter Gerhard Schröder nach sechzehn Kohl-Jahren den Wahlsieg davontrug. Damals gingen wir in die Frankfurter SPD-Zentrale, um zu sehen, wie die Genossen das Sensationsergebnis begossen. Der Anblick war erschütternd: Wie begossene Pudel saßen und hingen die Sozis auf ihren Stühlchen, es stank nach Erbswurst und Erbrochenem, die Stimmung war eigenartig ratlos bis gedrückt – es schien, als könnten die Gewinner ihren Sieg weder fassen noch begreifen. Von Party keine Spur.

Schnellstmöglich verließen wir Deutschlands feierunfähigste Partei. In den Katakomben des Rathauses, beim Wahlverlierer CDU, da floss das Freibier in Strömen. Wir orderten Getränke und kondolierten brav und ohne übergroße Häme, so wie sich das unter Demokraten gehört. Als ich der frischgebackenen Ex-Oberbürgermeisterin Petra Roth die Hand schüttelte, nahm sie mich unbarmherzig in den Politikergriff und erklärte mir so laut, dass sämtliche sie umlagernde Parteigranden es hören konnten, wie schlecht und unprofessionell der Wahlkampf ihrer eigenen Partei geführt worden war. Ich dankte ihr für die offenen Worte, schenkte ihr meine restlichen Zigaretten und zog von dannen.

Noch in der Wahlnacht sank ich zusammen und implodierte. Die Anspannung war weg, die Luft raus, der Akku leer. Ich war platt, planiert und ausgelaugt. Panisch verließ ich die Stadt und steuerte ein Kloster an, das mir für einen Erholungsaufenthalt empfohlen worden war. Die frommen Brüder versprachen «rekreative, spirituelle Ruhe und Rückbesinnung auf das Wesentliche» – doch logierte dort, wie ich vor Ort erfuhr, seit einiger Zeit auch Christian Wulff, und mit dem wollte ich auf keinen Fall gesehen werden.

Also fuhr ich wieder nach Hause und schloss mich in meiner verwaisten Wohnung ein. Am Kühlschrank hing noch der Zettel, den mir die Gattin zurückgelassen hatte: «Die Politik oder ich – du musst dich entscheiden.» Hatte ich mich nicht längst entschieden? Ich war in die Politik hineingerutscht wie in eine Sucht. Langsam, aber sicher. Ein Zurück gab es nicht mehr. Ich analysierte die verlorene Kampagne, zog Schlüsse und Konsequenzen, telefonierte, lobte und beschimpfte – alles, um mich auf die nächste, größte und wichtigste Herausforderung meiner Karriere vorzubereiten, auf den endgültigen Griff zur Macht: den Marsch auf Berlin.

Ich hatte den Sieg denkbar knapp verpasst. Aber: «Die Niederlage akzeptieren heißt den Sieg vorbereiten», sagt Mao Tse-tung. Und nach der Wahl ist bekanntlich vor der Wahl. Auf Facebook meinte ein Wähler: «Da wäre bestimmt mehr drin gewesen, hätte man weniger auf Inhalte gesetzt!»

Ich musste um jeden Preis weiterkämpfen – allein schon wegen meines Unterstützerteams. Gemeinsam waren wir in den härtesten Kampf gezogen, der auf deutschem Boden legal ausgefochten werden darf, mindestens so hart wie der Todeskampf der FDP: den Wahlkampf. Tagsüber hatten wir agitiert, nachts saßen wir an den Rechnern, um Bilder, Videos und Texte zu sortieren, zu schneiden und zu verteilen, Abstimmungen zu manipulieren und um Facebook-Einträge zu löschen oder zu schreiben. Diese Leute hatten begeistert und unaufhörlich an einer Kampagne mitgearbeitet, die nur dazu gedient hatte, meine Eitelkeit zu pflegen und mich zu dem zu machen, als den ich mich gerne sah: zum Erfolgsmenschen. Ich durfte sie auf keinen Fall enttäuschen. Das hätten sie nicht verkraftet.

Seit unserer Frankfurter Kampagne ist dieses Team so stark, dass ich mit ihm spielend jede Wahl gewinnen kann, die sich mir in den Weg stellt. Warum hätte ich das Personal auswechseln sollen? Um den mächtigen Landesvorsitzenden bin ich sowieso nicht herumgekommen – erst recht nicht mehr, nachdem er das, was von der Zehntausend-Euro-Spende übrig geblieben war, unter seine Verwaltung gestellt hat. Der Aktivist hat sich sogar als regelrechte politische Wunderwaffe entpuppt. Die Flitterwochen mit seiner frischgebackenen Ehefrau Chantal verbrachte er in den USA, um den unglücklich gestarteten Obama-Wahlkampf wieder aufs Gleis zu heben, die Sache einzutüten und den Sack zuzumachen. Für ihre Verdienste haben die beiden von mir die goldene PARTEI-Ehrennadel verliehen bekommen. Das war wesentlich günstiger, als sie an den Spendeneinnahmen zu beteiligen, die jetzt im Bundeswahlkampf tatsächlich immer reichlicher fließen.

Nur den Politkommissar konnte ich nicht weiter im Range eines Spindoktors beschäftigen. Ich brauchte einen neuen – der alte war einfach immer mehr durchgedreht. Er sah sich mittlerweile als genialischer Inszenierer meiner Person, ja als mein «Erfinder», und hat versucht – ohne mein Wissen! – die Filmrechte an meiner Erfolgsgeschichte an RTL II zu verkaufen.

Dabei war ich bereits selbst mit denen in Gesprächen! Die Fernsehleute warteten ja immer noch latent auf mein Exposé für die politische Infotainmentsendung mit den dicken Unterschichtsfrauen. Aber das sollte bald schon fertig sein, ebenso der Artikel über die Gartenbauausstellung in der Nähe von Darmstadt. Denn nun half mir mein neuer Spindoktor, der nicht nur Medienberater ist, sondern auch Journalist – der schrieb mir die Sachen ruckzuck zu Ende, ich kam ja nicht mehr dazu.

Glücklicherweise war es gar nicht so schwer, diesen neuen Berater zu finden: Olaf Glaeseker, der ehemalige Pressechef von Christian Wulff, war nämlich frei. Einen besseren als ihn kann man für Geld, für sehr viel Geld nicht kriegen, schließlich hat er es nachweislich geschafft, aus einer Doppelnull einen Bundespräsidenten zu machen.

Wenige Tage nach der Wahl meldete sich PARTEI-Chef Sonneborn telefonisch und trug mir die Kanzlerkandidatur für den Bundestagswahlkampf an. «Du bist zwar einer von mehreren Spitzenkandidaten der PARTEI», sagte er, «doch meiner Meinung nach bist du der, der am Ende übrig bleibt.» Und er fügte hinzu: «Das bleibt aber unter uns.» Weswegen ich dieses geheime Zusatzprotokoll lieber nicht öffentlich mache.

Ob Sonneborn mir die Kandidatur aus freien Stücken anbot, weiß ich nicht. Ich weiß nur, dass es im Vorfeld Telefonate des Landesvorsitzenden mit dem Parteichef gegeben hatte, in denen der Landeschef auf eine «substanzielle Spendensumme» hinwies, die er gemeinsam mit mir «erwirtschaftet» habe und nach Abzug unserer Kosten als offizielle Spende für die Bundesparteikasse einbuchen würde – allerdings nur, wenn die Spitzenkandidatur an mich ginge. Dann passierte alles sehr, sehr schnell, und eine Nominierungssitzung später war ich schon offizieller Kandidat. «Vorwärts immer, rückwärts nimmer», hatte einst Erich Honecker gesagt. Diese Weisheit machte ich mir zu eigen und stürzte mich Hals über Kopf in den Kanzlerwahlkampf.

In endlosen nächtlichen Strategiesitzungen wurde ich mittels schwerster Alkoholeinflößungen immer mehr auf PARTEI-Linie getrimmt. Ich war zwar Ehrenvorsitzender, die PARTEI-Linie hatte mich aber bislang nie wirklich interessiert. Da ich nun aber Kanzlerkandidat werden würde, musste ich die Partei auch inhaltlich nach außen vertreten. Dieses Wahlprogramm, das wir für Frankfurt erarbeitet hatten, sei ein «schwerer strategischer Fehler» gewesen, riefen die Sonneborn-Leute. Schließlich hatte sich die PARTEI bundesweit – und das war ihr Alleinstellungsmerkmal! – der völligen Inhaltslosigkeit verschrieben (von der Forderung nach der «baulichen Abtrennung des Beitrittsgebietes» mal abgesehen). «Inhalte überwinden», hämmerte man mir ein, immer wieder. Dass ich mit meinen engsten Vertrauten bereits an einem Bundesprogramm arbeitete, behielt ich natürlich für mich. Nun musste ich also die Parolen meines Parteichefs Sonneborn auswendig lernen, was ich besonders erniedrigend fand. Aber so ging wohl gelebte Realpolitik: gute Miene zum bösen Ränkespiel machen – und immer stoisch behaupten, das sei «ein völlig normaler Vorgang».

War es aber nicht. Allein die Nennung des Namens Sonneborn versetzte mir jedes Mal wieder einen Stich. Was soll's, jetzt kann ich's ja erzählen: Ich hatte diesen Mann einst aus der Osnabrücker Provinz freigekauft und ihm einen schlecht bezahlten Redakteursjob in Frankfurt verschafft, ich hatte ihm von meinen Landtags- und OB-Kandidaturen in Baden-Württemberg erzählt und von meinen Plänen, eine undemokratische, unfreiheitliche Partei zu gründen, was mir aber, wie ich berichtete, auf Lebenszeit behördlich verboten wurde. All diese Pläne und Ideen hatte Sonneborn, dieser Finsterling, nachdem ich mich von meiner zermürbenden Arbeit als *Titanic*-Chefredakteur zurückgezogen und zur Erholung in einer Steueroase niedergelassen hatte, aufgesogen und hinter meinem Rücken schamlos umgesetzt. Über Nacht hatte er seine Partei «Die PARTEI» gegründet, willfähriges Fußvolk gefunden, das die Drecksarbeit für ihn erledigte, und dabei jede Menge Geld gescheffelt. Anstatt mich an den sprudelnden Einnahmen aus Spenden und Mitgliederkohle zu beteiligen, hatte er mich mit dem bedeutungslosen Amt des Ehrenvorsitzenden abgespeist – und der vagen Versprechung, ich bekäme später mal «ein paar Prozente». Da war es fast schon ein Wunder, dass der mächtige Landesvorsitzende es tatsächlich geschafft hatte, mir die Kanzlerkandidatur zuzuschanzen. Dass ich ihm und einigen anderen seiner hörigen PARTEI-Bonzen dafür allerhand lukrative Posten nach der Machtübernahme versprechen musste, versteht sich ja wohl von selbst.

Damit wir uns recht verstehen: Ich bin kein politischer Selbstmörder! Ich trete als Kanzlerkandidat an, weil ich mir absolut realistische Chancen auf einen Sieg ausrechne. Die Wähler sollen mich ruhig nur nach dem äußeren Schein beurteilen – von allen Kandidaten sehe ich eindeutig am besten aus. Und das ist keine Einbildung, nein, das kann ich durch wissenschaftliche Fakten jederzeit nachweisen! Dazu muss man nur auf die Webseite *sexybundestag.de* gehen. Wer als Politiker dort einen guten Listenplatz will, muss sämtliche Gegenüberstellungen gewinnen. Ein Zufallsgenerator wählt bei jedem Seitenaufruf zwei Bundestagsabgeordnete aus, dann kann der User entscheiden: «Mit welchem Politiker oder welcher Politikerin würden Sie lieber ...» Lieber ... was? Diskutieren? Kopulieren? Das bleibt der sauberen Phantasie des Netzbenutzers überlassen. Das ewige Ranking führen jedenfalls fast ausschließlich Abgeordnete von Bündnis 90 / Die Grünen und der Linken an, während die letzten von insgesamt sechshundertsechsunddreißig Plätzen fast ausschließlich von Mitgliedern der CDU / CSU-Fraktion gestellt werden. Der Aktivist knackte das Programm und speiste mein Foto ein, wir testeten Hunderte von Gegenüberstellungen und fuhren etliche Tests – die ich jedes Mal gewann!

Obwohl das ein sicheres Zeichen für meinen bevorstehenden Wahlsieg war, hegte der Aktivist aber immer noch Zweifel an meinen Chancen.

«Werden dir die Wähler auf deinem Weg folgen?»

«Da habe ich keinen Zweifel», sagte ich wahrheitsgemäß. «Ich werde persönlich mit meiner Person für mich einstehen, und meiner Person werden sie persönlich schon folgen.»

Ich erklärte ihm, dass schließlich schon Max Weber das «persönliche Regiment» des verantwortlichen Politikers propagiert und daher gefordert habe, dass der Politiker sich nicht nach dem Willen der Wähler richten dürfe, sondern es andersherum laufen müsse: Der Politiker solle sein Charisma und seine demagogischen Fähigkeiten einsetzen, um Anhänger und Anerkennung zu finden, damit er seine politischen Ziele durchsetzen kann.

«So wird das laufen», sagte ich, «aber wir haben leider nicht ewig Zeit zum Plaudern. Du musst los! Wahlkampf machen! Hurtig, hurtig!»

Ohne Frage ist der nun tobende Wahlkampf um die Kanzlerschaft sehr anstrengend. Vor allem für mein Team. Ich persönlich habe leider kaum Zeit, mich selbst darum zu kümmern. Warum? Ganz einfach: Weil diese Rechtesache so viel Zeit frisst. Dieses Ding mit den Filmrechten. Wem soll ich sie nur verkaufen?

Es ist ja wohl völlig klar, dass mein kometenhafter Aufstieg vom Nobody zum Kanzler der Herzen bald im ganz großen Maßstab verfilmt werden wird. Aber wer soll dann die Regie führen?

Volker Schlöndorff? Ist der nicht viel zu abgehoben für einen wirklichen Kassenknaller?

Hans W. Geißendörfer? Will ich wirklich, dass mein Leben als endlose ARD-Vorabendserie verfilmt wird – so wie Geißendörfers Projekt *Lindenstraße*? Nein, Geißendörfer kommt überhaupt nicht in Frage. Was bildet der Mann sich eigentlich ein?

Wim Wenders? Mein Leben als zäh abrollender Film? Erzählt in trübsinnig-melancholischen Bildern, unterlegt mit feister Kitschmusik? Das würde doch meinem Lebenstempo gar nicht gerecht werden! Gerade verläuft mein Leben doch ziemlich hektisch und schnell, da wäre Wenders fraglos total überfordert.

Wolfgang Petersen, der Mann mit dem *Boot*? Für ihn bietet mein Leben wiederum zu wenig Action.

Leander Haußmann? Der kann ja nicht mal aus guten Stoffen einen erträglichen Film machen – wie soll er da erst mit meinem Spitzenstoff zurechtkommen?

Und wer soll mich überhaupt verkörpern?

Etwa Moritz Bleibtreu? Nein, viel zu groß, zu plump, zu einfältiger Gesichtsausdruck.

Jürgen Vogel? Lieber nicht, den mögen irgendwie alle, das stimmt aber mit meiner Lebenswirklichkeit nicht überein. Die Leute würden ihm meinen Charakter nicht abkaufen.

Sascha Hehn? Der sieht zwar fast so gut aus wie ich, aber würde man ihm die Rolle eines schmierigen Opportunisten abnehmen?

Matthias Schweighöfer? Hat der nicht sogar eine eigene Produktionsfirma? Genau, der kann doch den Film machen. Aber Moment mal – dann würde er bestimmt auch die Hauptrolle spielen wollen. Wäre Matthias Schweighöfer ein glaubwürdiger Darsteller meiner Person? Wenn man mir persönlich schon kaum was abkauft, wie soll man dann Schweighöfer irgendwas abkaufen, der ja noch nicht mal glaubwürdig die Rolle eines guten Schauspielers spielen kann? Nein, Schweighöfer kommt auch nicht in Frage.

Bleibt eigentlich nur noch Bruno Ganz. Genau. Nach seiner phänomenalen Leistung in *Der Untergang* hat er einerseits im Politikerfach Maßstäbe gesetzt – und dafür völlig zu Recht den Bambi bekommen; andererseits bekommt er kaum noch Aufträge, weil sich die Regisseure nicht mit dem Problem auseinandersetzen wollen, dass der arme, alte Hitler schon wieder durchs Bild läuft.

Also Bruno Ganz. Wenn ich erst mal Kanzler bin, werde ich ihm für seine Darstellung meiner Person auch den Oscar verschaffen. Darauf gebe ich mein Ehrenwort. Koste es, was es wolle.

Die Wahl

Wie man nach dem Sieg die
Elefantenrunde sprengt

Deutschland, am Sonntag der Bundestagswahl, Viertel nach acht. Auf ARD, ZDF und RTL hat die sogenannte «Elefantenrunde» begonnen, die Sondersendung «Wahl-Spezial 2013». Ulrich Deppendorf (ARD) begrüßt seine Co-Moderatorin Bettina Schausten (ZDF), die Zuschauer und dann die Gäste im Studio: die Wahlverliererin und Nicht-mehr-lang-Kanzlerin Angela Merkel, den ehemaligen SPD-Kanzlerkandidaten Peer Steinbrück, Gregor Gysi von der Linken, Jürgen Trittin von den Grünen, das FDP-Urgestein Rainer Brüderle – und den Überraschungssieger dieser in jeder Hinsicht außergewöhnlichen Bundestagswahl: mich!

Erst im letzten Moment erinnert sich Deppendorf, dass er ja noch einen weiteren Co-Moderator hat. Um nämlich der Politik- und Wahlverdrossenheit der Fernsehzuschauer entgegenzuwirken, haben ARD und ZDF nicht nur einen Privatsender mit ins Boot geholt, sondern auch ihren Moderatorenpool aufgefrischt: Zwischen Deppendorf und Schausten sitzt nun ein glänzend gelaunter und frisierter Dieter Bohlen (RTL).

Deppendorf: Guten Abend, meine Damen und Herren, an diesem, ja, man kann schon fast sagen: historischen Wahlabend. Vielleicht haben Sie's gerade eben in der Tagesschau gesehen, aber ich glaube, wir müssen das, was in den letzten Wochen und vor allem heute Abend passiert ist, noch einmal kurz für unsere Zuschauer zusammenfassen. Das alles ist ohnehin kaum zu glauben: Da ist also dieser bis vor kurzem noch völlig unbekannte Kandidat Oliver Maria Schmitt in einer Art Nacht-und-Nebel-Aktion sozusagen neuer Kanzlerkandidat der SPD geworden. Weil Peer Steinbrück, als seine Umfragewerte immer weiter in den Keller rauschten, in einem sehr zweifelhaften – andere sagten: unwürdigen – Verfahren aus der Kandidatenfunktion gemobbt wurde. Danach winkten auch aussichtsreiche Kandidaten wie Hannelore Kraft, Matthias Platzeck oder Olaf Scholz ab – sie wollten sich wohl nicht verheizen lassen, Bettina Schausten ...

Schausten: ... ja, Ulrich Deppendorf, da hat man gestaunt. Eine anschließende Mitgliederbefragung brachte dann Ergebnisse, mit denen niemand rechnen konnte, die aber viel aussagen über die Selbsteinschätzung der SPD und ihre Meinung über die verbliebenen Kandidaten. Es fielen nämlich alle durch. Die Begründung lieferten die SPD-Mitglieder gleich mit: Sigmar Gabriel – zu dick. Andrea Nahles – bald genauso dick. Klaus Wowereit – zu doof. Heiko Maas – zu dünn. Thorsten Schäfer-Gümbel – zu provinziell. Nils Schmid – viel zu provinziell. Peter Struck – zu verstorben. Helmut Schmidt – bald genauso verstorben. Und da die SPD somit keinen Kandidaten mehr aus den eigenen Reihen hatte, sprach sie eine Wahlempfehlung für einen Vertreter einer anderen Partei aus, der im Losverfahren ermittelt wurde, um nicht in den Verdacht zu geraten, gezielt andere Parteien zu unterstützen. Dieses

Los fiel dann auf den Kandidaten der Partei «Die PARTEI», auf Oliver Maria Schmitt.

Deppendorf: Und der hat heute Abend – wenn die Hochrechnungen sich jetzt bestätigen – wohl die Mehrheit der Stimmen.

Bohlen *(in die Kandidatenrunde)*: Mensch, ihr sitzt da so rum hier wie die Ölgötzen. Ist das hier 'ne Beerdigung, oder ist euch die Frau weggelaufen, oder habt ihr 'ne Steuerprüfung am Hals, oder was ist los? Was ist das denn hier für 'ne lahme Mucke! Ich denk, ihr wollt weiterkommen!

Deppendorf: Mäßigen Sie sich, Herr Bohlen. Die erste Frage geht an den Überraschungssieger dieser Wahl: Herr Schmitt – wie geht es jetzt weiter?

Ich: Herr Dr. Schmitt! So viel Zeit muss sein. Ich sage ja auch nicht «Herr Dorfdepp», Herr Deppendorf.

Brüderle: Hähähehehe, chrrrrzn.

Bohlen: Was soll denn das für 'n Doktor sein? Doktor der Fickologie und Lochkunde?

Schausten: Herr Bohlen!

Brüderle: Hahahehehe, dessissja wie bei der Schavan, chrrwn, hehehe.

Deppendorf: Herr Brüderle, es ist gegen unsere Abmachung, wenn Sie jetzt sprechen. Wir haben Sie nur unter Vorbehalt eingeladen, das wissen Sie. Falls die FDP fünf Prozent schafft und drin ist, dürfen Sie sprechen – zurzeit sieht es aber immer noch sehr nach 4,9 aus. Also, jetzt noch mal zum Wahlsieger: Herr Dr. h. c. Schmitt, wie geht es jetzt weiter?

Ich: Ich möchte zunächst mal meiner Mutter und allen Wählern danken für dieses unglaubliche Wahlergebnis. Ich kann nur sagen, dass ich mich sehr doll freue, auch für meine Mutter, dass ich bald eine gut bezahlte Festanstellung habe und von der Straße weg bin, wenngleich auch nur befristet ...

Gysi: Ja, zum Glück nur befristet!

Trittin: Der hat Nerven.

Merkel *(zu Steinbrück)*: Das haben wir alles Ihren Genossen zu verdanken.

Steinbrück: Das sind überhaupt nicht mehr «meine» Genossen, mit denen bin ich fertig.

Brüderle: Cchrrwmpf.

Ich: Entschuldigen Sie mal, ich bin unterbrochen worden! Ich wollte jedenfalls sagen, dass ich immer noch total geflasht bin, völlig aufgewühlt, dergleichen hab ich ja noch nie erlebt. Bei meinen ersten Wahlen vor über zwanzig Jahren kam ich gerade mal auf 0,2 Prozent. Und jetzt habe ich mit neununddreißig Prozent die meisten Stimmen, die CDU und alle anderen liegen hinter mir, ich werde also Kanzler und kann mir meine Koalitionspartner einfach aussuchen. Welch eine Wendung durch Gottes Fügung!

Schausten: Herr Schmitt, nach den Hochrechnungen stellt Ihre Partei die stärkste Fraktion, das ist richtig. Alleine regieren können Sie aber nicht. Hat Frau Merkel schon Gesprächsbereitschaft signalisiert?

Ich: Ich kann doch ein Gesprächsangebot nicht annehmen, bei dem Frau Merkel sagt, sie will Bundeskanzlerin bleiben. Also, ich meine, wir müssen die Kirche mal im Dorf lassen. Die Deutschen haben in der Kandidatenfrage eindeutig votiert. Das kann man doch nicht ernsthaft bestreiten.

Merkel: Noch bin ich Bundeskanzlerin in diesem Land, und Herr Schmitt muss ja erst mal zeigen, ob er überhaupt eine regierungsfähige Mehrheit zusammenkriegt. Das wollen wir ja zuerst mal sehen.

Bohlen: Meine Ohren fangen an zu bluten, wenn ich so was Langweiliges höre. Da wird mein Urin ganz flockig.

Deppendorf: Herr Bohlen, ich muss doch bitten!

Bohlen: Was denn, was denn! Wozu habt ihr mich denn eingeladen, ihr Penner? Ohne mich kackt euch doch die Quote ab.

Schausten: Herr Steinbrück, glauben Sie, dass es ein Fehler war, die Kanzlerkandidatur aufzugeben?

Steinbrück: Na ja, «aufgeben» ist wohl nich ganz das richtige Wort. Ich habe ja nicht aufgegeben, meine Partei hat mich aufgegeben, weil sie nich die Eier hatte, mit mir zu kämpfen, wenn ich das mal so sagen darf.

Bohlen *(zu Steinbrück)*: Also, ich bin ja Schallplattenproduzent, wie du vielleicht weißt. Und da überlegt man sich immer:

Kriege ich den Typen in die Charts oder nicht. Und bei dir glaube ich: Ich kriege eher eine Mücke auf hundert Meter Entfernung in deinen Hintern geschossen als dich in die Charts. Ich glaube nicht, dass du weiterkommst.

Brüderle: Hahaha, dessissgut, hehe.

Deppendorf: Herr Brüderle, Sie schweigen bitte.

Brüderle: Dessiss abber undemokradesch, chrrnz.

Bohlen: Hey, das klingt so, als wenn der Stromausfall im Kopf hätte.

Merkel: Ich muss sagen, den Verdacht hatte ich auch schon häufiger.

Schausten: Herr Trittin, würden denn die Grünen als Juniorpartner in eine Regierung Schmitt eintreten?

Trittin: Also «Junior» halte ich für ’n bisschen unglücklich formuliert, Frau Schausten. Im Gegensatz zu dieser Sonneborn-Partei, die Herrn Schmitt als Kandidaten aufgestellt hat, sind wir ja schon so alt wie Methusalem. Im Übrigen beteilige ich mich nicht an Spekulationen.

Ich: Sie könnten Außenminister werden, so wie Joschka damals. Was wäre Ihnen denn das wert?

Trittin: Geld spielt bei mir keine Rolle.

Bohlen: Ja komm, sag doch mal ’ne Hausnummer – oder hast du keine Kohle in der Hose?

Steinbrück: Mich würde das ehrlich gesagt auch interessieren. Auch der Außenminister ist bei uns ja traditionell unterbezahlt.

Trittin: Echt?

Deppendorf: Ich halte das für hochgradig unseriös, was Sie hier besprechen, meine Herren! Herr Steinbrück, das letzte Mal war Ihre Partei im Umfragehoch, als Frank-Walter Steinmeier mit seiner Nierenspende in der Presse war. Hat Ihnen das vielleicht zu denken gegeben?

Steinbrück: Nein, hat es nicht. Ich hatte in dieser Hinsicht auch gar keine konkreten Anfragen, von lukrativen Angeboten ganz zu schweigen.

Bohlen: Ich würde dir zu 'ner Ganzkörperspende raten! Am besten 'ne Lebendganzkörperspende. In Buxtehude, da suchen die zum Beispiel noch ein Stadtmaskottchen.

Schausten: Das geht jetzt aber zu weit, Herr Bohlen, das ist hier eine seriöse Sendung.

Bohlen: Aber hallo! Das hör ich jetzt zum ersten Mal.

Schausten: Herr Schmitt, wie kamen Sie überhaupt zu dieser Kandidatur?

Ich: Ich danke Ihnen für diese Frage, ich habe sie mir selbst schon gestellt. Und beantwortet habe ich sie mir auch schon. Das hier auszubreiten würde aber den Rahmen dieser Sendung sprengen. Ich habe ohnehin alles in ein kleines rotes Buch geschrieben, das *Mein Wahlkampf* heißt, bei Rowohlt Berlin erschienen ist und die *Mao-*

Bibel als politische Handlungsanweisung weitgehend ersetzt.

Deppendorf: Herr Dr. Schmitt, haben Sie Visionen?

Ich: Ja, durchaus.

Deppendorf: Und würden Sie vielleicht geruhen, uns diese mitzuteilen?

Ich: Nein.

Steinbrück: Wissen Sie, was Helmut Schmidt gesagt hat?

Ich: Ja, ich weiß sehr wohl, was Helmut Schmidt über Visionen und Ärzte gesagt hat, und er mag damit sogar recht gehabt haben. Doch hat der gerne zitierte Adenauer gesagt: «In der Politik geht es nicht darum, recht zu haben, sondern recht zu behalten.» Und Sie werden sehen: Ich behalte nicht nur recht, sondern auch meine Visionen für mich. So.

Schausten: Herr Schmitt. Ihr Wahlkampf war ganz auf Ihre Person zugeschnitten, Ihre Slogans waren unter anderem «Ich brauch den Job» und «Arbeit und Wohlstand für Schmitt». Stellen Sie Ihre persönliche Bereicherungsabsicht da nicht allzu offen aus? «Jede Partei ist für das Volk da und nicht für sich selbst», auch das hat Konrad Adenauer einmal gesagt.

Ich: Na und? Er hat aber auch gesagt: «Was interessiert mich mein Geschwätz von gestern?» Ist es denn in Deutschland inzwischen verboten, Geld zu verdienen? Wird Leistung hierzulande etwa bestraft?

Brüderle: Jawwoll, Llleisdung mussisch wiedeh lohnnn, chrzpft.

Deppendorf: Herr Brüderle! Letzte Verwarnung!

Bohlen: Also, wenn der Typ was sagt, das klingt ja wie 'n offenes Raucherbein. So kommt der nie in den Recall.

Steinbrück: Da muss ich den Herrn Schmitt aus Fairnessgründen jetzt aber in Schutz nehmen! Dass man für ordentliche Arbeit auch ordentlich bezahlt wird, das wird man ja wohl noch sagen dürfen.

Ich: Frau Schausten, wollen Sie nicht mal privat bei mir übernachten? Im Interview mit Christian Wulff haben Sie gesagt, dass Sie Ihren Freunden auch mal hundertfünfzig Euro bezahlen, wenn Sie bei denen privat übernachten.

Schausten: Ja, meinen Freunden. Aber Ihnen nicht.

Brüderle: Bei mir könndesse umsonsd übbanachdn, Sie könndn schonauch a Dirndl ausfülln, chrnnzdss, nehmmessie meine Tanzkadde?

Bohlen: Da müsstest doch eher du noch was zahlen, wenn so 'ne Klassefrau mal bei dir absteigt, du Penner.

Schausten: Was für eine Frechheit! Dieser geile alte Sack!

Deppendorf: Herr Brüderle, das war's jetzt. Wir schalten Sie erst mal ab. Und Herr Bohlen! Das ist eine völlig unangebrachte Ausdrucksweise, ich muss schon bitten!

Bohlen: Ja, du mich auch, Kollege.

Brüderle: Chrrrrrptüüt.

Merkel: Ich möchte jetzt mal anmerken, wo wir ja schon beim Thema sind, dass dieser angebliche Herr Dr. Schmitt, wie ich fand, einen der frauenfeindlichsten Wahlkämpfe der letzten Jahre hingelegt hat. Dass der Wähler das auch noch honoriert, ist schockierend.

Schausten: Ja, fand ich auch. Allein schon dieses Plakat: «Schmitt – weil er die Frauen fördert». Glauben Sie ernsthaft, Herr Schmitt, dass die Frauen Deutschlands darauf gewartet haben, von Ihnen gefördert zu werden?

Ich: Zunächst mal war dieses Plakat von mir gar nicht autorisiert. Es hätte nämlich «fordert» statt «fördert» heißen sollen, also: «Schmitt – weil er die Frauen fordert». Im Prinzip hätte man sogar das «die» weglassen können, dann wäre der Claim noch emotionaler und authentischer gewesen. Wir haben nämlich sehr wohl erkannt, dass es neben den vielen Männern auch eine ganze Menge Frauen gibt. «Die Mehrheit der deutschen Frauen ist weiblich», diese Erkenntnis hat ja schon Helmut Kohl formuliert. Deshalb haben wir mit unserem anderen Frauenplakat den *gender gap* ein für alle Mal geschlossen, und zwar mit dem Claim «Deutschland ist Frauensache». Das ist ein ganz klares Bekenntnis – so was hab ich bei den anderen Parteien vermisst.

Bohlen: Ich will mal so sagen: Wenn Freddy der Fickfrosch im Sommer rammelt, dann hat das mehr Inhalt als dein Gelaber.

Merkel: Meine Herren, die Sendung hat jetzt ein Niveau erreicht, was nicht mehr zu unterbieten ist.

Deutschland ist zu wertvoll, um es männlicher Gier und Zerstörungs-wut zu überlassen. Deshalb bin ich ein entschiedener Förderer und Forderer der Frauen.

Steinbrück: Das liegt daran, dass wir keinen Frauenbonus haben.

Gysi: Ich meine, wir erleben hier gerade den Niedergang der parlamentarischen Demokratie. Und dabei hat die Linke noch nicht mal die Wahl gewonnen, wie ich leider zugeben muss.

Trittin: Das wär ja auch noch schöner.

Deppendorf: Herr Dr. Schmitt, Ihre Kampagne stand unter dem Motto «Oliver, Maria & Schmitt – drei für Deutschland» – und schon das ist ja gewissermaßen eine Lüge, oder sagen wir lieber, eine bewusste Falschinformation. Denn in Wahrheit sind Sie doch allein, nicht wahr?

Ich: Allein? Allein hätte ich ein solches Ergebnis, auf das meine hier sitzenden Kolleginnen und Kollegen ja wohl superneidisch sind, niemals hingekriegt. Politik ist Teamwork, sage ich immer.

Deppendorf: Aber kennen Sie sich überhaupt aus? In der politischen Landschaft Berlins sind Sie noch nie gesehen worden, Herr Dr. Schmitt – wie wollen Sie sich da zurechtfinden?

Ich: Ich werde mir ein paar teure Berater einkaufen, oder einfach ein paar alte übernehmen, so wie den Herrn Glaeseker.

Merkel: Und politisch? Was wird politisch passieren?

Ich: Das werde ich Ihnen gerade erzählen!

Schausten: Vielleicht wollen Sie es ja unseren Zuschauern erzählen, Ihren Wählern. Bislang ist uns nicht so ganz klar, was Sie politisch eigentlich vorhaben.

Deppendorf: Das stimmt. Inhaltlich haben Sie bislang kaum was geliefert.

Gysi: Ja, liefern Sie mal, Herr Doktor.

Trittin: Ich lach mich gleich kaputt.

Ich: Sie müssen schon meine offizielle Regierungserklärung abwarten. Und dazu ist es jetzt noch viel zu früh. Sie wissen doch viel besser als ich: In der Politik braucht man Geduld. Und mit mir, das garantiere ich Ihnen, werden Sie sehr viel Geduld haben müssen. Ich begehe doch jetzt keinen politischen Selbstmord und übe mich in blindem Aktionismus!

Bohlen: Sag mal, hast du vorhin in der Garderobe irgendwie Achselhaare geraucht, oder was? Das klingt so scheiße, was du sagst.

Brüderle: Abber dessiss doch vernünfdisch, dessmache mir Libberaledoch genausssoo.

Deppendorf: Herr Brüderle! Muss ich Sie noch mal abschalten?

Brüderle: Chhrnz!

Merkel: Mein Gott, und mit so was hab ich mal koaliert?

Trittin: Ja, jetzt tut's Ihnen leid. Dabei hätten wir auch alles mitgemacht.

Gysi: Wie sich das eben für eine neue FDP gehört.

Trittin: Von einem Salon-Kommunisten wie Ihnen lasse ich mir gar nichts sagen!

Bohlen: Ich finde, Politik, das ist echt was für Geisteskranke – da bin ich ja 'n Waisenknabe dagegen.

Schausten: Herr Bohlen, ich ...

Ich: Also, mir ist das hier alles viel zu unstrukturiert. Dieses jämmerliche Bild, das Sie alle hier gerade abgeben. Genau deswegen haben Sie doch die Wahl verloren! Weil der Wähler von Typen wie Ihnen die Schnauze voll hat. Und damit mir das nicht auch noch passiert, werde ich mich – ganz egal was ich vorher gesagt oder gemacht oder versprochen habe – so weit wie möglich aus allem raushalten, verstehen Sie?

Ich wende mich lieber mal direkt ans deutsche Volk und spreche hier und jetzt in diese Kamera. Wann, wenn nicht jetzt? Wo, wenn nicht hier? Wer, wenn nicht ich? Also: Hallöchen, servus und grüß Gott – hier spricht Ihr neuer Regierungschef!

Ich will jetzt nicht über meine unfähigen Mitbewerber herziehen – der Wahlabend ist nicht der Moment der Abrechnung, sondern die Zeit für ein Bekenntnis. Ich bekenne: Ich werde der nächste Bundeskanzler der Bundesrepublik Deutschland, und wenn Sie sich auf den Kopf stellen! Denn ich sage hiermit klipp und klar und unwiderruflich: Ich habe entschieden – ja, ich nehme die Wahl an! Das haben Sie jetzt davon.

Wissen Sie, das Paradies habe ich mir immer als eine Art Kabinett vorgestellt, in dem ich das Sagen habe. Ich vermute mal, dass das nicht die Paradiesvorstellung aller

Menschen auf dieser Erde ist, schon gar nicht die meiner politischen Gegner – aber das macht nichts, ich finde diese Vorstellung spitze, deswegen wurde ich ja auch Spitzenpolitiker.

«Wir können nichts tun, weil wir nicht Herren über die Geschichte sind», sagt Alexander Kluge, und ich will den alten Klugscheißer sogar noch ein bisschen korrigieren: Wir *sollten* sogar nichts tun, weil wir nämlich nicht Herren über die Geschichte sind.

Und deshalb heißt es für mich jetzt erst mal: drinbleiben, dranbleiben und bloß keine Fehler machen. Von nun an werde ich mich, wie es auch meinem ursprünglichen Konzept entspricht, möglichst unauffällig verhalten. Die anfallende Sacharbeit werde ich an sachkompetente Sachbearbeiter delegieren, denn Delegieren – das muss man können! Ich werde Bürgerferne beweisen und im Kanzleramt eine Politik der geschlossenen Tür pflegen. Denn nur wer nichts macht, macht keine Fehler! Und wer keine Fehler macht, wird am Ende wiedergewählt – Sie werden schon noch sehen!

Deswegen verspreche ich Ihnen hier und heute feierlich: Von mir werden Sie so bald nichts mehr hören! Nicht das Geringste!

Ich danke Ihnen!

Triefender Dank

Spitzenpolitik ist immer eine Teamleistung. Ich möchte meinen engagierten, bis zur Selbstaufgabe sich reingehängt habenden Wahlhelfern meinen allerwärmsten Dank aussprechen:

Silke Anders, Hans Arold, Athanasius, Klaus Bittermann, Christa Brill, Chantal Duprey, Leo Fischer, Achim Frenz, Laura J. Gerlach, David Hamann, Eckhard Henscheid, Tom Hintner, Carolin Hornack, Katja Hüther, Monika Junge, Ulrich Käss, Geri Klaehn, Andreas Kramer, Tom Kronenberg, To Kühne, Ulla Kühnle, Oskar Lafontaine, Julia Mantel, Peter Mendelsohn, Julia Moppel-Wehnemann, Roy Reinelt, Claudia Römer, Petra Roth, Josefine Sauerbrey, Andrea Schagalkowitsch, Rolf Schall, Christian Scheeff, Nadine Scheeff, Michele Scholtz, Keno Schulte, Martin Sonneborn, Jan Steffen, Andreas Strobel, Jörg Stühler, Jean-Jules Tatchouop, der *Titanic*-Redaktion, Nico Wehnemann, Markus Wessel und Lea Willimann. Peter Köhler für viele, viele Politikerzitate, und nicht zuletzt den vielen, vielen Unterstützern, Unterschreibern, Wählern und anonymen Spendern, besonders C.W. Und natürlich meiner Mutter und meiner Großmutter.

Zuallerletzt bitte nicht vergessen: Die PARTEI vergisst keinen, der ihr den Weg an die Macht geebnet hat!

Bildnachweis